人民币国际化"大动脉"
——国际货币支付基础设施构建

梁 静 著

Pipeline of RMB Internationalization
—Establishment of Payment Infrastructures for Global Currency

经济管理出版社

图书在版编目（CIP）数据

人民币国际化"大动脉"——国际货币支付基础设施构建/梁静著 . —北京：经济管理出版社，2017.5

ISBN 978-7-5096-4996-1

Ⅰ.①人… Ⅱ.①梁… Ⅲ.①人民币—金融国际化—研究 Ⅳ.①F822

中国版本图书馆 CIP 数据核字（2017）第 043581 号

组稿编辑：宋　娜
责任编辑：宋　娜
责任印制：黄章平
责任校对：王淑卿

出版发行：经济管理出版社
（北京市海淀区北蜂窝 8 号中雅大厦 A 座 11 层　100038）

网　　址：www.E-mp.com.cn
电　　话：(010) 51915602
印　　刷：玉田县昊达印刷有限公司
经　　销：新华书店
开　　本：720mm×1000mm/16
印　　张：16.5
字　　数：238 千字
版　　次：2017 年 5 月第 1 版　2017 年 5 月第 1 次印刷
书　　号：ISBN 978-7-5096-4996-1
定　　价：88.00 元

·版权所有　翻印必究·

凡购本社图书，如有印装错误，由本社读者服务部负责调换。

联系地址：北京阜外月坛北小街 2 号
电话：(010) 68022974　邮编：100836

序

人民币国际化是近年来热议的话题。货币国际化是一国主权货币跨越国界,在境外流通,成为国际上普遍认可的记账单位、交易媒介以及储藏货币的过程。无论国际化过程中的货币,还是国际货币,均涉及资金的跨境流动,离不开承载资金流动的通道,统称为支付基础设施。形象地说,我们也可以把这样的通道理解为资金的"高速公路"。探讨人民币国际化需要构建怎样的支付基础设施,是本书的写作初衷。

支付是付款人向收款人认定的一方转移货币债权,通常货币债权包括现金或是在金融机构或中央银行的储蓄资金。支付源于交换,当交换存在潜在障碍时,支付就成为必然的事情。货币产生之后,支付就成为人类生活的一部分。我们生活在一个不断变化的环境中,科学技术的发展、计算处理成本的下降以及国际竞争和融合带来的机构变化等因素,使得支付安排不断变化。

支付基础设施是金融市场基础设施的组成部分,负责商品市场、金融市场相关交易产生的资金支付。支付基础设施与实务中所说的 Payment System 有相同的含义。由于 System 有"体系"和"系统"两种表述,这使得支付基础设施有两种解释:一是狭义概念,即支付系统,仅指用于实现资金转账的信息系统；二是广义概念，更强调体系，是为用于实现两个或多个参与者之间资金转账的一系列工具、程序和规则，还包括参与者和运行这些安排的单位。不管狭义概念还是广义概念，支付基础设施仅将金融中介机构之间的部分，即跨行支付安排归为其范畴，不包括中介机构与个人、企业之间支付安排。本书的支付基础设施是广义概念。

金融功能观、公共产品理论以及货币国际化驱动因素方面的研究，为构建国际货币支付基础设施提供了理论依据。交易清算和结算是金融在实现资源配置的基础作用过程中发挥的一项核心功能。降低相关金融交易的成本和风险是金融发挥此项功能的初衷或结果。支付基础设施作为准公共产品可以由政府、私人机构和处于第三部门的社会组织来提供。判断货币国际化进程中支付基础设施发展状况的一个重要标准就是，各服务主体在面临两难困境或问题时是否以降低交易成本为目标做出了有效的决策。支付基础设施是货币国际化的必要非充分条件，前者通过货币的交易成本和金融市场发达程度这两个国际货币的驱动因素与后者发生关联。国际货币对支付基础设施的需求，可以体现为两个方面：一是需在功能上满足国际货币的跨境支付以及国际货币金融交易支付需求；二是与一般货币支付基础设施发展需求一致，即降低交易成本，不同的是，二者所覆盖的业务流程、种类和范围是不同的。

在支付基础设施的发展中，金融中介、中央银行、信息技术这三个要素发挥了关键性作用，先后带领其走入了新的发展时期。金融中介推动信用货币替代金属货币，支付效率提升，非现金支付方式得以丰富，是现代支付的开拓者。跨行支付是支付基础设施发展中必须解决的问题。中央银行承担跨行支付职责前，银行互开账户、定期结算以及票据清算所均实现了跨行支付，只是这些方式的效率不高或存在这样或那样的风险。中央银行的出现，进一步提高了跨行支付的效率，结算资产转变为中央银行货币，支付风险降低，中央银行的职责以及支付基础设施作为准公共产品的特性，注定了中央银行在支付基础设施发展中将发挥不平凡的催化作用。19世纪中期之后信息技术的发展，至少从支付信息传递、会计核算、结算模式、支付工具、服务时长这五个方面，为支付基础设施带来了革命性的创新。

通过分析国际货币流转以及国际金融交易结算需求得出，国际货币支付基础设施应具备四个方面的基本功能，并至少从四个方面努力降低交易成本。前者是基本特征，是支付基础设施满足国际货币支付需求的基础；后者是一般特征，是评价国际货币支付基础设施优劣的条件。

从国际货币在金融机构间支付的两个环节来看，国际货币支付基础设施分为两类：一是代理行作为服务主体的银行间支付基础设施；二是中央银行和行业组织作为服务主体的银行间支付基础设施。通过以上两类支付基础设施，国际货币支付基础设施将形成三个层次：第一，居于核心地位的货币发行国中央银行主导的支付基础设施；第二，行业组织或中央银行搭建的专司跨境支付的基础设施；第三，代理行作为结算银行的离岸支付基础设施。

亚洲金融危机后，人民币通过货币互换开启了国际化旅程，近年来，在国际贸易结算、国际金融交易结算、对外投资、外汇交易以及官方储备中占据的份额加大。以国际货币支付基础设施的标准衡量，人民币已具备国际货币支付基础设施的三个层次，即处于核心地位的中央银行支付系统——

中国现代化支付系统（CNAPS）、人民币跨境支付系统（CIPS）以及离岸人民币支付基础设施。其中，CNAPS允许外国银行在华机构直接接入，连接我国香港和澳门人民币清算行以及CIPS；CIPS于2015年上线运行，目前支持的业务种类尚不全面，业务量还未发展壮大，二期系统还在建设中；人民币离岸支付基础设施以香港地区离岸人民币支付系统为典型代表，2015年已经拓展到全球20家离岸清算行，在人民币跨境支付以及国际金融交易结算中发挥重要作用。可以说，人民币支付基础设施已具备国际货币支付基础设施的基本功能，如何降低人民币国际支付的交易成本，如何明晰各类基础设施的定位、提升效率和效益，是当前以及未来一段时间需要考虑的问题。

它山之石，可以为鉴。英镑、美元、欧元、日元这四种国际货币在国际化的过程中，其支付基础设施所经历的发展和变迁过程，相信有助于我们进一步深入了解国际货币支付基础设施的特点，为人民币支付基础设施的发展汲取经验。因此，本书将英镑、美元、欧元和日元国际化进程中支付基础设施的演进作为下篇呈现给各位读者。研究发现，以上四种货币的支付基础设施，展现出完全不同的特点。英镑支付基础设施起步最早，是市场力量为主导的发展模式；美元支付基础设施呈快速发展的周期最长，中央银行始终发挥积极作用；欧元支付基础设施源于合作，是政治推动的结果；日元支付基础设施异步于日元的国际化，经历了从被动到主动、从滞后到超前的发展过程。

我们清晰地看到，国际货币支付基础设施的发展沿着两条路径：一个是支付基础设施本身的发展路径；另一个是为了促进货币国际化的支付基础设施发展路径，而且后者基本是在20世纪70年代之后才逐步清晰,这意味着支付基础设施对于货币国际化的重要性是在这一时期之后才被意识到,后者发展中标志性的基础设施包括SWIFT、CHIPS、CLS等。

在国际货币支付基础设施的两条发展路径中,我们均看到了中央银行的身影。中央银行在支付基础设施发展中发挥了由弱到强的作用,它在支付基础设施发展中的参与以及每一次改革几乎都带来了货币交易成本的降低,这对货币的国际化进程无疑是利好的。同时,我们也注意到,某些国际货币支付基础设施发展缓慢或者停滞不前的时候,多数是其中央银行参与或重视程度不够的原因。遗憾的是,本书未对货币交易成本的变动进行量化。第三部门作为支付基础设施服务主体早于中央银行,如今与中央银行相互合作,发挥第二层次国际货币支付设施的作用。私人机构在国际货币支付基础设施中发挥代理银行作用,是支持国际货币跨境支付的一个重要环节,自跨境支付需求出现之日起延续至今,已成为第三层次国际货币支付基础设施即离岸支付基础设施的服务主体之一。离岸支付基础设施另一类服务主体为离岸市场所在地中央银行,如我国香港。

通过本书的分析,我们很难得出支付基础设施在多大程度上促进了货币的国际化进程,无论理论研究还是案例分析,可以验证的是货币的国际化可以推动支付基础设施的发展。

无论何种研究最终都应该是问题导向。那么发展国际货币应该按照什么样的顺序构建支付基础设施?笔者的建议如下:

首先,中央银行应发挥支付基础设施建设者、监管者的职责,应用先进技术大力发展国家核心支付基础设施,并为各金融市场的资金结算提供通道,同时履行对重要支付基础设施的监管职责；其次，国家需要明确外国银行接入国家核心支付基础设施的策略，这关系到国际货币第二和第三层次支付基础设施的构建。如果允许外国银行直接接入核心支付基础设施，那么需要考虑的是，设置怎样的准入标准以及如何防范风险的跨境蔓延；如果对外国银行的准入设定严格的条件，那么需要考虑的是，如何构建以及由哪个主体构建国际货币第二层次的支付基础设施；在做好第一点、想清楚第二点的同时，应加强国际合作，延长本国支付基础设施运行时间、加入 CLS，并持续应用新技术，降低运行成本。

  需要强调的是，构建国际货币支付基础设施借鉴他国经验时需要认真分析当时的背景情况，切勿照搬。这一点是从日元案例中得到的启示。日元和美元同样均构建了第二层次的支付基础设施，前者是 FXYCS，后者是 CHIPS，为什么前者逐渐衰败且合并至 BOJ－NET，后者在承载美元跨境支付职责的同时已发展成为与 Fedwire 并驾齐驱的美元大额支付系统？一个原因是 CHIPS 的建设背景不仅是离岸美元市场的发展，另一个原因是 Fedwire 对于外国银行所设置的严格的准入条件，而日本是先有 FXYCS 后有 BOJ－NET，而且 BOJ－NET 并没有限制外国银行的准入，当 BOJ－NET 出现后，二者表现出很强的同质性。这一点还可以从英国欧元离岸支付系统 CHAPS－EURO 的发展中看出，TARGET 开放的准入态度是英国最终放弃 CHAPS－EURO 的原因。这意味着，具有货币国际化战略的国家在没有想清楚以上第二个点时就盲目建设国际货币第二层次支付基础设施，有可能造成资源浪费。

  本书仅仅是研究这一问题的开始，也算是抛砖引玉，期待更多的同仁能够加入到支付基础设施乃至金融市场基础设施的研究中。

目　录

上　篇

第一章　绪论 ·· 3
　一、为何关注支付基础设施 ·· 3
　二、几个容易混淆的概念 ·· 4
　三、支付基础设施：枢纽与大动脉 ······································· 11

第二章　理论探讨 ··· 13
　一、清算和结算的定位：金融功能 ······································· 13
　二、支付基础设施特征及供给：基于公共产品理论 ············ 18
　三、支付基础设施与货币国际化的关联 ······························ 26

第三章　金融市场基础设施发展 ·· 33
　一、支付基础设施发展中的三个关键要素 ·························· 33
　二、证券市场金融基础设施 ·· 40
　三、小结 ··· 51

第四章　国际货币支付基础设施的构建 ···································· 53
　一、从国际货币说起 ··· 53
　二、国际货币支付基础设施三要素 ······································ 58
　三、应具备的基本功能 ··· 63

四、如何降低交易成本……………………………………… 68
　　五、以中央银行为核心的三个层次…………………………… 71
　　六、小结……………………………………………………… 73

第五章　为人民币国际化筑桥铺路……………………………… 77
　　一、人民币走出国门…………………………………………… 77
　　二、如今的人民币支付基础设施……………………………… 80
　　三、央行支付基础设施的"前世"及"今生"……………… 81
　　四、人民币跨境支付基础设施的三个层次…………………… 85
　　五、展望……………………………………………………… 89

下　篇

第六章　英镑支付基础设施：市场力量主导……………………… 95
　　一、英镑的国际化路径………………………………………… 95
　　二、清算所为核心的服务主体………………………………… 100
　　三、跨境支付的载体：票据…………………………………… 106
　　四、清算所的一天……………………………………………… 108
　　五、证券交易清算所和票据贴现所的配合…………………… 109
　　六、英格兰银行的被动参与…………………………………… 117
　　七、小结：货币国际化力量下被动发展的案例……………… 119

第七章　美元支付基础设施：中央银行主动为之……………… 121
　　一、美元国际化路径…………………………………………… 121
　　二、美元国际化的三个关键期………………………………… 131
　　三、清算所为主的时期………………………………………… 132
　　四、美联储成立到大萧条：央行主动为之…………………… 139
　　五、20世纪70年代：三个重要系统的诞生………………… 149
　　六、20世纪90年代至今：风险事件的驱动………………… 162
　　七、小结：中央银行为主导的发展模式……………………… 167

第八章　欧元支付基础设施：政治的力量 171
 一、欧元国际化路径 171
 二、欧元诞生前：参差不齐 173
 三、三个层次：同步到位 177
 四、TARGET：以合作为基础 182
 五、欧元离岸支付基础设施：走向衰败 196
 六、小结：政治力量下的同步发展模式 208

第九章　日元支付基础设施：异步发展之路 211
 一、日元国际化路径 211
 二、20世纪70年代：行业协会为主导 216
 三、20世纪80年代：短暂的同步发展 222
 四、20世纪90年代之后：独立发展 227
 五、小结：异步发展模式 233

参考文献 237

后记 251

上　篇

人民币走向国际化是一项复杂的工程，这其中包括构建怎样的支付基础设施，以作为人民币驶向国际的通道。本篇由五章组成，第一章至第三章，是概念性、理论性和基础性的描述，讨论了支付基础设施的功能、组成和发展。第四章开始探讨国际货币支付基础设施的特殊之处，支付基础设施应具备何种特征支持货币的国际化。第五章则着眼于人民币，从人民币支付基础设施发展现状到当前支付基础设施如何支撑人民币国际化，提出应关注的几个关键问题，并做出展望。

第一章 绪 论

一、为何关注支付基础设施

随着中国经济的腾飞以及在国际经济中地位的增强,人民币国际化已成为一个亟须提上日程的研究问题。货币的国际化离不开资金的流通,资金的流动需要各类支付安排的支撑,而这些支付安排构成了国际金融的大动脉和枢纽。

自货币出现之日起,与之有关的支付安排就没有中断过。近几年,关于人民币国际化的研究多集中在人民币国际化的优劣、何时以及如何推进等方面,在谈到如何推进时,大家普遍认可应建设发展跨境资金支付系统来支持人民币国际化的观点,然而,关于跨境支付安排并未形成深入、系统的论述。

18~19世纪,英镑逐渐成为国际货币。第一次世界大战之后,美元开始登上国际货币舞台,在布雷顿森林体系建立后成为最主要的国际货币。20世纪70年代后,日本开始推进日元国际化,并取得了较大进展。在欧洲一体化进程中,欧元被推出并成为国际货币。关于国际货币,经过前人多年的研究,已经形成较为成熟的理论体系。然而,鲜有从如何做好支付基础设施安排的角度开展货币国际化的研究,对于国际货币支付基础设施如何演变的研究相对零散,即便提及,也并非作为主要内容,基本是一带而过。Kahn 和 William(2009)在一篇研究为何支付的论文中提到,支付行为十分平常、简单,以至于给出一个定义都显得不那么必要。支付和支付系统对于现实世界的经济是随处可见且必不可少的，虽然经济学家试图深入研究这一日常活动的本质，但是构建一个令人信服的微观模型是一项具有挑战性的工作，在阿罗—德布鲁模型描述的经济中是不存在支付的[①]。

近几年，支付、结算安排在国际组织、中央银行的引领下逐步统称为金融市场基础设施（Financial Market Infrastructures，FMIs）。根据国际清算银行（Bank for International Settlements，BIS）的定义，金融市场基础设施是记录、清算、结算货币交易和其他金融交易的一系列安排，通常包括重要支付系统、中央证券存管、证券结算系统、中央对手和交易数据库[②]。货币的国际化进程由于涉及流动性以及资本回流等问题，而离不开支付基础设施乃至金融市场基础设施。一个国家的信用货币走向国际，既要有实体经济层面的微观基础，也要有金融层面的市场基础[③]。为此，在理论方面，从货币国际化角度研究支付基础设施发展值得作为一个选题。

本书致力于厘清支付基础设施在货币国际化进程中发挥的作用以及演进过程，为支持人民币国际化的支付基础设施构建提供借鉴，试图总结分析构建国际货币支付基础设施的要件和步骤，为人民币国际化的推进提供政策建议。

二、几个容易混淆的概念

在定义支付基础设施之前，可以先从一个更为广阔的概念——金融市场基础设施说起。

[①] Kahn C. M. and William R. Payments settlement: Tiering in private and public systems [J]. Journal of Money, Credit and Banking, 2009, 41 (5): 855 – 884.
[②] BIS. Principles for Financial Market Infrastructures (PFMI), 2012.
[③] Siegfried N., Simeonova E. and Vespro. C. Choice of currency in bond issuance and the international role of currencies [R]. Working Paper, 2007.

(一) 金融市场基础设施

"金融市场基础设施"经常与"金融基础设施"混用。实际上,这是两个不同的概念。金融市场是金融体系的一个组成部分,这决定了金融基础设施的内涵丰富于金融市场基础设施。博迪、默顿和克利顿(2013)将"法律程序和会计程序、交易和清算设施的组织架构以及监管金融体系参与者之间关系的管制结构"作为金融基础设施的组成部分[1]。Gray(2011)认为,金融基础设施有两个核心要素:一是正式的法律制度和约定俗成的程序和文化;二是金融行业的人员素质,这些要素的有机组合发挥着金融体系资源分配、提升效率和维护稳定的功能[2]。

当前,对金融市场基础设施的定义有两种观点:第一种观点认为它是金融市场的一部分,是服务于货币市场、债券市场、证券市场的基础设施,包括提供交易、清算和结算服务的交易所、中央对手、中央证券托管和支付系统。英国金融服务局(Financial Service Authority,FSA)[3]将金融市场基础设施提供者定义为组织和提供市场功能的单位,一般包括交易所、非交易所交易系统、清算所和市场服务提供者。

第二种观点是以国际清算银行为代表,其内涵介于金融基础设施和第一种观点之间,认为金融市场基础设施是指参与机构之间用于清算、结算或记录支付、证券、衍生品或其他金融交易的多边系统,包括重要支付系统(Systemically Important Payment System,SIPS)[4]、中央

---

[1] [美]兹维·博迪,罗伯特·C.默顿,戴维·L.克利顿.金融学[M].曹辉,曹音译.中国人民大学出版社,2013.
[2] Gray. H. P. The quality of financial infrastructure and financial resilience: Contrasting Taiwan and Thailand [J]. Review of Pacific Basin Financial Markets & Policies, 2011, 5 (2).
[3] 2013年4月,FSA取消,其职责由金融行为务监管局(FCA)和审慎监管局(PRA)接替。
[4] 根据BIS在2001年发布的《重要支付系统核心原则》(Core Principles for Systemically Important Payment Systems),重要支付系统是指其自身的某一个中断将造成更多参与者业务中断或更大金融领域系统性中断的支付系统。

证券存管、证券结算系统、中央对手和交易数据库。

两种观点的异同体现在其包含的内容上，相同的部分是均包括中央证券存管、中央对手、证券结算系统和支付系统，即金融市场中提供托管、清算、结算的安排；不同之处在于：一是两者虽均包括支付系统，但前者所说的支付系统仅为支持金融交易的资金支付安排，不包括贸易等金融市场之外的支付安排，后者所说的支付系统泛指两个或多个参与者之间资金转账的一套工具、程序和规则，是广义的支付系统概念；二是前者包括交易系统，认为金融市场基础设施同时涉及前台和后台业务；而后者认为金融市场基础设施不涉及前台的交易安排，仅仅包括后台程序，在存管、清算、结算之外，还包括交易数据库。

本书所指的金融市场基础设施接近于第二种观点，但由于国际货币的使用和流动与交易数据库无直接关联，因此，不包括第二种观点中所包含的交易数据库。具体来说，金融市场基础设施是参与机构之间用于清算、结算或记录支付、证券、衍生品或其他金融交易的多边系统，包括商品市场和金融市场中发挥参与机构间清算、结算和托管功能的一系列安排。

金融市场基础设施服务于商品市场以及包括货币市场、证券市场和外汇市场在内的金融市场。

商品市场中，为偿付商品交易中产生的债权，买方需要向卖方支付货币。货币所有权的转移需要通过资金支付安排来完成，具体包括作为支付服务主体的金融中介机构、支付工具以及跨行支付规则等部分。

货币市场的主要特征是，市场中交易的资产可以十分便利地转换为货币，流动性强。本书认为货币市场是相对广义的概念，包括票据市场、银行同业拆借市场、短期银行信贷市场以及短期债券市场。从货币市场获得资金的具体方式包括：开出票据获得银行信用或商业信用，形成债务；在票据市场贴现已持有票据，以贴现款补偿商品交易形成的债务；从银行获得短期贷款等。从投资的角度看，资金剩余者可以将货币投向票据市场，或者存入银行账户，由银行投向同业拆借市场、票据市场或短期信贷市场。因此，货币市场功能的实现需要资金支付安排的支持。其中票据市场中的资金流动需要支付服务主体、支付工具以及确保票据流转和资金清算的规则和程序；银行同业拆借市场中，资金流动就是银行间的支付，无异于商品交易中买卖双方委托不同银行办理支付时银行间资金结算的环节；银行信贷市场中，资金剩余者将资金转入银行，最终也会体现为银行间资金结算。

证券市场包括债券市场、股票市场以及衍生品市场。证券发行和证券买卖是证券市场中的主要交易活动。交易的完成同时涉及证券交付和资金支付。资金的支付，需要承担资金转账的基础设施；证券的交付环节，在规模化的证券市场形成后，需要承担证券清算、结算功能的基础设施，以提高证券交易的效率，降低风险，进而支撑证券市场发挥融资、投资功能。

外汇市场是一个较证券市场分散的市场，外汇交易一天24小时发生于全球的银行等参与机构之间。外汇交易发生后，两种货币需分别在交易双方间交付，因此，外汇市场中最基本的金融市场基础设施是两个不同币种的支付系统。为防范外汇交易的赫斯塔特风险（Herstatt Risk）[①]，同时支付（Payment Versus Payment，PVP）被提出并得以实现，即一种货币的支付与另一种货币的支付同时发生。PVP的实现以及外汇衍生品交易的发展，使得交易清算成为完成外汇交易处理的必要环节，因而推动了外汇市场支付基础设施的发展。目前的中央对手方清算模式使参差不齐的交易对手风险得以标准化，是主流的清算模式。从基础设施的角度看，外汇市场中发挥交易清算功能的基础设施与证券市场中的无异。

通过梳理各类市场对金融市场基础设施的需求，金融市场基础设施可以划分为支付基础设施和证券市场金融基础设施两个组成部分。其中支付基础设施服务于商品市场、货币市场、证券市场和外汇市场

[①] 赫斯塔特风险得名于1974年德国赫斯塔特银行的倒闭事件。这类风险的出现，是基于两个国家支付系统运行时序不同的现实，当交易的一方已交付卖出货币，存在对手方由于破产等原因无力交付应付货币的情况。

中的资金支付；而证券市场金融基础设施服务于证券交易中证券部分的清算和结算。两者并非相互独立，而是相互连接、协同发展，特别是随着风险防范需求的增加，金融交易的结算更加需要支付基础设施与证券市场金融基础设施建立物理连接，两者间的依存度呈增强趋势。

（二）支付基础设施

根据以上分析，支付基础设施是金融市场基础设施的组成之一，负责商品市场、金融市场相关交易产生的资金支付。支付基础设施与实务中所说的 Payment System 有相同的含义。由于 System 有"体系"和"系统"两种表述，使得支付基础设施也有两种解释：一是狭义概念，即支付系统，仅指用于实现资金转账的信息系统；二是广义概念，更强调体系。后者以 BIS 支付结算体系委员会（Committee on Payment and Settlement Systems，CPSS）①为代表，将支付系统定义为用于实现两个或多个参与者间资金转账的一系列工具、程序和规则，还包括参与者和运行这些安排的单位②。不管狭义概念还是广义概念，支付基础设施仅将金融中介机构之间的部分——跨行支付安排归为其范畴，不包括中介机构与个人、企业之间支付安排，这是支付基础设施定义的第一个要点。

支付是付款人向收款人认定的一方转移货币债权，通常货币债权包括现金或是在金融机构或中央银行的储蓄资金。支付源于交换，当交换存在潜在障碍时，支付就成为必然的事情。货币产生之后，支付就成为人类生活的一部分。我们生活在一个不断变化的环境中，科学技术的发展、计算处理成本的下降以及国际竞争和融合带来的机构变化等因素，使得支付安排不断变化，因此，本书支付基础设施的定义

---

① 2014 年，CPSS 更名为支付和市场基础设施委员会（Committee on Payments and Market Infrastructure，CPMI）。
② BIS. Principles for Financial Market Infrastructures（PFMI），2012.

是广义概念，将尽可能适应其发展变化。同时，根据以上各类市场对金融市场基础设施的需求，商品市场、货币市场、证券市场以及外汇市场均需要支付基础设施的服务，因此，本书所说的支付基础设施服务范围是以上多个市场，连接证券、货币、外汇等金融市场，与证券市场金融基础设施相关联，并符合重要支付系统特征，即支付系统某一参与者违约、无力偿债或者支付系统某一部分的失灵，会引发更大范围的风险，甚至触发其他金融市场危机，造成系统性风险。换个角度说，重要支付系统依靠其自身的机制，无法抵御各类风险。支付系统的规模、服务范围及其业务类型是判断其是否是重要支付系统的标准。

综上，本书所说的支付基础设施符合重要支付系统特征，是银行等中介机构间处理由商品市场和金融市场相关交易产生的资金转账的一系列工具、程序和规则以及支付服务主体。

支付基础设施由支付服务主体、支付工具、业务规则和程序三部分组成。其中支付服务主体是指向金融中介提供跨行支付服务的机构。支付工具（Payment Instrument）是资金汇划的载体。一般来说，支付工具包括现金和非现金支付工具两类，其中非现金支付工具包括票据、贷记转账①、银行卡、直接借记②。由于支付基础设施所承载的货币均以非现金形式存在，同时，零售非现金支付的特点是数量多、金额小，对于货币国际化的影响相对较小，不列入本书的研究范围。本书的支付工具是指非现金支付工具，并且不涉及银行卡、直接借记等零售支付工具。

业务规则和程序是支付服务提供者使用支付工具处理资金转账所共同遵循的规范。在现代社会，支付基础设施通过信息技术和业务规则将各类支付服务主体连接在一起，依托支付工具实现社会主体间以及金融中介间的资金汇划。事实是，跨行支付需求和功能早在信息技

---

① 贷记转账是指付款人通过其开户行主动发起向收款人付款的一种支付工具。
② 直接借记是指收、付款人事先签订协议，约定收款人委托其开户行定期借记收款人账户的一种支付工具，比如说，水电气等公用事业费的收取。

人民币国际化"大动脉"——国际货币支付基础设施构建

术快速发展之前就已存在。1437年巴塞罗那的多家私人银行试图让一家名为Taula的市营银行承担中央银行的职责,由其吸收储备,并利用准备金提供银行间支付清算服务①。从发展的角度来看,支付信息系统并不是支付系统发展各个阶段必要、永恒的组成部分。支付信息系统本质上是支付基础设施中业务规则和程序的一种实现手段,是支付基础设施发展到今天这一特定阶段中业务规则和程序的有机组成部分。因此,不将信息系统作为支付基础设施三大组成部分之一,是为了从发展的角度更贴切地论述支付基础设施。这并不意味着是对信息技术作用的贬低,相反,近一个世纪,信息技术对支付基础设施带来了革命性的影响,后文将详述。

(三) 清算与结算

欧洲中央银行②和国际清算银行③均认为,清算(Clearance)是在结算前传输、转发、确认汇划指令的过程,可能包括指令的轧差(Netting)以及确认最终结算资金,有时也包括(并非特别精确)结算的含义。当用于期货、期权时,清算是指每日收益和损失的平仓以及每日质押需求的计算④。美联储认为,清算通常是指支票清算或是证券和其他金融工具、合约买卖双方匹配交易的过程⑤。我国中央银行并未就清算给出明确的定义,但可以从国家有关法律、法规中理解清算一词在我国被赋予的含义。2004年施行的《中华人民共和国中国人民银行法》第二十七条规定,中国人民银行应当组织或者协助组织银行业金融机构相互之间的清算系统,协调银行业金融机构相互之间的清算事项,提供清算服务。因此,在我国,中央银行对银行业金融

---

① Usher A. P. The early history of deposit banking in mediterranean europe [J]. Harvard Economic Studies, 1967, 12 (3): 214–218.
②④ Kokkola T. The payment system: Payments, securities and derivatives, and the Role of the Eurosystem [R]. European Central Bank, 2010.
③ BIS. Policy issues for central banks in retail payments, 2003.
⑤ Board of Governors of the Federal Reserve System. The Federal Reserve System Purpose and Functions [R]. 2005, http://www.federalreserve.gov/pf/pf.htm.

机构间资金往来的处理,是清算所代表的含义。

欧洲中央银行认为,结算(Settlement)是指交易的完成或者是以偿付参与者债务为目的的资金汇划或证券交割过程,一项结算可以是最终的也可以是暂时的[①]。美联储将银行业中的结算定义为资金汇划中记录双方借记(Debit)和贷记(Credit)头寸的过程,卖方交付证券、卖方支付资金的过程也叫作结算[②]。中国人民银行1997年颁布的《支付结算办法》中"支付结算"是指单位、个人在社会经济活动中使用票据、信用卡和汇兑、托收承付、委托收款等结算方式进行货币给付及其资金清算的行为。

本书认为,支付包括清算和结算两个环节,清算在先,结算在后。其中,清算是计算、确认交易各方应收、应付资金的过程,证券、外汇、金融工具的交易配对过程也理解为清算;结算在资金汇划中,是指借记、贷记交易方账户资金的过程,在证券交易中,是指交割的过程。

三、支付基础设施:枢纽与大动脉

几乎所有的经济活动都涉及以货币为媒介的支付,现代金融体系还涉及债券、权益和衍生品等金融工具的交易及支付。支付基础设施正是为实现货币资金和金融工具的转移而设计安排的。支付基础设施覆盖各金融机构,将货币市场、债券市场、外汇市场连接在一起。就交易额而言,短短几天内的交易额,就相当于一国年国内生产总值。因此,支付基础设施承担着金融枢纽的职责,是经济金融的大动脉。

支付基础设施对货币政策的有效实施也至关重要。支付基础设施是货币政策通过银行间货币市场和其他短期借贷市场发挥作用的前提

---

① Kokkola T. The payment system: Payments, securities and derivatives, and the role of the eurosystem [R]. European Central Bank, 2010.
② Board of Governors of the Federal Reserve System. The Federal Reserve System Purpose and Functions [R]. 2005, http://www.federalreserve.gov/pf/pf.htm.

条件。支付体系连同货币市场一起，能够加强货币政策对整个金融活动和经济活动的短期影响。另外，影响货币周转速度和预测性的支付基础设施发展可能影响整个经济的货币需求。

支付基础设施关系着国家的金融稳定。这是由于支付基础设施将金融机构、金融市场联系在一起，因而成为在金融机构和市场间传递金融风险的渠道。风险事件的发生有可能引发多米诺骨牌效应，爆发为系统性风险。曾任美联储副主席的劳伦斯·梅耶在其回忆录《联储风云》一书中特别提到了"9·11"发生时他的所想：尽管世贸中心双塔还没有倒塌，但我马上开始担心，因为世贸中心里有许多金融机构。其他一些机构也相距不远：纽约联邦储备银行以及几家国内较大的清算银行就在几个街区之外。如果这些大楼遭到破坏或摧毁，支付体系将会怎样？

支付基础设施承载着国家重要的经济、金融数据，关乎国家信息安全。同时，支付基础设施作为资金运转的通道和枢纽的地位决定了谁掌管了支付基础设施，谁就掌握了经济命脉，就拥有话语权。从这个角度来说，支付基础设施事关国家主权。这一点在跨境支付基础设施上的体现尤为突出。这也是各个国家投入巨额资金建设属于自己的支付基础设施的重要原因。2014年，俄罗斯与乌克兰的冲突事件后，遭到了欧盟的制裁。之后，部分欧洲官员敦促欧盟拿出金融"核武"对付俄罗斯，即把俄罗斯银行业踢出具有垄断地位的跨境支付基础设施——环球银行间金融通信协会（SWIFT），作为实施进一步制裁的方式。而这招曾在2012年被用来对付过伊朗。这一做法引起了俄罗斯的强烈回应，总理梅德韦杰夫表示，如果西方国家限制俄罗斯在SWIFT系统中的操作，俄罗斯将"没有限制"地进行应对。另一案例是，2006年，《纽约时报》等报纸报道说，美国反恐部门与财政部官员在"9·11"恐怖袭击之后密切合作，向SWIFT索要全球转账交易数据，这就是著名的SWIFT"监控门事件"。监控门事件的披露，引发了各国中央银行和金融机构的强烈谴责。之后，SWIFT在欧洲建设了一个新的数据中心，将一些国家的交易数据迁移至该欧洲数据中心处理，以消除各国对美国监控资金跨境交易的担忧。

第二章 理论探讨

一、清算和结算的定位：金融功能

（一）金融功能观

系统提出金融功能观理论的是20世纪90年代的Merton和Bodie[①]。该理论的两个基本前提是：①功能比机构更稳定，即功能随时间变化得较少，并且在国家和地区间的差异也较小；②机构的形式服从于功能，创新以及机构之间的竞争最终导致了金融体系功能发挥的更高效率。基于这样的前提，金融功能观认为新古典经济学关注于价格和数量的动态变化，其中只有功能在发挥作用，对于发挥这些功能的机构以及机构随时间的变化只字不提；而机构观，属于另一个极端，它不仅假设机构起作用，而且把机构当成固定的概念，立足于静态，这种观点认为公共政策的目的是帮助现存机构生存下去并繁荣起来。机构观不能解释机构的动态发展。现实中，金融创新常以降低成本为目标

[①] Merton R. C., Bodie Z. A conceptual framework for analyzing the financial environment: The global financial system: A functional perspective [M]. Crane D. B., et al., Editors. Harvard Business School Press, 1994.

避开以机构为基础的管理,因此,在机构观看来,金融创新有时似乎会威胁金融体系的稳定。金融功能观是借鉴新古典经济学和机构观而提出的理论。功能观不再假定现存机构(无论私人部门或政府部门)的运作和管理保持不变,而是首先确定金融机构履行哪些既定的经济功能,然后寻找并发现在给定的时间和地点,履行这些功能的机构及其结构。

根据殷剑锋从编年史角度进行的分析,关于金融功能的理论研究大致经历了以下三个阶段:①18世纪至大萧条前,理论研究关注焦点为货币,对金融功能的认识局限于银行信用创造的功能;②大萧条至20世纪80年代,大萧条使理论家认识到金融系统的重要作用,但随后新古典宏观经济学的兴起又提出了"金融系统无用论";③20世纪80年代初至今,信息经济学、契约理论、交易成本经济学等微观理论的发展极大地促进了人们对金融系统功能的认识,其中就包括Merton等的金融功能观[①]。

Merton认为,功能观适用于从体系、机构、行为、产品四个层次对金融的分析。体系层面,功能分析就是寻找新的机构安排或现存机构安排的新的组合,以改善在既定的特殊本土经济、政治和文化环境中功能的表现;机构层面,功能观可以用于研究特定机构的形式,如20世纪70年代和80年代的美国储蓄贷款机构就是很好的例子;行为层面,以功能观看,贷款这一行为包含了金融的两项功能——跨时期资源转移和风险管理,这就意味着当发放一笔贷款时,其中隐含着对贷款的担保(一种保险形式);此外,功能观也可用于产品层次的分析,以美国专门销售保证市政债券本金和利息到期支付的保险合同的保险公司为例,当评价公司的竞争地位时,机构观会将其他保险公司视为竞争对手,而功能规则会考虑机构的最佳结构,而一家保险公司不一定是最佳的结构。

---

① 殷剑锋. 金融系统的功能、结构和经济增长[D]. 中国社会科学院研究生院博士学位论文,2003.

(二) 金融功能观中的清算和结算功能

金融功能观认为,金融体系的演进是一个创新螺旋的过程,金融创新驱使金融体系向着更高经济效率的目标发展,以降低交易成本为目标的技术进步以及依赖低交易成本的金融理论和实践的发展,都可能在未来造成金融机构的广泛变化。围绕资源配置这一最基本的原始功能,金融体系发挥了六项核心功能:一是为交易提供清算和结算手段;二是为集中资源和不同企业股份的细分提供机制;三是为跨时期、跨国家和地区,以及跨行业的经济资源转移提供手段;四是为风险管理提供手段;五是为协调不同经济部门的分散决策提供价格信息;六是为处理在一项交易中一方有信息,另一方没有信息,或者一方是另一方的代理人所造成的激励问题提供手段。

金融功能观在论述上述第一项交易清算和结算功能时认为,清偿和结算有不同的手段。总体来说,为完成清算和结算所签订的一系列机构间的协议被称作支付体系。金融体系提供交易清算和结算功能的出发点是为了控制成本和风险。过去几十年的发展实践证明,金融体系的创新均始于或终于降低成本和风险。以金融市场基础设施的组成部分——证券市场金融基础设施为例,其出现及发展就是应对交易成本和交易风险的过程。其中成本包括手续费、过户税、抵押品保管费等,风险是由于交易对手方可能不履约造成的,例如,买方可能无力安排付款,或者卖方无法交割。管理这类成本和风险的关键因素包括使用净额支付协议、有效利用担保品、证券无纸化、交割和付款同步(Delivery Versus Payment,DVP)、支付最终性(Finality)①的保障、提供流动性信贷等。

金融功能观认为支付体系的核心是中央银行基于其发行的货币而

---

① 根据国际清算银行的定义,支付最终性(Finality)是指当一笔支付按照事先约定的条款由支付基础设施完成债务清偿后,即具有无条件、不可撤销性,具体参见:BIS. Principles for Financial Market Infrastructures (PFMI),2012。

运行的资金转账系统，包括清算所、银行、证券公司在内的金融机构作为参与者可与中央银行系统建立连接。同时，作为支付代理，中央银行支付系统的这些参与者也提供清算和结算服务，比如说，存款型金融中介通过有线通信设施转账、支票、信用卡等为这项功能服务。在金融功能观看来，随着金融发展，其他中介，例如货币市场基金以及非金融企业也可以提供此项服务。

关于支付体系的外延，金融功能观认为，随着金融创新的发展，交易清算和结算的对象将不断扩大，根据当时的发展状况提出衍生工具已成为支付体系重要延伸的观点。Perold（1995）基于功能观，把用现金的证券交易方案对支付体系的要求与以衍生工具为基础的证券交易方案对支付体系的要求进行了比较，说明了典型的以衍生工具为基础的方案怎样把少量的大额支付在一段时间内转变成大量的小额支付。通过减少大额资金的转移，使用衍生工具能极大地减少由于个别方面爽约造成大崩溃的风险。同时，该文献还研究如何完善支付体系功能来消除外汇市场由于时区不同而诱发的信用风险（即"赫斯塔特风险"），结论显示，能够替代机构调整的功能性措施包括净额结算和使用衍生工具[①]。

Hubbard（1994）[②]、Kohn（1994）[③] 以及 Rose（1994）[④] 均将金融的核心功能定位在提供流动性和贷款，在 Merdon 等看来，这也可以纳入金融功能观的分析框架中，其中贷款属于资源转移和风险管理功能，而提供流动性属于清算和结算功能范畴。流动性的定义是一项资产可以被相对容易且快速地转换成交易媒介（货币）。金融功能观认为，买卖价差可以作为衡量资产流动性的一个变量，具有完全流动性的资产的买卖价差为零。交易一项资产的成本和风险，以及资产价值

[①] Perold A. F. The Payment system and derivative instruments, in: The global financial system: A functional perspective [M]. Crane D. B., et al., Editors. Harvard Business School Press, 1994.
[②] Hubbard R. G. Money, the financial system, and the economy [M]. Addison – Wesley, 1994.
[③] Kohn M. G. Financial institutions and markets [M]. McGraw – Hill, 1994.
[④] Rose P. S., Marquis M. H., Lu J. Money and capital markets (fifth edition) [M]. Burr Ridge: Irwin, 1994.

的不完全和信息不对称，会引起流动性丧失。

（三）清算和结算的定位

Merton 等的金融功能观理论的贡献在于系统而明确地提出并分析了金融系统所具备的功能，并将交易清算和结算概括为金融的一项核心功能，创新了金融理论。之后关于金融功能观的研究，主要针对 Merton 金融功能观存在的关于功能界定方面的缺陷展开。Levine（1999）认为金融体系的功能有促进风险改善、信息获取与资源配置监控经理与加强企业控制、动员储蓄、促进交易等[1]；Allen 和 Gale（2000）认为金融体系的功能主要是风险分散、信息提供、企业监控等[2]。国内学者白钦先、谭庆华（2006）将金融体系的功能分为四个层次，即基础的服务和中介功能、核心的资源配置功能、扩展的经济调节和风险规避功能、衍生的风险管理和宏观调节功能，并将结算作为基础性服务功能的一个方面[3]。Merton 之后众学者关于金融功能的界定虽表述不同，但只是认识角度的差别，其实质基本一致。金融功能观理论对于本书的研究主题，即货币国际化进程中支付基础设施发展研究，提供如下理论支持：

（1）交易清算和结算是金融在实现资源配置的基础作用过程中发挥的一项核心功能。降低相关金融交易的成本和风险是金融发挥此项功能的初衷或结果。金融的交易清算和结算功能自金融概念尚未创造，只有货币、银行和信用概念的时期即存在，并稳定地存在于金融体系中，而承载交易清算和结算功能的机构、服务的对象则由于金融创新、技术进步、金融理论发展与实践发生着广泛的变化。

（2）金融功能观为本书的研究提供了分析框架，即在厘清支付基础设施如何支持货币国际化的基础上，研究货币国际化进程中金融的

---

[1] Levine R. Financial bevelopment and growth: Views and agenda [J]. Journal of Economic Literature, 1999, 5 (3): 413 – 433.
[2] Allen F., Gale D. Comparing financial systems [M]. MIT Press, 2000.
[3] 白钦先，谭庆华. 论金融功能演进与金融发展 [J]. 金融研究, 2006 (7): 41 – 52.

清算和交易功能在不同的发展时期通过何种机构、何种交易、何种载体发挥作用。

金融功能观为"以降低交易成本和风险"作为评价国际货币支付基础设施的标准提供了理论依据。但是，仅仅以金融功能观理论还不足以支撑本书的研究，这是因为金融功能观是从宏观角度提出的一种研究方法，并未对包括清算和结算在内的金融的六项功能做系统阐述和定义。如关于清算和结算的概念只是具体到了证券交易中，并未给出清算和结算的通用概念；提出中央银行的资金转账系统是支付体系的核心，但是并未从理论层面对这样的安排做出深入分析。结合本书主题，还需要研究支付基础设施的本质以及与国际货币决定因素间的关系，为此，接下来将引入公共产品理论以及国际货币相关理论。

二、支付基础设施特征及供给：基于公共产品理论

（一）公共产品理论

公共产品理论的研究起源于亚当·斯密的"守夜人"和大卫·休谟的"搭便车"思想①，最早提出公共产品一词的是瑞典人 Lindahl (1919)。公共产品的严格定义是由 Samuelson (1954) 给出的，Samuelson使用二分法将产品分为公共产品和私人产品，其中公共产品是这样一种产品，每个人对这类产品的消费不会导致其他人对该产品的消费，公共产品具有非竞争性和非排他性两个基本特征②。消费的非竞争性是指对非竞争性物品消费的增加不会要求供给的增加，也不

---

① 王爱学，赵定涛. 西方公共产品理论回顾与前瞻 [J]. 江淮论坛，2007 (4): 38-43.
② Samuelson P. A. The pure theory of public expenditure [J]. Review of Economics & Statistics, 1954, 36 (36): 1-29.

第二章 理论探讨

会引起边际成本的增加；非排他性是指不可能有效地将某个人或某些人排除在该物品的受益之外，或者是技术上的不可能，或者是经济上的不可能①。

许多学者批评 Samuelson 的二分法不具有现实可操作性，其中包括 Buchanan。Buchanan（1962）认为，现实世界中，存在大量既不是公共产品也不是私人产品的产品，为此，他在《俱乐部的经济理论》一文中提出俱乐部模型，并将介于公共产品和私人产品间的这种产品称为俱乐部产品，也称为混合产品或准公共产品②。

Buchanan 认为，准公共产品的消费特征是：①有限非竞争性。在合适的消费容量下，其他参与者对该产品的消费，不会因为任何一个参与者的消费，而受到影响，超过临界点后，参与者过多，就会出现拥挤，这种非竞争性不复存在。②局部非排他性。俱乐部产品的非排他性仅仅是针对会员的，对非会员则具有排他性。

除此之外，关于准公共产品特征的描述还有以下两类：

一是认为准公共产品是具有外部性的私人产品。外部性是某个经济主体生产和消费物品或服务不通过市场价格系统而对其他经济主体产生附加效应的现象③。私人产品具有消费的排他性，因而无外部或溢出效应。如果生产或消费某物品所带来的公共影响涉及全体参与者，那么该物品为纯公共品，如只涉及部分参与者，那么该物品为准公共产品。

二是认为准公共产品是具有消费的竞争性但无排他性（第一类）或者具有消费的排他性但无竞争性的物品（第二类）。第一类准公共产品不具有排他性，因而其价格机制较难形成，免费供给是唯一的选择方式；第二类准公共产品具有排他性，因此很可能向产品的受益人收取费用，可与私人产品并称为市场性物品④。Mankiw（2010）根据竞争性与排他性的双重维度进行分类时，将第一类称为共有资源，将

---

① 陈小安. 准公共产品供给与定价的理论和实践研究 [D]. 西南财经大学硕士学位论文，2002.
②④ Buchanan, J. M. An economic theory of clubs [J]. Economica, 1962, 32 (32): 1 – 14.
③ 植草益. 微观规制经济学 [M]. 中国发展出版社，1992.

后者即第二类称为自然垄断产品①。

通过模型研究发现,产品的性质可能会发生变化。对于准公共产品而言,在科学技术、经济发展水平、公共选择等因素的影响下,准公共产品在不同的时点可能会具有不同的属性或特征。对于自然垄断型准公共产品而言,科学技术可以改变产品的自然垄断特性。对于技术含量较高的行业,科技进步可能会使准公共产品从强自然垄断向弱自然垄断转变,甚至可能转变为竞争性行业②。

公共产品理论中一个研究方向是公共产品的供给问题。关于公共产品的供给,早期的研究认为政府应成为公共产品生产的代理人,"政府失灵"促使学者们开始思考政府在公共产品供给中存在的劣势,形成的研究结论是,公共产品可由政府供给,但不一定由政府生产。

根据Coase(1974)、Demsetz(1968)、Posner(2001)等学者的研究成果,准公共产品既可由政府提供,也可以由私人机构或私人部门提供。科斯通过新制度经济学的分析认为,如果不存在交易成本,公共产品和私人产品是由政府还是市场供给,取决于政府和市场之间的竞争和谈判;如果存在交易成本,对比政府供给公共产品而形成的制度安排与市场供给所形成的安排,两者的效率是不同的,应选择成本最低的一方作为公共物品的供给方③。基于以上理论,对于具有外部性的公共产品,政府并不是唯一有效供给者,私人供给也是可能实现的。得出相同结论的还包括Demsetz,他指出,对于具有排他性的公共产品,私人可以有效供给,而不具有非排他性的公共产品则需要由政府来供给④。波斯纳(Posner)的期货合同理论也论证了准公共产品私人供给的合理性⑤。基于科斯的研究成果,布鲁贝克尔认为,只要准公共产品的消费者数量足够少,致使消费者之间的谈判成为一件很

---

① Mankiw, B. N. G. Principles of economics (fifth edition) [M]. South-western Cengage Learning, 2010.
② 高鹤文. 准公共产品领域国有经济功能研究 [D]. 吉林大学博士学位论文, 2009.
③ Coase R. H. Lighthouse in economics [J]. The Joural of Law & Economics, 1974, 17 (2).
④ Demsetz H. The cost of transacting [J]. Quarterly Journal of Economics, 1968, 82 (1).
⑤ [美] 波斯纳. 道德和法律理论的疑问 [M]. 苏力译. 中国政法大学出版社, 2001.

小的事情，大大减少了信息费用和交易成本，那么，准公共产品就可以像私人产品一样生产，这个时候体现了很强的"合伙性质"①。

Ostrom（1990）提出了第三部门公共产品供给效率模型及慈善经济学模型②。第三部门是对各种非政府组织和非营利性组织的总称，它是指介于企业和政府之间的各种社会组织③。Salamon 和 Anheier（1996）对处于主流地位的市场失灵或政府失灵理论以及非营利部门和国家之间天然存在冲突的保守思想等提出质疑，世界各地对国家机构仅仅依靠自身力量促进改革和发展、提供社会福利的能力不再充满信心，可能是第三部门开始供给公共的一个关键因素④。Bifarello 通过研究阿根廷的第三部门而得出的结论是，第三部门通过与政府建立合作关系是其在公共服务供给和政策制定方面发挥重要作用的基础。他同时还指出，政府对第三部门的人力与财力支持对于第三部门的发展至关重要⑤。

（二）自然垄断理论

自然垄断是在研究基础设施行业时常用的理论，也是公共产品理论中的重要概念。最早提出自然垄断概念的是英国古典经济学家约翰·穆勒。这一时期的理论主要从自然资源的特性角度来理解自然垄断，称为"自然条件决定论"。Farrer（1902）发展了自然垄断的概念，他认为自然垄断产业就是那些一旦竞争因素进入就会出现失败局面的产业，并把它的经济特征总结为：第一，能够提供某种必需的产

---

① 赵婕. 公共产品的私人供给［D］. 中国政法大学硕士学位论文，2008.

② Ostrom E. Governing the commons: The evolution of institutions for collective action［M］. Combridge University Press, 1990.

③ 刘月平. 准公共产品视角下区域品牌建设实证研究［J］. 商业时代，2011（28）：127 - 128.

④ Salamon L. M. and Anheier H. K. The emerging nonprofit sector: An overview［M］. Manchester University Press, 1996.

⑤ Bifarello M. From delegation to participation the third sector and the state in associative networks［C］. Proceedings from the Fifth Conference of the International Society for Third - Sector Research, 2002.

品或服务；第二，具有规模经济特征；第三，所处的生产环境和地理条件具有天然优势；第四，能够提供顾客需要的可靠的和稳定的供给安排。之后的研究基本从规模经济的角度来理解和阐述自然垄断理论[1]。Clarkson 和 Miller（1982）利用生产函数将自然垄断的基本特征归纳为规模报酬递增的生产函数，并得出一个重要结论：对于自然垄断产业，一家企业生产比多家企业生产具有更高的效率[2]。

Samuelson 和 Nordhaus（1992）认为，规模经济和范围经济是产生自然垄断的根源，其中规模经济是指在一定的产出范围内，生产函数呈规模报酬递增（成本递减）状态，即生产规模越大，单位产品的成本越小，由一家企业大规模生产要比由几家较小规模企业同时生产更有效率。范围经济是指当同时提供多种产品（或服务）时，由一家企业提供的效率要高于这些产品（或服务）分别由不同企业提供时的效率[3]。Baumol、Panzar 等（1988）的研究认为，规模经济并不是实现自然垄断的必然条件，只有实现成本可次加性的要求，才能必然地实现自然垄断[4]。成本次可加性（Cost Subadditivity）是指如果在某行业中某单一企业生产所有各种产品的成本小于若干个企业分别生产这些产品的成本之和，则该行业的成本就是劣可加的，该行业属于自然垄断行业。假设某一行业生产 n 种产品，分别为 q_1，q_2，…，q_n，生产成本为 C，那么成本次可加性可表述为：

$$\sum_{i=1}^{n} C(qi) > C(\sum_{i=1}^{n} qi)$$

根据 Baumol 等通过研究得出了规模经济的严格定义：技术不变时，若投入的生产要素增加，产出增加的比例要比投入增加的比例大。产出的长期平均成本处于下降趋势。规模经济产生的一个主要原因是，该产业的进入需要很大的固定成本投入。在此情况下，产量提

---

[1] Farrer T. H. The state in its relation to trade [M]. Macmillan, 1883.
[2] Clarkson K. W. and Miller R. L. Industrial organization: Theory, evidence and public policy [M]. McGraw - Hill, 1982.
[3] Samuelson P. A. and Nordhaus W. D. Economics [M]. McGraw - Hill, 1992.
[4] Baumol W. J., Panzar J. C. and Willig R. D. Contestable markets and the theory of industry structure [J]. General Information, 1988, 91 (6): 1055 - 1066.

高,平均成本自然下降。

成本次可加性概念的提出,标志着从以往主要研究单产品领域向多产品领域的迈进,拓展了自然垄断理论的研究范围。基于此,规模经济和范围经济是成本次可加性的特殊情况,是自然垄断产生的充分条件,但不是必要条件。

自然垄断产业特征决定了其在生产效率与分配效率上总是面临着两难选择。社会最优目标是实现较高的生产效率和社会分配效率。Viscusi 等认为,在自然垄断行业,垄断企业以较低的成本向社会提供产品或服务,并按照正常利润进行的成本定价,则可以实现这一目标;如果完全由私人企业垄断经营,私人企业在追求利润最大化的过程中,有可能存在较高的生产效率,但不能保证私人垄断企业会自觉地按照成本定价,反而可能会制定高于成本的垄断价格,获取垄断利润,从而造成消费者剩余的损失。因此,有一种观点认为,解决自然垄断行业两难问题的一个思路是,政府建立国有企业直接进行垄断经营,即由政府而非民营经济拥有和管理自然垄断产业①。

在严格的约束条件下,自然垄断产业所涵盖的范围有所减少,即自然垄断的产业数量减少。这样一来,为以放松监管为宗旨的自然垄断产业改革奠定了理论基础。早在1887年Adams在《政府与产业行为关系》一文中探讨自然垄断问题时,就提出对自然垄断产业实行必要的监管,以实现社会福利的最大化②。此后,对于自然垄断行业,经济学家和政策制定者均提出和实施了价格监管政策、准入监管政策、投资监管政策、质量监管政策以及其他社会监管政策。

基于以上公共产品理论,支付基础设施准公共产品,符合俱乐部产品特征:①有限的非竞争性,即在合理的参与者数量下,任何一个参与者对支付基础设施的使用不用影响其他参与者的使用;② 由于支付基础设施有特定的需求者和准入标准,因此具有局部的非排他性。

---

① Viscusi W. K., Harrington J. E. and Vernon J. M. Economics of regulation and antitrust (4th Edition) [J]. General Information, 1998, 1 (1): 45 – 77.
② Adams H. C. Relation of the state to industrial action [J]. Pubications of the American Economic Association, 1887, 1 (6).

(三) 经济学理论中的支付基础设施

根据 Mankiw 对准公共产品的分类标准，由于支付基础设施在无竞争性时具有非排他性，因此属于自然垄断型产品。从自然垄断理论可知，支付基础设施：①具有规模经济特征，即业务量越大，单位成本越低，这是因为支付基础设施需要很大的一次性固定投入；②具有范围经济特征，一个支付基础设施支持两种及以上业务的成本低于这些业务分别由不同的支付基础设施处理时的成本。同时，当支付基础设施所支持的业务种类增加时，其平均成本降低。

支付基础设施符合一般基础设施的特点，需要巨大的一次性投入，固定成本不仅指支付基础设施服务主体的投入，还包括接入支付系统参与者的投入。当支付基础设施规模经济形成后，单位成本逐步降低，将会产生网络外部性，即吸引更多的参与者加入该支付基础设施，从而进一步降低整体交易成本，这对于资源配置来说是积极的。

同时，从发展的视角来看，在支付基础设施的发展过程中，当更有利于资源配置的新的支付基础设施出现时，原先支付基础设施网络外部性的存在，在需求层面，会使支付基础设施的使用者不愿意迁移至更有效的设施中，从而阻碍了资源配置效率的提高。为解决这一问题，需从供给入手，通过技术上的兼容性、标准化以及定价策略的选择，降低参与者的迁移成本。

1. 支付基础设施的供给主体

从以上关于准公共产品的供给理论可知，支付基础设施作为准公共产品可以由政府、私人机构和处于第三部门的社会组织来提供。结合支付基础设施的服务内容，中央银行作为货币发行人的职责决定了中央银行具有代表政府作为支付基础设施供给主体的天然优势。由于国家层面的支付基础设施投入很大，私人机构作为供给主体大多停留在理论层面，在现实世界中，国家支付基础设施很少由某一私人机构建设、运行。介于企业和政府之间的第三部门，在支付基础设施服务领域主要体现为银行业协会、非政府国际组织等，它们不以营利为目的，通过银行间、中央银行间相互合作，具有一次性建设投入并维护支付基础设施的实力。

2. 支付基础设施发展的两难选择

从金融功能观理论可知，清算和结算作为金融的核心功能之一，其目标是降低资源配置过程中的交易成本和风险，支付基础设施是发挥这一功能的载体。同时，支付基础设施呈现成本次可加性特征时，则成为自然垄断产品。换句话说，支付基础设施一次性投入大，在规模经济尚未形成前，单位成本较高，假设：①该支付基础设施由政府以覆盖成本为目标提供；②该支付基础设施应用了新的技术可以提高支付效率，但会出现有悖于其目标的情形，当因效率提高对参与者节约的成本不足以弥补收费增多而增加的成本时，将提高资源配置过程中支付环节的交易成本，由于参与者多为私人商业机构，逐利本性将使他们有可能暂时做出放弃加入这一支付基础设施的决策，这对于清算和结算功能发展而言是不利的。因此，当政府部门作为支付基础设施供给方时，从有利于社会资源配置的角度出发，愿意一次性投入搭建支付基础设施，并为降低交易成本将新技术应用至支付基础设施中，但是却面临若按照成本回收和覆盖原则收费，参与者要么放弃享受这项新服务，要么有可能短期内增加交易成本的不利结果；若采用政府补贴的方式，则面临预算问题。这是一种两难的困境。

对于私人部门，虽然有理论研究表明，私人部门可以作为准公共产品的供给方，但是当私人部门作为支付基础设施的供给方时，理性人假设下，特别是以短期逐利为目标的私人部门，会在较高成本的基础上加成向参与者收费，在规模经济形成前，则大幅提高了交易成本，与支付基础设施发展目标相悖；再者，假设私人部门提供的支付基础设施形成规模经济之后，出现可以提升支付效率的新技术，应用新技术则会增加一次性投入，那么私人部门从自身利益出发有可能做出暂时放弃采用新技术的决定。

这是从理论角度分析得出的支付基础设施发展过程中可能出现的影响金融的清算和结算功能目标的情况。这为本书后续的研究分析提供了理论基础，即判断货币国际化进程中支付基础设施发展状况的一个重要标准就是各服务主体在面临这些困境和问题时,是否以降低交易成本为目标做出了有效的决策。同时,也为本书提供了研究国际货币支付基础设施服务供给主体发展变迁的思路。

三、支付基础设施与货币国际化的关联

以往关于研究货币国际化驱动因素的理论为后续研究支付基础设施在货币国际化中的作用奠定了理论基础。关于国际货币的驱动因素,相关文献已从多个角度做了深入分析,已形成较为完整的理论体系。下面将以交易成本、金融市场发展为重点围绕国际货币的三个基本职能,即记账单位、交易媒介和价值储藏展开综述。

(一)交易成本与记账单位职能

早期关于国际货币驱动因素的研究主要关注国际贸易对记账单位(即计价货币)的选择。20世纪90年代的新开放经济宏观经济学曾把记账单位的概念引入模型,分析了不同的计价货币对汇率变动的传递效应的影响。当前的文献主要通过国际贸易中关于计价货币的真实数据开展实证研究。通过这些研究可知,货币的交易成本是影响一种货币发挥国际货币记账单位职能的一个重要因素。

交易成本越低的货币,成为国际货币记账单位的可能性越大。Swoboda(1968)指出,使用单一的计价货币,可以使整体交易成本下降,进而导致外币持有规模的下降。他发现,一国国际贸易规模越大,一国货币在外汇市场上交易量越大,金融市场越发达,则该国货币成为计价货币的可能性也就越大[1]。Krugman(1980)发现,随着

---

[1] Swoboda A. K. The Euro-Dollar market: An interpretation, in international finance [M]. Princeton Press, 1968.

货币交易量的增加，其平均交易成本呈递减趋势，交易成本最低的货币——即交易量最大的货币将成为计价货币①。

Mckinnon（1979）强调，出口商主要在价格不确定和需求不确定之间进行选择。对于同质商品和初级产品，出口商是一个价格接受者，考虑较多的是价格的不确定性，一般不会选择本国货币计价，而倾向于采用交易成本低的货币计价，对这些商品采用同一种货币进行计价将增加这些商品价格的国际可比性，增加市场的透明度。对于高度异质的商品，因为出口商可以设定市场价格，所以考虑较多的是需求的不确定性，因此人们将会选择本币计价②。

Rey（2001）认为，所处国家开放程度高、外汇交易成本低的货币将成为计价货币③。Devereux 和 Shi（2013）研究了交易货币的使用效率，这取决于经济体系中某一货币的总量、交易货币所在国家的经济规模和货币政策④。

Ligthart 和 Silva（2007）对荷兰与 OECD 国家贸易的计价货币选择的决定因素进行了实证分析，他们发现，如果国外市场的需求下降，那么出口商品的进口商货币计价比例就会下降。贸易伙伴的银行部门越发达，在世界贸易中所占份额越高，出口商品的出口国货币计价比例就越低。贸易伙伴预期通货膨胀率越高，则出口商品的进口国货币计价比例越高。一个国家外汇市场的深度、在世界贸易中的份额、是否是欧盟成员国，这些都是一国货币作为计价货币使用范围的主要决定因素⑤。而实际上，这些因素或多或少会影响计价货币的交易成本。

---

① Krugman P. Vehicle currencies and the structure of international exchange [J]. Journal of Money Credit & Banking, 1980, 12（3）: 513 - 526.
② Mckinnon R. I. Money in international exchange: The convertible currency system [M]. Oup Catalogue, 1979.
③ Rey H. International trade and currency exchange [J]. Review of Economic Studies, 2001, 68（2）: 443 - 464.
④ Devereux M. B. and Shi S. vehicle currency [J]. International Economic Review, 2013, 54（1）: 97 - 133.
⑤ Ligthart J. E. and J. Silva A. D. Currency invoicing in international trade: A panel data approach [J]. SSRN Electronic Journal, 2007（25）: 1 - 40.

（二）国际货币交易媒介职能

关于国际贸易结算货币选择问题的研究，始于20世纪70年代初布雷顿森林体系的崩溃。在此后较长一段时间内，相关文献所做的贡献仅限于个案与经验方面的分析，具有代表性的是 Grassman（1973[①]，1976[②]）通过观察瑞典等国的进出口贸易中使用的结算货币情况，研究提出了 Grassman 法则，即发达国家之间的贸易大部分以出口国货币结算，其他则多以进口国货币结算，而第三种货币只占很小的比重。严格来说，Grassman 法则只是对现象进行概括的理论，并未就选择交易媒介时的差异分析其原因。到了20世纪80年代末，随着厂商利润最大化这一分析方法的引入，国际贸易交易媒介选择机制的研究才得以深化。21世纪初，动态一般均衡分析模型的应用，大大开拓了研究国际贸易结算货币选择问题的广度和深度。归纳起来，货币发行国金融市场的完善程度是除经济规模、国际贸易份额、货币政策稳定性、汇率制度等因素之外决定国际货币作为交易媒介的一个重要因素。

一国金融市场是否完善，比如说，是否存在健全的远期市场为进出口商提供套期保值工具，也会对结算货币的选择产生影响。奥田宏司（2002）认为，长期以来以日元计价的银行票据市场和短期国债市场的发展一直比较落后，使得日元的运用和筹集不方便，阻碍了日本国际贸易中以日元结算比例的提高[③]。

货币交易规模的大小是影响该货币发挥国际货币交易媒介职能的重要参考要素。根据网络外部性理论，当一国具有很大的贸易规模，使参与该国交易的国家形成一个贸易网络时，如果网络内的国家都选

[①] Grassman S. A fundamental symmetry in international payment patterns [J]. Journal of International Economics, 1973, 3（2）: 105 - 116.

[②] Grassman S. Currency distribution and forward cover in foreign trade: Sweden revisited, 1973 [J]. Journal of International Economics, 1976, 6（76）: 215 - 221.

[③] 黄燕君，包佳杰. 国际贸易结算货币理论及对我国的启示 [J]. 对外经贸大学学报，2007（6）: 40 - 45.

用某一国货币作为交易媒介,网络外部性的成本就会很高。假设一个网络中有 n 个国家进行国际贸易,每个国家都有自己的货币。假设网络中任意两个国家之间都可以进行国际贸易,如果它们都采用自己国家的货币进行交易,那么至少需要交换 $C_n^2 = n \times (n-1)/2$ 次;但如果网络内的国家都采用一种"中心货币"进行交易的话,只需要进行 $C_{n-1}^1 = n-1$ 次交易,交易次数显著降低。从节省交易成本的角度来看,网络中的国家有自发选择交易规模大的国家所发行的货币作为"中心货币"充当交易媒介的趋势。① 另外,随着一种货币在国际金融市场上交易数量的增多,该货币的交易者也会自发形成一个网络。在网络外部性的作用下,人们会增持该货币,其被接受的范围会逐渐扩大。

(三) 国际货币价值储藏职能

货币币值的稳定性和收益性以及货币的流动性是决定一种货币发挥国际货币价值储藏职能的决定性因素。无论私人部门还是官方部门,在储藏货币时都会关注其保值性如何,只有具有良好收益性的货币才具有储藏的价值。另外,货币币值的稳定性也是储藏货币时需要考虑的因素。因为如果货币币值经常变动,储藏者就需要时常根据货币币值的变动情况调整其各种储备资产的份额以保证最佳储备结构。同时,能够随时交易转换为其他形式资产的货币,即货币的流动性是官方和私人机构持有该货币的前提。

以货币的流动性来说,金融市场的发达程度是一个决定性因素。国际储备货币所在国应具备一个发达、开放、交易规模大、体制健全的金融市场。首先,发达的金融市场中,参与者众多且种类齐全,巨大的交易量能够增加交易者对该货币的需求,降低该货币的交易成本;其次,发达的金融市场可为其他国家央行和投资者以较低的成本

---

① 胡琳琳. 国际储备货币的演变及影响因素分析 [D]. 上海社会科学院硕士学位论文,2012.

提供与该货币相关的、具有较高流动性和安全性的金融产品,便于各国交易者对国际贸易活动中与该国货币相关的外汇风险进行管理。另外,发达的金融市场具有较好的弹性,能够较好地应对国际市场上大的突发事件和经济冲击。当该货币供求突然波动和失衡时,能够通过灵活的市场机制迅速对货币价格做出调整,使其恢复均衡,不会引起该国货币价格在市场上的较大波动。只有这样才能把更多的交易者和资金吸引到该市场上,为该国货币成为国际储备货币创造必要条件①。

Frankel(2001)的研究是这方面实证检验研究中最有代表性的作品,他重点考察了德国马克和日元向国际储备货币转化的决定因素,认为一国货币成为国际储备货币需要满足三方面的条件:①经济规模,这体现为 GDP 总量、贸易总量等;②对币值的信心,这体现在长期通胀率、汇率波动性等指标上;③金融市场的发展,具体体现为金融市场发展的深度、流动性、可靠性以及开放度②。

(四) 二者的关联

如上所述,货币的交易成本低有助于该货币的国际化。支付清算与结算是交易的一个环节,其效率高低会影响货币的交易成本,从而与货币的国际化发生关联。从金融市场的角度看,金融交易的完成离不开支付基础设施的支持,同时支付基础设施是确保货币流动的必要条件,直接关系货币的流转效率和成本,结合上面的研究结论,支付基础设施作为金融市场的一部分再次与货币国际化发生关联。

根据上述关于金融功能观理论的分析,支付基础设施的目标是降低资源配置过程中的交易成本,该目标适用于任何一种货币。换句话说,某一货币支付基础设施的自身发展可以降低该货币的交易成本,这与货币国际化的需求相吻合。在支付基础设施的发展过程中,随着

---

① 胡琳琳. 国际储备货币的演变及影响因素分析 [D]. 上海社会科学院硕士学位论文, 2012.

② Frankel J. A. Quantifying international capital mobility in the 1980s [J]. Social Science Electronic Publishing, 2001: 227-270.

交易成本的降低，并非每一种货币都走向了国际。货币的低交易成本并不是货币国际化的充分条件，支付基础设施亦是如此。支付基础设施在货币国际化中不具有决定性作用，只能起到支撑作用。

因此，关于二者的关系可以得出的结论是：支付基础设施是货币国际化的必要非充分条件，前者通过货币的交易成本和金融市场发达程度这两个国际货币的驱动因素与后者发生关联。

（五）国际货币支付基础设施的两个条件

支付基础设施是实现货币清算和结算的基础，是货币体系的必要组成部分。对于国际货币来说，其支付基础设施首先应具备支持货币跨境流动的功能，其次应有助于降低国际货币的交易成本、确保货币的流动性。展开来说，从以上研究中可以得出，交易成本低、流动性好、交易规模大的货币更易成为国际货币。支付基础设施需满足的第一个条件，是功能方面的需求，即支付基础设施能够支持货币的国际流动，能够承载大规模的支付交易量，并支持相关金融交易后的清算、结算环节；需满足的第二个条件，是发展目标和水平方面的需求，主要是从降低交易成本的角度，提高货币支付效率，降低支付风险。通过本章分析，支付基础设施与货币国际化的理论联系可归纳为图2-1。

本书的研究目的并非证明支付基础设施在货币国际化过程中的重要程度，而是基于支付基础设施作为货币走向国际的必要条件，研究支付基础设施在货币国际化中发挥何种功能、应具备哪些功能、如何做出安排通过降低货币的交易成本以支持货币国际化。这一问题将是后文的研究重点。

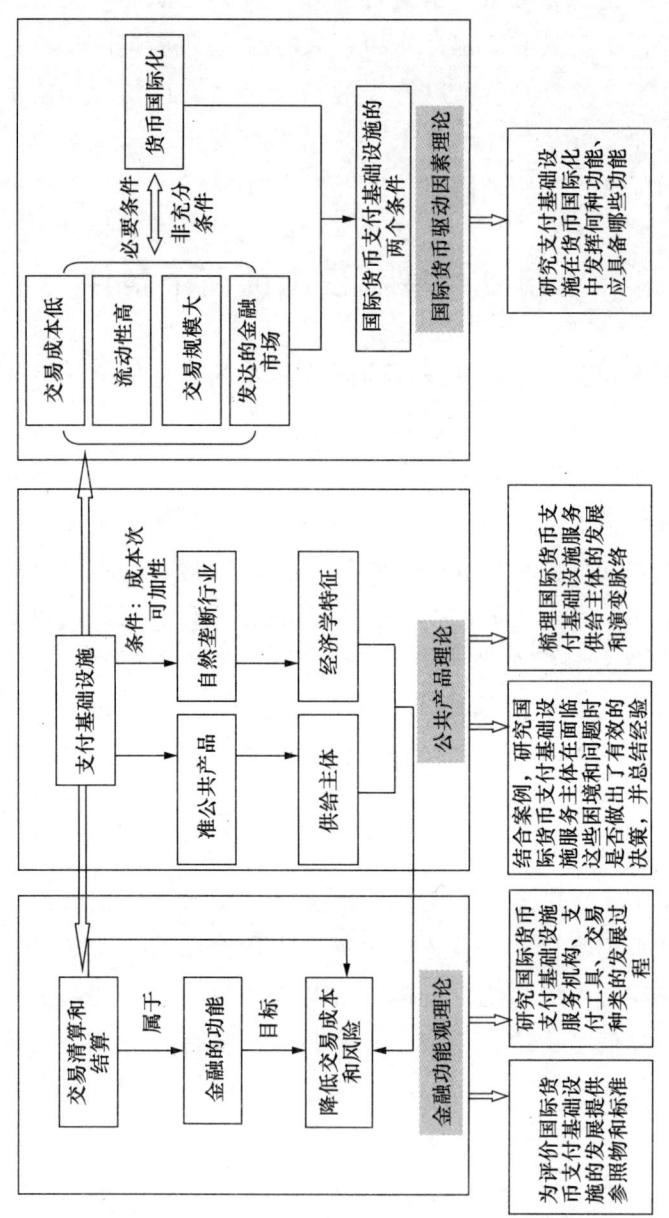

图 2-1 支付基础设施与货币国际化的理论联系

第三章 金融市场基础设施发展

支付基础设施与证券市场金融基础设施共同组成金融市场基础设施,二者相互关联且不可分割,仅讨论支付基础设施,不利于理解其在支持货币国际化中与证券交易结算有关的某些安排,因此为了更加全面地把握支付基础设施发展概况,本章概要性地梳理了证券市场金融基础设施的发展脉络。

一、支付基础设施发展中的三个关键要素

纵观支付基础设施的发展,金融中介、中央银行和信息技术这三个要素在其中发挥了关键作用,并分别迎来了支付基础设施的不同发展期。

(一)金融中介与现代支付起源

随着商品经济的发展,改进支付方式的内在需求不断增加。这一需求带动了一系列的金融创新,特别是金融中介的出现。金融中介的发展拉开了现代银行业的序幕,促进了信用货币的大规模使用,支付效率得以飞跃,支付风险降低,推动了现代支付的发展。这些金融中

介机构包括从钱币兑换机构演变而来的储蓄银行[1]、提供储蓄服务的金银匠公社、修道院和其他宗教机构以及发挥跨境支付功能的商人银行（Merchant Bank）等[2]。

现代支付的主要特征是，信用货币代替金属货币，非现金支付方式逐渐丰富；高效、安全的跨地区支付得以实现并不断改进。信用货币之前的货币为金属，其支付特别是大额支付耗时耗力。为了避免金属支付耗时耗力且高风险的缺陷，储蓄银行等金融中介作为负债方仅在金属货币存入时计量一次，随后的支付并非使用硬币，而是交付货币的所有权，这是现代支付的雏形。1891~1892年，美国所有的商品（包括银）进出口贸易总额为19亿美元。同期，美国与其他国家间的证券交付和信用转移据统计是同样的规模，而黄金的进出口额少于1亿美元。这从侧面说明，清算体系的发展使得国际贸易中实物货币的交付大大减少，仅占贸易额的5%[3]。

现代支付发展初期，即中央银行统一发行的信用货币出现前，支付工具大致可归纳为以下三种：

一是簿记转账支付。储蓄机构创造了簿记货币，实现了硬币实物的非流通，并通过簿记转移了权利。簿记转账出现在14世纪初[4]，当时，办理支付时，付款人和收款人需同时出现在银行，付款人（同时也是存款人）需要当面口头给出指令，收款人原本是无须到场的，后来银行支付得到法律认可后规定，收款人务必到场以确认支付的最终性[5]。16~17世纪，随着国有银行的出现，法律要求只有大额支付才需收款人前往银行确认。这一方式避免了金属货币的转移和交付，但

---

[1] 这种演变大约发生在古罗马时代。
[2] Kohn M. G. Early deposit banking [J/OL]. SSRN Electronic Journal, 1999, https://www.researchgate.net/publication/228224875_Early_Deposit_Banking.
[3] Noyes A. D. Stock exchange clearing houses [J]. Political Science Quarterly, 1893, 8 (2): 252-267.
[4] Norman B., Shaw R., Speight G. The history of interbank settlement arrangements: Exploring central Banks' role in the payment system [J]. SSRN Electronic Journal, 2011.
[5] Mueller R. C. The venetian money market: Banks, panics, and the public debt, 1200-1500 [M]. Johns Hopkins University Press, 1997.

第三章 金融市场基础设施发展

需要收付双方同时前往银行确认,支付效率依然不高,而且对于金属货币的替代仅局限于非跨行支付。

二是纸质支付指令。这一时期,各国并未发行统一的纸币。银行储户以纸质支付指令作为支付工具付给收款方,这是票据的雏形。收款方持该纸质指令前往付款方开户行进行兑付,通过这种纸质支付指令,跨行支付得以实现。纸质支付指令有两类:一类是用于同一区域之内或是国际商业中心以外的地区,叫作债务凭证(Bill Obligatory);另一类是汇票(Bill of Exchange),它的出现是跨地区贸易方式改变的结果[1]。建立跨境分支机构的商人银行[2]出现后,将纸质支付指令方式应用于跨境支付,这种纸质支付指令就成为了汇票。这种跨境支付方式延续使用了好几个世纪,也是19世纪中期英镑国际化起步阶段跨境支付的主要方式。纸质支付指令方式的出现为信用支付提供了载体[3],这使得票据不仅是支付工具,而且是信用工具。

三是银行券(Banknotes)支付。现代支付发展初期的银行券是由金融中介机构发行的票据,虽然也统称为钞票,但不同于现在的钞票,即由中央银行发行的非兑现货币(Fiat Money),前者出现于金属货币时期,随时可以兑换为黄金。

金融中介除改进非金属货币支付工具外,这一时期还通过分支机构以及代理银行网络(Correspondent Banking)为国际贸易所需要的跨境支付搭建平台,直至今日,代理银行模式依然是跨境支付的一个重要环节和渠道。

---

[1] Kohn M. G. Bills of exchange and money market to 1600 [J/OL]. SSRN Electronic Journal, 1999, https://www.researchgate.net/publication/228224876 Bills of Exchange and the Money Market to 1600.

[2] 商人银行的前身是在多个地区拥有分支机构或代理机构的大型贸易公司。这些公司随着其财富的增加,为了自身财富管理和逐利,开始提供金融借贷服务,并利用其遍布各地区的分支机构,依托汇票这一支付工具,办理跨境支付。

[3] 信用支付的需求不仅是买方短缺货币,还由于当时的货币单位较大,不能满足各支付金额的需要,因此,出现了信用支付方式,即先使用信用支付,待金额达到一定规模后再以实物货币支付。具体参考:Spufford P. Money and its Use in Medieval Europe [J]. Economic History Review, 1989: 267-268.

（二）中央银行与现代支付基础设施

在今天，作为最后贷款人的中央银行具有履行跨行支付的职责。事实是，中央银行集中出现于18世纪之后，而跨行支付的需求早于中央银行的大规模涌现。起初，银行间并没有建立便利跨行支付的安排。为了满足这种需求，银行等金融中介多采用互开账户、定期结算的方式。最早发起这一模式的是热那亚的圣·乔尔乔银行（Banco di san Giorgio）①。17世纪60年代，伦敦的金银匠相互接受票据，每隔几天就做一次双边轧差结算②。在苏格兰，银行间的双边支付协议大约开始于1752年③，在美国，大约出现于19世纪初。

在支付基础设施发展中，银行互开账户、定期结算以及票据清算所均实现了跨行支付。只是这些方式效率不高或存在这样或那样的风险，其中，银行互开账户会使银行资金分散，资金效率较低；定期结算会带来信用风险，且效率不高；票据清算所直接提高了清算效率，降低了信用风险，但是在早期的模式下④仍存在分散结算而效率不高、结算资产为商业银行资金而存在信用风险以及缺少提供信贷支持而存在流动性风险等问题。一些文献指出，正是对集中化的清算和结算需求促进了现代中央银行的产生和发展。Goodhart（1988）提出，建立高效清算和结算安排的动机，是中央银行发展的一个重要因素⑤。

因此，中央银行在支付系统发展中的关键作用并非仅仅是表面上的承担跨行支付职责，其本质上是提高支付效率和降低风险的结果。中央银行出现后，结算资金载体从票据过渡到以存款或准备金形式存

---

① Fratianni, M. U., Spinelli F. Did genoa and venice kick a financial revolution in the quattrocento? [R]. Working Papers, 2006（112）.
② Quinn S. Goldsmith – Banking: Mutual acceptance and interbanker clearing in restoration london [J]. Explorations in Economic History, 1997, 34（4）: 411 – 432.
③ Gaskin M. The scottish banks: A modern survey [J]. University of Glasgow Social & Economic Studies, 1965.
④ 这是指英国伦敦的票据清算模式。
⑤ Goodhart C. The evolution of central banks [J]. Mit Press Books, 1988.

在的负债,使得从储值型(Store - of - Value)结算安排过渡到基于账户的结算安排,跨行支付效率进一步提高。其中,前者需要收款人验证结算资产的真实性,不需要付款人的有关信息;后者需要验证支付指令是否从经授权的个体发出,并断定该个体是否有完成该支付的资金①②。

不管科技如何发展,中央银行对于银行间结算功能本身而言,发挥着两项基础作用:一是为金融中介机构开立账户,并履行簿记职责,使中央银行货币成为结算资产;二是为金融中介机构提供流动性支持。

此时,银行间结算资产即中央银行货币。中央银行货币是中央银行的负债,以中央银行货币进行结算通常发生在发钞中央银行的账簿上。与此对应的是商业银行货币。商业银行货币是商业银行的负债,即用于结算的商业银行存款,中央银行出现前的跨行结算资产就是商业银行货币。中央银行作为货币发行机构,是流动性的源头,中央银行货币的信用风险低于商业银行货币。中央银行货币作为结算资产进一步降低了信用风险和流动性风险。

(三)信息技术与支付基础设施革命

支付基础设施的发展是不断提高效率、降低风险,进而降低货币交易成本的过程。信息技术是推动这一进程的重要手段。19 世纪中期之后电报、电话等通信技术的推广以及 20 世纪 70 年代之后计算机技术的飞速发展,均实现了支付基础设施的革命,支付效率提高的同时推动了包括支付工具、处理模式在内的多种创新,支付基础设施进入变革和快速发展期。为此,支付研究的一个主要分支就是对信息技术

---

① Gorton G. Clearinghouses and the origin of Central Banking in the United States [J]. Journal of Economic History, 1985, 45 (2): 277 - 283.
② Kahn C. M. and Roberds W. Why pay? An introduction to payment economics [J]. Journal of Financial Intermediation, 2009, 18 (1): 1 - 23.

的研究，比如说，如何使用相同数量的货币使支付效率更高①。本书的研究重点不是支付基础设施所应用的信息技术本身，而是试图发现支付基础设施应用信息技术所带来的结果。信息技术为支付基础设施带来的具有里程碑意义的以下几项变革，均开启了支付基础设施全新的发展格局。

一是支付和交易信息传递：从依托纸质载体到依托电子信息。通信技术的突破，加快了信息的传递，使跨地区交易突破地理位置的局限。就资金支付而言，以票据为载体的支付指令可通过电子信息传递，支付周期缩短；就证券交易而言，证券经纪机构通过建立与海外机构的通信联系，推动了国际证券交易；信息技术发展使证券无纸化成为可能，证券结算效率得到突破。

二是会计核算：从手工记录到电子簿记。信息技术出现前，发挥支付功能的金融中介、清算所以及中央银行均以手工方式进行会计核算，手工逐笔记录资金所有权的转移以及债权、债务的变化，不仅滞后而且易出现误差。支付信息系统出现后，会计核算实现自动化，资金或证券以电子信息储存、记录于信息系统中，账务与实物资金变化的时间差得以消除，支付和交易周期大为缩短。

三是结算模式：从延时净额结算到实时全额结算。当支付系统信息化实现后，其最初的处理效率远不如当前，这时实现的突破是快速的自动计算能力和算法使多边净额轧差的效率大幅提高，延时净额结算（Deferred Netting Settlement，DNS）是支付系统的主流模式。DNS的特点是存在清算和结算两个环节，清算是计算多边净额的过程，结算是记账，是实现支付最终性的环节，通过清算环节，可抵消参与机构的应收和应付额，节约流动性，从而降低流动性风险；但是由于清算和结算的不同步，换句话说是因为结算的延迟，使得这一模式存在信用风险。随后，计算机的信息交互水平提高，为实时结算提供了技术支持，在20世纪90年代，实时全额结算模式（Real – Time Gross

---

① Temzelides T. and Williamson S. D. Payments systems design in deterministic and private information environments ［J］. Journal of Economic Theory, 2001, 99（1）: 297 – 326.

第三章 金融市场基础设施发展

Settlement，RTGS）逐渐成为主流。RTGS取消了多边净额的清算环节，消除了信用风险，但由于是全额结算，对参与者的流动性要求高于DNS模式，因而流动性风险加大。如今，智能计算机技术不断成熟，可以设置更为复杂的算法，使系统可以在每一时点自动识别哪些业务净额轧差后风险最小，哪些业务全额结算风险最小，实时在信用风险和流动性风险间进行权衡，这就是当前技术条件下较为先进的支付系统，称为混合支付系统（Hybrid Payment System）。

四是支付工具：从借记方式到贷记方式。借记支付（Debit Payment）方式是收款方主动发起要求付款方付款的指令，票据支付是典型的借记支付工具。借记支付方式分为三个阶段，支付请求、确认和资金划转。前两者是信息流，后者是资金流①。贷记支付（Credit Payment）方式是付款方主动将资金汇划至收款方，技术上缩短了核验收付款人身份的时间，比借记支付减少了支付请求，因而支付效率得以提高，处理成本得以降低。同时，贷记支付由付款人主动发起支付指令，减少了借记方式下付款人开户行的确认程序，且与票据支付相比，消除了票据篡改等道德风险。单从以上效率、成本与风险角度来说，贷记支付工具优于借记支付工具，这也是当前支票业务不断萎缩的一个主要原因。然而，贷记支付与借记支付并非是相互替代的关系。借记支付工具可以满足特定的支付需求，如付款人身处异地时的支付需求以及定期支付公共事业费用等。此外，就票据这一借记支付工具而言，其还具备信用功能，这是决定其在很长的时期内存在的重要基础。这里主要是为了说明信息技术发展为贷记支付工具的使用和发展创造了条件，从而使支付工具的种类更加丰富。此方面的推动主要体现在两个方面：其一是信息通信技术时代，收付款人之间的应收应付信息可以通过票据之外的其他载体进行传递和确认；其二是当付款人要求其开户行对外付款时，通信及计算机技术的革新使得银行可

---

① 就票据来说，其信息流是收款人将票据提交其开户行办理托收，收款人开户行通过票据交换所将票据提交给付款人开户行，付款人开户行通过核对票面信息等一系列程序确认付款金额；资金流是付款人开户行根据票面金额将资金转账至收款人开户行。

以利用自身的信息系统（指行内业务）或通过其与银行间支付系统的通信连接（指跨行业务），在完成身份核验之后将资金快速无误地汇转至收款人开户行。收付款人与其开户行之间通过互联网的连接，进一步提高了贷记支付工具的效率。

五是服务时间：从限定的工作日时间到全天候。信息技术出现以来，由于自动化程度的提高，对人工干预的依赖持续降低。就支付系统而言，依靠技术进步，其处理模式不断优化，同时系统的不间断处理能力提高，运行时间从过去仅白天和工作日运行转变为可以全天候运行，可以覆盖多个时区，提高了国际支付跨境支付效率，消除了外汇交易结算的赫斯塔特风险。这一改进对于国际货币支付基础设施意义深远。

二、证券市场金融基础设施

（一）国际货币流通的另一种途径

证券交易是国际货币获取、使用和投资的重要途径，关系国际货币的发展。效率和成本是影响证券交易的两个关键要素。清算和结算作为证券交易的环节，其效率和成本对证券交易有着深刻影响。例如，在1968年和1969年，当时是纸质证券时代，由于证券经纪公司的后台处理不能满足交易快速增长而带来的簿记和结算需求，使股票市场交易时间缩减，进而减少了证券交易量[1]。20世纪70年代，欧洲债券市场清算和结算系统欧清银行（Euroclear）和Cedel上线，大幅

---

[1] 1968年和1969年，股票交易时间平均每天减少90分钟。同期，每个月失败交易金额达数10亿美元，1968年12月达到峰值41亿美元。参见：纽约证券交易所. Thet first 200 years [R]. New York Stock Exchange, 1992.

增加了跨境交易和发行量;如,1987年美国股票市场崩盘之时,美联储为缓解支付环节的流动性不足而进行了干预,这被认为是避免金融市场崩塌的关键举措①。可以这样说,过去几十年的金融创新很多都致力于直接降低交易成本或风险,或是应对交易风险。根据本书对金融市场基础设施的定义,证券市场中负责清算和结算的安排均属于证券市场金融基础设施范畴。证券市场金融基础设施的基本功能是,通过安全、高效的方式以支付为交换实现证券所有权从卖方向买方的转移。

随着证券清算、结算的重要性受到越来越多的关注,有一种说法是将清算、结算和托管基础设施统称为交易后基础设施(Post-Trade Infrastructure)。欧洲各证券交易所及清算、结算机构2006年业务收入中,证券交易、上市和信息服务类业务收入为40亿欧元,清算业务收入为20亿欧元,证券结算业务收入为20亿欧元,证券托管业务收入为50亿欧元。交易后业务收入是交易收入的两倍多。证券交易服务链上,70%的收入来自交易后服务。

在阐述证券市场需要何种金融基础设施前,先介绍证券交易后流程(见图3-1)。证券交易后流程包含交易确认、债务计算、结算和登记托管四个环节:

1. 交易确认

交易达成后,需要进行确认和匹配程序,即根据交易条款确认交易方达成的协议,如证券类型、价格、数量、支付日期、结算日期以及相互的对手方。此外,场外交易或者在同一家证券经纪公司内部交易也是一种选择方式。

2. 债务计算

第二步是根据匹配结果结算对手方的债务,可以采用全额或净额模式。其中净额模式分为双边净额模式和多边净额模式。双边净额模式是仅净额计算任意两方的债务关系;多边净额模式是计算每一个参与者对于其他所有参与者的应收或应付净额。

---

① Bernanke B. S. Clearing and settlement during the crash [J]. Review of Financial Studies, 1990, 3 (1): 133-151.

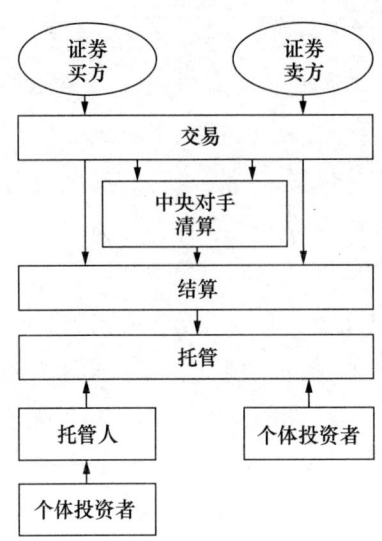

图 3-1 典型证券交易后流程

交易确认和债务计算的过程统称为清算。

3. 结算

清算之后的环节是结算,即通过交付债券、汇划资金解付债权债务关系。结算包括两个方面:一是证券的交付,这一功能由证券结算设施承担;二是资金的支付,这一功能由商业银行以及银行间资金支付系统承担。目前,信息技术的发展使得证券的交付在电子簿记系统中即可完成,而无须交付纸质凭证。资金端的结算涉及证券市场金融基础设施、银行间支付系统以及商业银行。归纳起来,资金结算和证券结算的组合有两种模式:一是证券市场金融基础设施在承担证券交付职责的同时,负责传递资金结算指令至银行间支付系统。中央银行出现后,结算资产多为中央银行货币;二是证券市场金融基础设施仅负责证券交割,资金结算由买卖双方自由安排,一般委托商业银行办理。前者由于可以实现证券和资金的同步交收,较后者而言,消除了本金风险,即证券已交付但未收到资金或者资金已支付但未收到证券而承担的损失,因而决定了前者是结算环节的主流模式。

4. 登记托管

完成结算后，托管机构完成债券账户的簿记并履行保管职责。簿记完成后，证券的所有权转移，代表证券交易的完结。其中托管机构是为其客户保管纸质证券或无纸化证券。若为无纸化证券，则证券仅以簿记账户形式存在。

根据职能，托管机构分为三类：

一是中央证券存管机构（Central Security Depository，CSD），即从证券发行就承担簿记职责的机构。根据其服务对象，CSD 分为两类：①间接持有型 CSD，其直接服务对象是证券中介机构和托管银行，企业、个人的证券需托管在证券中介机构或托管银行。其对证券实际投资者的识别仅在代理或中介层面。当买卖双方委托不同的托管银行达成交易后，CSD 将根据证券结算指令通过两个托管银行的账户进行证券结算。②直接持有型 CSD，企业或个人可直接在 CSD 开立托管账户，CSD 掌握每个证券受益人或持有人的证券持有信息，北欧、英国以及希腊等国家即是直接持有型 CSD。

二是托管银行（Custodian Bank），其职能包括：①在一些国家，证券发行人会委托银行等机构承担发行以及其他后续事项的簿记职责；②在许多国家，托管银行是 CSD 与企业、个人投资者间的中介；③为国际证券发行提供托管服务。当 CSD 为间接持有型时，企业或个人证券持有者的证券需托管在托管银行，若买卖双方委托同一家托管银行，则该托管银行直接就可以完成证券的簿记结算，这类交易无须通过 CSD 即可完成证券交易结算，因此，证券交易中，承担簿记和托管职责的基础设施不仅仅是 CSD①。

三是 ICSD，即国际中央证券存管（International Central Security Depository），是在资本全球化、国际债券②快速增长的背景下发展起来的。据统计，2009 年国际债券占当年债券发行总额的 29%，而在 10

---

① Cayseele P. V. and Wuyts C. Cost efficiency in the European securities settlement and depository industry [J]. Journal of Banking & Finance, 2007, 31 (10): 3058-3079.
② 国际债券是指在外国金融市场发行的以国际货币计价的债券，也叫作欧洲债券。

年前,该比例为14%。目前,影响较大是Euroclear和明讯银行(Clearstream)。ICSD的职能包括:①为各类机构在其境外发行本币或非本币债券提供托管服务,如卢森堡明讯银行为全球机构发行欧元债券提供托管服务;②在某些国家提供本地CSD服务,如法兰克福明讯银行;③通过次级托管人与其他国家CSD建立合作,不直接为证券提供托管服务,仅提供代理服务;④证券清算和结算服务。

(二) 如何分类和定义?

国际清算银行(2012)认为,证券市场涉及四类金融市场基础设施:一是中央对手(Central Counterparty,CCP);二是证券结算系统(Security Settlement System,SSS);三是中央证券存管(Central Security Depository,CSD);四是支付系统[①]。其中CCP是介入一个或多个市场中已成交合约的交易双方之间,成为每个卖方的买方和每个买方的卖方,并据此确保履行所有敞口合约的单位;CSD是提供证券账户、集中托管服务和资产服务(包括公司行为管理和赎回管理等)的单位,在确保证券发行完整性方面(即保障证券不会因意外或欺诈而被销毁或篡改)发挥重要作用;SSS是通过预先设定的多边规则,支持证券通过簿记系统进行转让和结算;支付系统是两个或多个参与者之间资金转账的一套工具、程序和规则。

由于提出以上定义的工作组大多来自成员国中央银行或证券监管部门,因此关于证券市场基础设施的划分,是目前各国官方机构普遍接受的观点。本书认为,按照该定义理解证券市场金融基础设施存在以下问题:

首先,该定义仅适用于现代金融社会,不能概括早期证券交易后基础设施的特征。而事实是,至少从17世纪初阿姆斯特丹建成第一家证券交易所后就有对证券清算、结算的需求。市场对证券市场金融基础设施的基本需求是不变的,即通过安全、高效的方式以资金支付

---

① BIS, Principles for Financial Market Infrastructure [R]. 2012.

为交换实现证券所有权从卖方向买方的转移,只是承担这一功能的安排在不断发展。证券市场金融基础设施在不同时期呈现出不同的形态和组织形式,特别是CSD、SSS和CCP三者并非从一开始就同时存在。如,在现代通信技术还没有出现的时代,证券以纸质凭证为形式,证券交割以交付纸质凭证为标志,纸质证券由其所有人或所有人委托的托管人(多为证券交易经纪人)保管,中央证券存管发展于20世纪70年代;CCP盛行于20世纪后期,在此之前流行的是传统的双边全额或净额模式,第三方机构不承担交收担保义务,双方各自都需承担对手方风险,容易因双边的信用风险引致系统性风险。由此,便出现了中央对手方清算机制。次贷危机爆发引发对CCP的普遍关注,2009年G20匹兹堡峰会提出,在2012年年底之前实现标准化衍生品都采用CCP模式。

其次,将证券市场基础设施划分为CSD、CCP和SSS等主体,不利于理解其实务中的关系,同时容易忽视其发挥的基本功能。具体来说,它们之间并不相互独立,各组成部分间的划分并不绝对,正因如此,关于CSD和SSS并没有统一的定义。Lee①(2010)认为,CSD包含两层含义:一是CSD是一个以凭证或无纸化形式集中持有证券的组织;二是CSD负责集中转移证券的所有权,即证券结算,一般在电子账务系统中通过证券账户间簿记转移的方式完成。国际清算银行曾在《证券结算系统建议》(2001)②中对SSS给出了更为宽泛的定义,包括在证券市场范围内的证券交易确认、清算和结算以及证券保管等一整套制度安排,即将CSD和CCP均包含在SSS中。英国的证券最终性指引(The Settlement Finality Directive,SFD)中将CSD定义为运行SSS的法人机构,它提供以下两种或一种核心服务:一是在簿记系统中初始记录证券;二是在证券持有链的最高层维护证券账户。之所以存在这样的观点,是因为实务中CSD与SSS多同为一家机构。

---

① Lee. Running the world's markets: The governance of financial infrastructure [M]. Princeton University Press, 2010.
② BIS. Recommendations for securities settlement systems [R]. 2001.

该分类将基础设施划分为 CCP、SSS 和 CSD，其进步之处在于将金融市场基础设施发挥的清算、结算和存管三个功能进行了划分，但遗憾之处是，由于其目的是指导承担金融市场基础设施功能的机构，因而该概念更偏重于机构，从而忽略了金融市场基础设施的基本功能，而金融市场基础设施的功能较组织机构更为稳定。

最后，多层次托管体制的存在，使得该概念关于证券存管的金融基础设施是不完整的。根据以上关于证券托管环节的分析，间接持有型 CSD 并不直接为证券中介或托管银行之外的企业和个人提供托管服务，需要托管银行或证券中介机构发挥中介作用，因此托管银行是证券市场金融基础设施中重要的组成部分，特别是对于跨境证券交易尤为重要，不可或缺。另外，CSD 出现于无纸化证券之后，而托管银行的发展历史长于 CSD。因此，结合本书主题，为深入分析支持以国际货币计价结算证券交易的金融市场基础设施，需要更加全面、完整地理解发挥托管功能的金融市场基础设施。

基于以上三点理由，本书将证券市场金融基础设施定义为承担证券交易后功能，即证券清算、结算和托管的一系列安排，该定义并非局限于机构本身，更侧重于发挥这些功能的安排。

（三）四个变革

对效率和安全的追求是证券市场金融基础设施发展的内在动力，加上信息技术的多个突破作为外在动力，对于证券结算来说，或提高了效率，或降低了风险，带来了证券市场金融基础设施发展的全新阶段。这些变化并非是先后出现的，概括起来，大致有以下四个方面的变革：

1. 证券交付：从纸质交付到簿记交割

证券从诞生之日起就以纸质形式存在。纸质证券有很长的历史。纸质证券时代，证券以纸质凭证作为权利载体，在证券发行登记环节，证券发行人向投资者签发纸质证券以确认股东身份，在证券交易后环节，证券转让的完成需要实际交付纸质证券。证券交付、过户以及资金支付是分裂的,同时,由于通信落后,证券交易与纸质证券的交付时间间隔较长,因此不仅效率低而且存在重置成本风险。

之后在集中证券交易市场中,为提高证券的交割效率,证券持有者将证券托管在证券中介机构或托管银行,并委托其办理实物证券的交付。中介机构托管模式的进步之处在于,中介机构托管业务的增多使得证券净额清算成为可能,同时其增信服务提高了投资人的信用水平,证券结算风险降低。但是,证券的权利载体仍为纸质凭证,纸质证券的交付仍是交易后的必要环节。

20世纪60年代末(1968~1969年),美国股票市场出现"纸面作业危机"(Paperwork Crisis),交易后台的纸质证券交付效率无法满足证券交易速度,一度缩短证券交易时间并且休市以缓解证券结算的压力。在此背景下,美国提出纸质证券的非移动化概念,加上当时信息技术的发展,中央证券存管诞生,即从证券发行环节开始,证券以电子信息形式存在,证券交易不再需要交付纸质证券,直接通过CSD的簿记完成证券交割。

近三十年来,在信息技术的支持下,纸质证券的非移动化概念推动了证券无纸化的发展,证券以电子数据储存于CSD和证券中介机构或托管银行的电子簿记系统中,大大缩短了证券交易与证券结算的时间间隔,效率大幅提高,风险大幅降低。无纸化证券背景下的证券市场金融基础设施从此迈入了新的发展阶段。

2. 证券清算:从功能出现到多边轧差

证券清算是指在证券结算前对证券交易指令进行核对确认,通过计算形成最终结算指令并发送的过程。在纸质证券零星交易时期,证券交易后环节由交易双方自行安排,无须证券清算。证券清算就是在证券交易量增加的背景下,为了提高证券结算效率、降低风险而出现的环节。确认、匹配等清算环节对于降低结算失败的风险十分必要和关键。

证券集中交易市场出现后,证券交易迅速发展,由于投资者委托证券中介机构进行交易,一家证券中介机构服务于多个投资者,因此证券交易集中于不同证券中介机构间,特别是大型中介机构之间。轧差（Netting）作为提高清算效率的措施开始成为清算的一个环节。轧差模式出现之初，受信息技术发展所限，不同于今日的自动模式，均采用手工模式，随着信息技术的进步，算法改进并实现自动化，进一步凸显了清算环节的重要性。因此，可以说，清算功能的实现很大程度上依赖于通信和计算机技术①。

轧差最早应用于基础设施的领域并非是证券市场。早在世界上第一家证券清算所——伦敦清算所在1773年成立之前，银行就发现将所有的支付信息发送至一个中央机构，由其将各个银行的收付款信息进行抵消可以大大提高支付效率②。多边轧差清算模式，即CCP模式下，所有交易最终都转换为每一个参与者与中央对手方的一笔交易，付券或收券可以控制系统性风险的爆发。Spahr（1926）将清算轧差机制描述为"最简单、经济、有效支付债务的方式"③。

3. 证券交付与资金支付：从有间隔到同时发生

根据前文，结算环节包括资金结算和证券结算。集中交易市场中，两者的组合有两种模式：一是SSS在承担证券交付职责的同时，负责传递资金结算指令至银行间支付系统；二是SSS仅负责证券交割，资金结算由买卖双方自由安排，一般委托商业银行办理。以上两种模式中，第二种模式是早期的形式，清算完成后，清算指令，即证券和资金的应收、应付信息，传递至证券结算设施及交易双方的中介机构，证券结算设施负责证券的交付，资金的支付由交易双方的代理银行通过票据、贷记转账等支付工具完成。资金的支付与证券的交付不能同时进行，存在时间间隔，若证券交付早于资金支付，当卖券人先付券后，买券人出现信用风险，则卖券人面临不能收到资金的风险，即本金风险。反之，若资金支付早于证券交付，买券人面临已付款但未能收券的风险。

1987年美国股灾中，美联储通过向证券市场注入流动性化解了危

---

① Sendrovic I. Technology and the payment system [J]. The Payment, 1994.
② Moser J. T. Origins of the modern exchange clearinghouse: A history of early clearing and settlement methods at futures exchanges [R]. Federal Reserve Bank of Chicago, 1994.
③ Spahr W. E. The clearing and collection of checks [M]. Bankers Publishing Company, 1926.

机。这一事件看似与证券市场金融基础设施没有关联，但是，在此之后，学术界和实务界均意识到，证券市场的结算危机会蔓延至其他金融市场，从而发生系统性风险，证券结算领域的研究开始受到关注，其中包括十国集团中央银行和市场参与者以及证券监管机构组成的研究小组。1990年12月，国际清算银行在巴塞尔召开的会议上，首次正式提出以DVP为概念的清晰的业务模式，并获得了广泛赞同。之后开始应用于支付系统和证券结算系统。

4. 机构的融合：从横向到纵向以及从国内到跨境

如前所述，清算、结算和托管三项功能并非同时出现。其中结算是最基本的功能，随着集中交易证券市场的形成，清算和中介机构的证券托管功能出现并逐步发展。在提高效率、降低风险的内在动力推动下，轧差、中央证券存管以及DVP出现，清算、托管和结算功能不断完善。虽然证券市场金融基础设施从功能上可以划分为清算、结算和托管，但从组织形式上看，三者并非总是在发挥单个功能的机构分别存在。一个机构可以同时发挥三项功能或是其中的两项功能。从承担证券市场金融基础设施功能的机构来看，也呈现出一定的发展特点。集中交易证券市场出现后，最早发挥结算功能的机构是证券中介机构，随后出现了专门发挥清算和结算功能的证券交易清算所，此时托管功能仍由证券中介机构承担。CSD概念提出后，单独的CSD成立，或者中央银行同时承担了中央证券存管的功能，CSD开始承担CSD和证券结算的功能。此时中央证券存管与其清算、结算的业务范围不一定相同。例如，20世纪90年代初，美国的证券市场中存在15家清算所、5家中央存管机构服务和30个证券交易所①，其中，美国的国债、FNMA和FHLMC均托管在美联储，清算分别由当时的政府债券清算公司（Government Securities Clearing Corporation，GSCC）和抵押证券清算公司（Mortgage-backed Securities Clearing Corporation，MB-

---

① Perold A. F. The payment system and derivative instruments, in: The global financial system: A functional perspective [M]. Crane D. B., et al., Editors. Harvard Business School Press, 1994.

SCC）负责；纽约证券交易所和纳斯达克的清算由国家证券清算公司（National Securities Clearing Corporation，NSCC）负责，托管和结算由托管信托公司（Depository Trust Corporation，DTC）负责。中央对手CCP概念提出后，清算所对于某些业务开始以CCP模式进行清算，对于组织机构并无实质影响。

20世纪80年代起，在全球化背景下，资本管制放松，跨境证券业务发展迅速，为应对新形势，承担证券市场金融基础设施功能的机构出现了融合的趋势。这一融合最初表现为境内的横向融合，即承担相同功能的机构进行合并。这一趋势出现于20世纪90年代中期的北欧国家和部分欧洲大陆国家。比如说，在法国、英国和所有北欧国家，中央银行负责的政府债券的交易后基础设施合并至公司证券的交易后设施。这是第一阶段的融合。

第二阶段的融合表现为境内机构的纵向融合，即证券交易中承担不同功能的机构进行合并，如证券交易所、清算所和证券结算系统合并为一个单一机构，为债券、股票、衍生品的交易提供服务。德意志交易所（Deutsche Borse）是首批合并的机构，随后意大利、西班牙等国家纷纷效仿。

第三阶段的融合表现为跨境水平融合，开始于2000年前后，最著名的当属国际中央证券存管机构——欧清银行与法国Sicovam、荷兰Necigef、英国CrestCo、比利时CIK的合并，随后Euroclear接替了爱尔兰CSD的清算和结算功能。另一案例是，德意志交易所与Cedel合并为明讯国际银行（Clearstream International）。发挥中央对手方清算功能的机构中，最引人注目的合并当属英国清算所与法国的Clearnet合并创建了LCH.Clearnet，为法国、英国、比利时、荷兰、葡萄牙以及MTS证券市场提供清算服务。

第四阶段的融合表现为跨境纵向融合，即跨境形成覆盖整个证券交易链的机构。最具代表性的是，斯德哥尔摩与赫尔辛基证券交易所的合并，之后还合并了立陶宛证券交易所、爱沙尼亚证券交易所、瑞典证券清算所、芬兰证券清算所、西班牙以及立陶宛的证券结算系统。

三、小结

本章系统梳理了支付基础设施和证券市场金融基础设施的发展脉络。就支付基础设施发展而言，金融中介、中央银行和信息技术三个要素在其中发挥了关键作用，并分别迎来了支付基础设施的不同发展期。在金属货币支付时期，改进支付方式的内在需求推动了金融中介的出现，从而开启了现代支付的序幕；中央银行大规模涌现，并开始以中央银行货币作为结算资产承担银行间结算职能、发挥最后贷款人职责，支付效率进一步提高，支付风险同时降低，标志着支付基础设施发展进入框架形成期；信息技术的发展与成熟，加快了支付基础设施降低货币交易成本的进程，推动了包括支付工具、会计核算、信息传递、运行时序在内的多种创新，支付基础设施进入变革和快速发展期。

本章通过分析证券市场金融基础设施的功能定位，本着功能比机构稳定的原则，提出了证券市场金融基础设施的定义，并从证券交付、证券清算、证券交付与资金交付的间隔、机构融合这四个方面概括了证券市场金融基础设施所发生的变革。

第四章 国际货币支付基础设施的构建

一、从国际货币说起

(一) 概念及职能

Cohen (1972) 认为,货币的国际职能是国内职能的扩展,如果一种货币的使用范围扩展到货币发行国之外,那么它就具有国际货币的特征[①]。Kenen (2009) 认为,国际货币是主权国家信用货币的使用超出国界范围,在境外被本国居民或非本国居民同时使用和持有[②]。余永定 (2011) 认为国际货币就是在境外作为计价单位、交易媒介和价值贮存工具而得到广泛使用的国家货币[③]。

国际货币的使用范围超出发行国国境,依然具有货币的基本职能,即记账单位(或价值尺度)、支付手段(或交易媒介)以及价值储藏。

[①] Cohen B. J. The future of sterling as an international currency [J]. International Affairs, 1972, 48 (1): 61–267.

[②] Kenen P. B. Currency internationalization – an oerview [R]. Bank for International Settlements Research Papers, 2009: 1–12.

[③] 余永定. 人民币国际化必须目标明确, 循序渐进 [J]. 中国社会科学院世界经济与政治研究所国际金融研究中心, 财经评论系列, 2011 (42).

国际货币的职能是货币自身职能在境外的延伸。Cohen（1972）和 Kenen（1983）①将国际货币的职能分别从私人和官方两个角度进行了概括（见表4-1）。

表4-1 国际货币的职能

国际货币职能	私人角度	官方角度
记账单位（Unit of Account）	贸易和金融交易计价	锚货币
交易媒介（Medium of Exchange）	贸易和金融交易结算	外汇干预
价值储藏（Store of Value）	货币替代和投资	储备

从私人角度，国际货币对于银行和非银行的职能是不同的，表4-1所说的私人角度是从非银行层面描述国际货币职能。Hartmann（1998）②作了更加清晰的总结（见表4-2）。

表4-2 关于货币职能的进一步总结

国际货币职能	私人角度		官方角度
	非银行	银行	
记账单位	贸易计价	外汇标示货币	锚货币
交易媒介	国际交易结算	银行间清算货币、国际债券发行货币	外汇干预
价值储藏	外币资产	外币资产	储备

（二）货币"国际化"

货币国际化是指一国货币跨越国界，在境外流通，成为国际上普遍认可的记账单位、交易媒介以及储藏货币的过程，也就是一种国家货币逐步演变为国际货币的过程。用"化"来表达，往往是指一个正

---

① Kenen P. B. Use of the SDR to supplement or substitute for other means of finance [M]. 23 ed. International Finance Section, Dept. of Economics, Princeton University, 1983.
② Hartmann P. Currency competition and foreign exchange markets: The dollar, the yen, and the Euro [J]. General Information, 1998, 147 (4): 545-547.

第四章 国际货币支付基础设施的构建

在进行的、尚未完成的过程①。从国际货币职能的角度看，货币国际化是一种货币逐步从以上两个角度发挥六种职能的过程。从货币流动的角度看，货币国际化是境外国家、机构和个人逐步持有该货币并使用该货币的过程。

从国际货币的上述职能中，可以得出货币国际化可以通过以下几个指标衡量：①在全球国际贸易结算货币中的比重；②在全球资本和金融投资项目中的比重；③在全球外汇交易市场中的比重；④在全球国际储备货币中的比重。据此，目前主要的国际货币包括美元、欧元、日元和英镑。从国际化时间顺序上看，最早的是英镑，其次是美元、日元和欧元。

国际货币的形成不是由其发行国通过法律或制度的方式确定，而是一个多种货币相互竞争、市场选择或国家间协商谈判而形成共识的过程。影响货币国际化的因素很多，根据第二章的分析，货币交易成本、交易规模、流动性、金融市场发达程度都会影响货币的国际化。

金融市场基础设施是各国金融市场的重要组成部分。货币国际化的需求决定了支持国际货币的金融市场基础设施有其自身特点。为深入分析这些特点，下面先重点研究国际货币如何跨境流动和使用。

（三）国际货币：从境内到境外

国际货币的使用范围超出发行国在国际市场上各主体间流动。那么，作为国际货币首先经历的是流出境内，流入国际市场；其次是境外主体获得国际货币后如何使用、持有它。下面将分获得、使用和持有国际货币三个阶段，结合国际货币职能研究其流向及途径。

1. 境外主体获得国际货币的途径

站在境外私人机构（不包括银行，包括个人）的角度，其获得国际货币主要出于贸易付款、金融交易或货币替代的目的，获得他国货币的途径包括：①作为货物提供方，开展以该货币结算的贸易；②获

---

① 张桂文. 货币国际化问题研究 [D]. 西南财经大学博士学位论文，2012.

得货币股权投资,通过金融市场发行股票、双边投资协议等方式;③获得该货币的借款,可以通过金融市场发行债券、银行贷款以及双边借款等方式;④通过外汇交易获得。

其中,在第一种途径中,国际货币发挥贸易结算职能;在第二、第三、第四种途径中,国际货币发挥金融交易计价和结算职能。在第四种途径中,若私人机构是为了货币替代,那么国际货币还将发挥价值储藏的职能。由此可见,国际货币所发挥的职能有时取决于持有或交易主体的目的,这是指以国际货币计价和结算的金融交易中所涉及的情况。

站在境外官方机构角度,其获得他国货币,即形成储备的途径包括:①获得其他主权国家提供的以该货币结算的借款或援助;②通过本国或境外金融市场发行该货币计价和结算的主权债券;③通过外汇交易获得。

其中,在第一、第二、第三种途径中,国际货币发挥了记账单位和交易媒介职能;在第三种途径中,交易的目的分为两种情况:一是汇率干预,卖出本币,买入国际货币,降低本币价格;二是为了增加该国际货币储备,卖出本币或其他货币,买入该国际货币。当其目的是第二种情况时,国际货币还将发挥价值储藏职能。

2. 境外主体使用、持有国际货币的途径

该部分主要讨论境外主体获得国际货币后,国际货币的去向问题。

私人机构获得该货币后,会根据其获得该货币时的主动意愿、资金成本等因素,选择使用、持有该货币,或者兑换为其他货币。这两种情况下国际货币的流动是不同的。就前者而言,即境外私人机构使用、持有国际货币的途径主要包括:①作为买方开展以该货币结算的贸易;②在债券市场上购买以该货币计价、结算的债券;③在股票市场上购买以该货币计价、结算的股权;④存入银行;⑤通过双边协议或票据,借给其他私人机构;⑥通过双边协议,向其他私人机构进行股权投资。

就后者而言,卖出国际货币的途径主要包括:①将外汇卖给银行;②通过外汇交易兑换为其他币种。这种情况下,对于原持有者而言,该国际货币的使用就此终结。通过以上第一种途径，银行或境外货币当局成为新的持有者；通过以上第二种途径，境外其他私人机构、境外货币当局甚至该货币发行当局都有可能成为新的持有者，只要该货币依然在国际市场流通不被其货币发行当局回笼，就会进入新的资本循环。

境外私人机构使用、持有国际货币时，在第一种途径中，国际货币发挥记账单位和（或）交易媒介职能；在第二、第三种途径中，国际货币发挥金融交易计价、结算职能，同时作为投资，国际货币还将发挥价值储藏的职能；在第四种途径中，国际货币发挥价值储藏职能；在第五、第六种途径中，作为债权或股权与货币使用权的一种交换，国际货币发挥记账单位和交易媒介职能，同时作为投资，还将发挥价值储藏职能。

境外私人机构卖出国际货币时，国际货币发挥金融交易计价和结算职能。

境外官方机构获得国际货币后，通过以下途径使用、持有国际货币：①通过外汇交易卖出国际货币，干预本币汇率；②通过外汇交易卖出国际货币买入其他国际货币，调整外汇储备结构；③作为外汇储备持有；④购买以该货币计价的债权或股权。

境外官方机构使用、持有国际货币中，在第一、第二、第四种途径中，国际货币发挥交易媒介职能；同时，当以国际货币购买债权、股权时，作为官方机构的一种投资行为，国际货币还发挥了价值储藏职能。在第三种途径中，国际货币发挥价值储藏职能。

（四）国际货币流转的三个阶段

从货币流动的角度，国际货币的流转由三个阶段组成：

第一阶段，也是国际货币的起点，国际货币从发行国流向国际市场，即国际货币流出，境外主体获得国际货币。

第二阶段，境外主体获得国际货币后，一是持有货币或以货币进行投资，发挥货币的价值储藏职能；二是使用国际货币进行国际贸易和金融交易，主要发挥货币的记账单位和交易媒介职能；三是通过外汇交易，将国际货币兑换为本币或其他货币，这一过程中，货币发挥了交易媒介职能。

第三阶段，通过第二阶段中国际货币的使用途径，国际货币流向货币发行国，即资本回流。当该货币形成较为发达的离岸金融市场时，该国际货币也会流向其离岸市场，国际货币进入新的循环。

国际货币流转途径、场所、货币职能以及对应所需的金融市场基础设施见表4-3，这是研究国际货币支付基础设施发展的基础。

二、国际货币支付基础设施三要素

由第二章可知，国际货币对支付基础设施的需求，可以体现为两个方面：一是需在功能上满足国际货币的跨境支付以及国际货币金融交易支付需求；二是降低交易成本。这意味着，国际货币支付基础设施与一般货币支付基础设施所覆盖的业务流程、种类和范围是不同的。

绪论中已说明，支付基础设施由支付服务主体、支付工具、业务规则和程序三部分组成。其中支付服务主体，即服务供给主体，是指向金融中介提供跨行支付服务的机构。支付工具（Payment Instrument）是资金汇划的载体。一般来说，支付工具包括现金和非现金支付工具两类。业务规则和程序是支付服务提供者使用支付工具处理资金转账所共同遵循的规范。在现代社会，支付基础设施通过信息技术和业务规则将各类支付服务主体连接在一起。国际货币支付基础设施亦由此三部分组成，由于实现功能有其特殊性，因而支付服务主体、支付工具以及业务规则和程序有不同的内涵。具体如下：

1. 支付服务主体

根据公共产品理论，支付基础设施作为准公共产品可以由政府、私人机构和处于第三部门的社会组织来提供。同时，根据定义，支付基础设施主要是为金融中介机构提供服务。以上三类主体在现实社会

表4-3 国际货币相关交易及所需金融市场基础设施一览

主体	途径	场所		货币职能	货币来源	所需的金融市场基础设施
私人机构	作为商品卖方的贸易	商品市场	国际商品市场 本国商品市场	记账单位 交易媒介	货币发行国 其他国家 本国	支付基础设施
私人机构	获得该币股权投资	股票市场	在岸市场 离岸市场 场外协议	记账单位 交易媒介	货币发行国 其他国家 本国	中央证券存管 证券结算系统 支付基础设施
私人机构	获得该货币的借款	债券市场	在岸市场 离岸市场	记账单位 交易媒介	货币发行国 其他国家 本国	中央证券存管 证券结算系统 支付基础设施
私人机构		票据市场 银行借贷市场	场外协议			支付基础设施
私人机构	通过外汇交易获得	外汇市场	在岸市场 离岸市场	记账单位 交易媒介	货币发行国 其他国家 本国	支付基础设施
官方机构	获得该货币的借款	债券市场	在岸市场 主权国家间的协议	记账单位 交易媒介	货币发行国 其他国家 本国	中央证券存管 证券结算系统 支付基础设施
官方机构	通过外汇交易买入该货币（干预汇率）	外汇市场	在岸市场 离岸市场	记账单位 交易媒介	货币发行国 其他国家 本国	支付基础设施
官方机构	通过外汇交易买入该货币（增加储备）			记账单位 交易媒介 价值储藏		

（获得国际货币）

续表

主体	途径	场所			货币职能	货币流向	所需的金融市场基础设施
私人机构	作为商品买方的贸易	商品市场	国际商品市场	本国商品市场	记账单位 交易媒介	继续在本国,流向货币发行国或其他国家	支付基础设施
	直接对外借款	债券市场	在岸市场	离岸市场	记账单位 交易媒介 价值储藏	继续在本国,流向货币发行国或其他国家	中央证券存管 证券结算基础设施 支付基础设施
		票据市场					支付基础设施
		场外双边协议					
	直接对外股权投资	股票市场	在岸市场	离岸市场	记账单位 交易媒介 价值储藏	继续在本国,流向货币发行国或其他国家	中央证券存管 证券结算基础设施 支付基础设施
		场外双边协议					
	存入银行		银行信贷市场	离岸市场	价值储藏	根据存入银行所在地不同,货币继续在本国,流向货币发行国或其他国家	支付基础设施
	卖出国际货币	外汇市场	在岸市场	离岸市场	记账单位 交易媒介	继续在本国,流向货币发行国或其他国家	支付基础设施
		外汇兑换(零售外汇交易市场)					
官方机构	卖出国际货币	外汇市场	在岸市场	离岸市场	记账单位 交易媒介	同上	—
		金融中介机构					
使用、持有国际货币	持有国际货币	债券市场	在岸市场	离岸市场	价值储藏	同上	—
	债权投资	债券市场	在岸市场	离岸市场	记账单位 交易媒介 价值储藏	同上	中央证券存管 证券结算基础设施 支付基础设施
	股权投资	股票市场	在岸市场	离岸市场	记账单位 交易媒介 价值储藏	同上	中央证券存管 证券结算基础设施 支付基础设施

中的体现是，由于中央银行是货币的发行主体，因此具有代表政府提供支付基础设施的天然优势；私人机构多为银行等金融中介机构；处于第三部门的社会组织体现为银行业协会等组织。

国际货币的特殊性在于它是跨境流动的。支付基础设施服务主体需满足境内外金融中介机构间的支付。国际货币的跨境支付体现境外银行间或者境内与境外银行间的支付。当货币发行国中央银行或行业组织已搭建支付基础设施时，通常来说，国际货币跨境支付分为两个阶段完成：一是境外银行与对手行之外的第三家金融中介机构完成支付；二是第三家金融中介机构通过货币发行国的支付基础设施完成与对手行间的支付。这里的第三家金融中介机构一般称为代理银行。

代理银行安排是指两个金融机构签订双边协议，一方委托另一方办理支付业务（通常为跨境支付业务），被委托机构称为代理行。委托行需在代理行存放资金，代理行基于双边协议为委托行提供日间信用或长期信用。委托行向代理行发送支付指令时，代理行借记委托行的账户，并转发支付指令。当代理行亦为收款行代理行时，则直接贷记收款行账户。代理行称委托行的账户为他行存款账户（Vostro or Loro Account），委托行称该账户为同业存款账户（Nostro Account）。代理银行既可以用于境内支付，也可以用于跨境支付。随着各国中央银行支付系统的建立，银行机构可以方便地接入本国的支付系统，代理银行模式现在主要应用于跨境支付。

由此可见，国际货币支付基础设施的服务主体依然是中央银行、私人机构和第三部门组织。不同的是，私人机构体现为提供跨境服务的代理银行。而非国际货币支付基础设施主要服务境内金融机构和市场，一般是国家重要的基础设施，投入较大，私人机构作为服务主体仅停留在理论层面或被排除在政策之外，因此，服务主体类型主要为中央银行和第三部门。这是国际货币支付基础设施服务主体与一般意义上支付基础设施的不同之处。

2. 支付工具

从第三章关于支付基础设施发展阶段的研究中可知，支付工具经过了从借记支付工具到贷记支付工具的发展过程。国际货币跨境支付的支付工具也不例外，只是借记支付工具的表现形式不同而已。

3. 业务规则和程序

业务规则和程序是支付服务提供者使用支付工具处理资金转账所共同遵循的规范，也可以理解为规定和业务规范。国际货币支付基础设施的业务程序有其特殊性。支付基础设施的业务规则和程序，在支持国际货币时一般有两种模式：一是代理行+货币发行国支付系统模式（见图4-1）；二是纯代理行模式（见图4-2）。

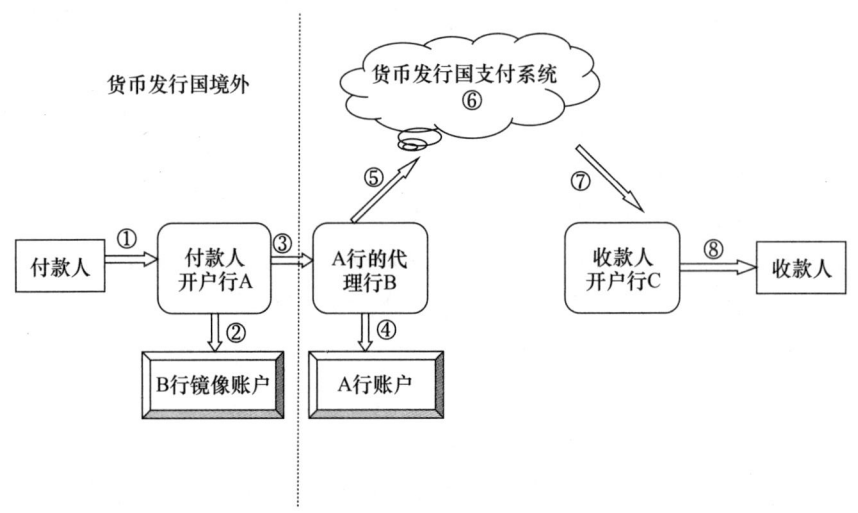

注：①付款人向其开户行 A 行提交支付信息
②A 行借记付款人账户，贷记 B 行镜像账户
③A 行将支付信息提交其代理行 B 行
④B 行借记 A 行账户
⑤B 行向货币发行国支付系统发起支付指令
⑥支付系统进行结算，借记 B 行账户，贷记 C 行账户
⑦支付系统转发支付指令至 C 行
⑧C 行贷记收款人账户

图 4-1　"代理行+货币发行国支付系统"跨境支付业务模式

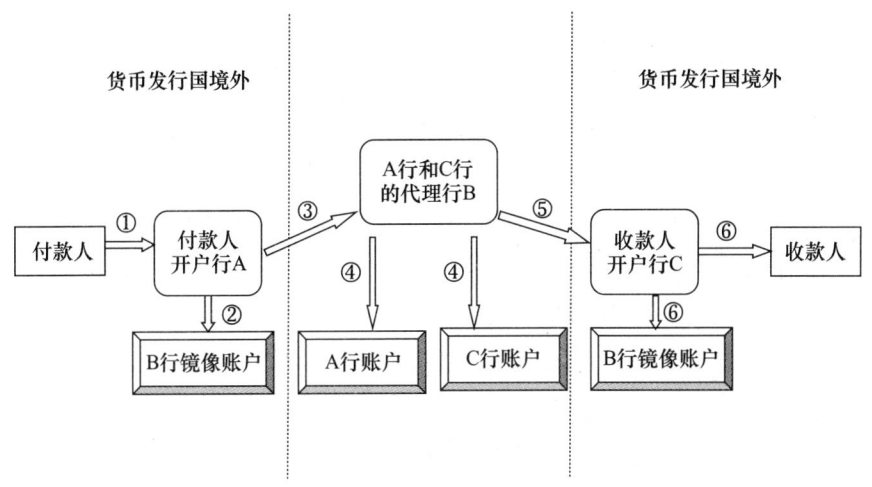

注：①付款人向其开户行 A 行提交支付信息
②A 行借记付款人账户，贷记 B 行镜像账户
③A 行将支付信息提交其代理行 B 行
④B 行借记 A 行账户，贷记 C 行账户
⑤B 行将支付指令传递至 C 行
⑥C 行借记 B 行镜像账户，贷记收款人账户

图 4-2　纯代理的跨境支付业务模式

三、应具备的基本功能

国际货币职能决定了国际货币支付基础设施具有以下基本特征和功能：

（一）证券市场参与其中，可以满足以国际货币计价、结算的金融交易中的资金支付需求

国际货币的一个重要特点是其货币发行国具备发达的证券市场，以便于国际货币的回流。活跃的证券交易对交易中的资金交付提出了

安全、高效的需求，需要该币种支付基础设施发挥功能。通常来说，本国证券市场参与支付基础设施有两种方式：①支付基础设施与证券市场处于分离状态，证券交易双方完成交易后，在证券市场之外委托其开户银行完成支付；②支付基础设施与证券市场建立联系，不管是物理连接还是契约关系，交易达成后，证券市场负责证券交易或负责证券结算的机构将交易双方的应收、应付以及开户系统传递给负责银行间支付的机构，由其完成资金交付。

当一种国际货币发展有离岸金融市场时，那么该货币的支付基础设施还需要为离岸证券交易提供资金支付便利，而这需要境外银行的参与、境内外银行代理关系的建立或者境内银行的海外扩展。国际货币金融市场基础设施结构如图4-3所示。

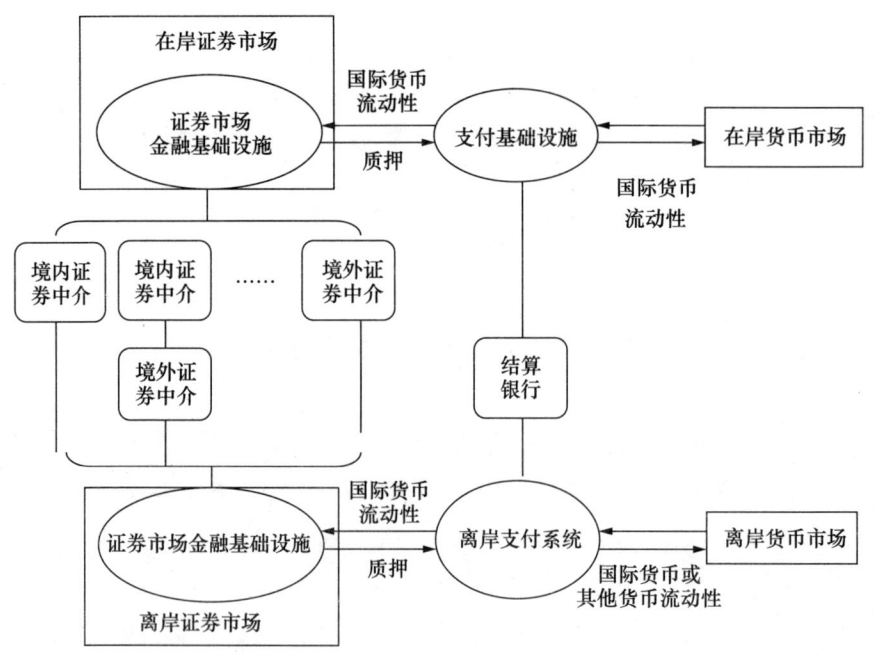

图4-3　国际货币金融市场基础设施结构

(二) 境内银行发展海外业务的同时，境外银行直接或者通过与境内银行间的代理关系参与其中

国际货币的一个主要职能是用于国际贸易结算。此时买卖双方可能分别位于国际货币发行国境内和境外，或者均位于境外不同国家。为满足国际贸易结算需求，需要国际货币的跨境流动。这种流动体现在银行间则是，境内外银行间或者境外不同银行间的资金转移。国际货币支付面临的问题是，境外银行如何参与国际货币的支付基础设施，以及境内银行如何开拓市场处理国际货币跨境支付业务。不管采用何种方式，国际货币的支付基础设施均涉及境外银行机构以及代理银行安排。

1. 境外银行参与国际货币发行国支付基础设施的方式

(1) 直接参与。就前者而言，境外银行可以直接参与国际货币支付基础设施，其所采用的基本方式是，在国际货币发行国开设分支机构，在货币发行国开办业务，参与当地的支付安排。此时，对于资金汇入，跨境业务先是同一家银行的境内外支付，然后转变为境内跨行支付；当资金汇出时，则先是境内支付业务，再是行内业务。从理论上讲，通信技术发展到一定程度时，发展了境外银行直接参与的另一种方式，即通过通信网络接入货币发行国的信息化支付系统。此时，跨境支付效率随着技术改进、提高的同时，境外银行由于削减了机构设立的投入，从而开展跨境支付业务的成本大大降低。站在国际货币发行国的角度，在这种模式下，信息化支付系统的运行者向境外银行敞开系统准入的大门，则意味着风险。美联储对于在美国设立分支机构的外国金融机构加入 Fedwire 持有相当谨慎的态度。为此，现实中形成了专门处理国际货币跨境支付的系统。此类系统既满足了国际货币支付需求，同时隔离了境外银行与该货币的重要支付系统（Systematically Important System）的物理连接，有效控制了风险。

(2) 通过代理银行间接参与。当境外银行通过代理关系建立与境内银行的联系时，则具备了间接参与国际货币发行国支付基础设施的

条件①。

2. 境内银行开展跨境支付业务的方式

境内银行开展跨境支付业务的方式主要是发展海外分支机构或开设海外子行,通过海外分支机构为境外主体接收或支付国际货币。当离岸金融市场形成,离岸支付——即收付款双方均在境外的需求增多,会对离岸支付产生需求,出现离岸支付基础设施。离岸支付基础设施是国际货币支付系统发展到一定阶段的产物,通常来说,有市场自发形成和离岸市场所在地货币当局主导建立两种形式。不管何种形式,均需要商业银行承担结算银行的职责。这是因为国际货币发行国之外的中央银行,不是最后贷款人,无法为银行间支付提供流动性支持,而信贷支持流动性支持是防范支付风险的关键措施。正是对信贷支持的需求,作为结算银行的主要是货币发行国境内的大型银行,虽然商业银行并不是最后贷款人,但是相比境外中央银行和商业银行而言,其最具优势。总结下来,结算银行在离岸支付基础设施中发挥的作用是:

一是为离岸支付系统参与者开立国际货币结算账户,为参与者办理与货币发行国的跨境支付以及货币发行国之外的离岸支付;

二是向参与者提供国际货币信贷支持,便于国际货币的跨境支付;

三是国际货币生息,为参与者支付利息。

(三) 承载外汇交易中该国际货币的支付,满足境外主体持有、使用该货币的需求

自从资本管制放开后,外汇市场是最为自由并具有竞争性的市场

---

① 当境外银行办理不涉及货币发行国的国际货币支付时,有两种方式:一是建立与国际货币发行国境内银行的代理关系,通过国际货币支付系统将资金支付给收款方的代理银行;二是若该货币存在离岸支付系统,国际货币的支付则通过离岸支付系统办理。此时,由于离岸支付系统的结算银行会直接或间接参与货币发行国的支付系统,因此,本书认为离岸支付系统是在岸支付系统的延伸,是国际货币支付基础设施的组成部分。

之一①。国际货币支付基础设施由于外汇交易而存在以下特殊性：

（1）外汇交易是境外主体获得国际货币的一个途径。国际货币外汇交易涉及两种货币的交付，即支付，因而国际货币支付需要支付基础设施的支持，并与其他货币支付基础设施发生关联。

（2）国际货币支付基础设施所承载的外汇交易资金规模巨大。以美元为例，1995年，美元现汇交易额是国债交易和当年GDP的三倍，是美国股票交易额的10倍以上。Kenen曾指出，欧洲经济和货币联盟（EMU）在外汇市场上的作用将深刻影响欧元的国际地位。美国跨境支付系统CHIPS中，大约80%的金额来自美元外汇交易，1993年处理的金额是265.7万亿美元，同年Fedwire处理的美元外汇交易额达207.6万亿元，美元外汇交易占Fedwire和CHIPS合计交易额的45%②。

（四）为境内外货币市场工具提供资金支付便利，确保国际货币的流动性

货币市场是支付基础设施的服务对象之一，支付基础设施是货币市场所需的基础设施。国际货币一般具备发达的货币市场，这是确保货币流动的基础。Kenen（1988）曾指出，在货币国际化进程中，充足的货币供给能够为实现具有深度和广度的国际货币提供必要的流动性③。对于国际货币的使用和发展而言，其在岸、离岸货币市场应为以国际货币计价结算的商品贸易、证券交易、外汇交易提供资金支持，同时为国际货币持有者提供短期投资渠道。国际货币的缺款方在货币市场通过短期国债、大额可转让存单、票据、质押及回购协议等

---

① Hartmann P. Currency competition and foreign exchange markets: The dollar, the yen, and the Euro [J]. General Information, 1998, 147 (4): 545 - 547.
② Goldstein M. Exchange rate management and international capital flows [R]. International Monetary Fund, 1993.
③ Kenen P. B. Balance of payments adjustment, 1945 to 1986: The IMF experience: Margaret garritsen de vries (International Monetary Fund, Washington, 1987) [J]. Journal of International Economics, 1988, 25 (1 - 2): 189 - 191.

工具从国际货币多头一方获得资金,即将其持有的以国际货币计价结算的金融产品变现,而持有国际货币并有投资意愿的参与者可以通过以上工具实现在货币市场的短期投资。由此可见,国际货币的支付基础设施需要为在岸、离岸货币市场上的各类工具提供支付便利,使国际货币缺款者可以将其持有的货币市场工具快速变现,并满足国际货币持有者的投资需求。

四、如何降低交易成本

以上是从功能角度对国际货币支付基础设施基本特征的研究分析。从之前的分析中我们得出,国际货币对支付基础设施的需求,除确保国际货币跨境流动的基本功能外,还需要支付基础设施发挥降低国际货币交易成本方面的作用。这与一般的支付基础设施目标相一致,具体到国际货币,为降低交易成本,其支付基础设施还需具有以下特征:

(一) 中央银行作为供给方提供支付基础设施服务

从第二章的分析中得出,准公共产品以及自然垄断理论决定,支付基础设施的发展面临有可能偏离其目标的情况。一般来说,货币的国际化离不开政治及政策力量的推动,往往是国家战略层面的决策。无论是一般情况下的维护本国金融稳定,还是国际战略角度的促进货币国际化,中央银行作为货币发行主体都是其中必不可少的角色。中央银行不以营利为目标,更愿意投入成本、应用新技术搭建支付基础设施,提高货币在资源配置中的效率;在规模经济尚未实现前给予补贴,通过合理的定价机制使参与者在享受支付效率提高的同时不承担较高的费用,从而降低交易成本;同时,促进规模经济的形成,抵消网络外部性的副作用,加快交易成本降低的进程。从美元、欧元等国际货币的发展中，可以清晰地体会到中央银行支付基础设施所发挥的积极作用。

（二）对降低金融交易结算风险的需求更为强烈

金融清算与结算的目标在降低资源配置交易成本的同时能够降低风险。国际货币包括外汇交易和证券交易在内的金融交易数量和范围均较大，对降低交易风险的需求更为强烈。低的交易风险反过来又可以促进该国际货币的流通。因此，国际货币支付基础设施应做出安排，降低金融交易结算风险。

就证券交易结算而言，会产生本金风险（Principal Risk）、重置成本风险（Replacement Cost risk，也叫价差风险）、流动性风险（Liquidity Risk）、现金储蓄风险（Cash Deposit Risk）、托管风险（Custody Risk）五类主要的风险。其中：

本金风险是指证券卖方已交付证券但没有收到资金或者证券买方已支付资金但是没有收到证券的风险，其损失额等于证券全部交易价值。应对本金风险的措施是，实现证券结算系统与支付系统间的券款对付（DVP），使资金支付和证券交付同步实现。

重置成本风险是指在交易合约结算前由于对手方违约而损失未实现收益的风险。此风险出现于交易达成后、结算完成前。因此用于结算环节的 DVP 对于重置成本风险无能为力。有效措施是减少交易达成到结算环节的时间间隔。

流动性风险是对手方没有充足的资金按时履约清偿金融债务的风险。应对措施是：证券结算系统通过支付系统建立与货币市场的联系，可以降低流动性风险概率。

现金储蓄风险是指为便于证券交易结算而在证券中介机构开立存款账户时，当中介机构存在信用风险时面临的风险。应对措施是：存放在中介机构的资金属于商业银行货币，理论上，可以通过使用中央银行货币消除此类风险。然而，证券交易方为个人或非银行机构时，是不可能在中央银行开户的，因此难以避免此类风险。为了降低此类风险，交易方可以将在中介机构开立的资金账户作为同天资金（Same-day Fund）使用，即在付款当天将所需资金汇入该账户，同时在收到资金当天转出资金。

托管风险是指发挥托管功能的托管银行等中介机构由于破产、玩忽职守或欺诈而对投资人所托证券带来的潜在影响。托管风险受证券法律地位、会计实践、托管人托管程序、损失共担协议、监管规则等因素的影响。将托管人资产与证券投资人资产进行隔离是防范此风险的关键。

就国际货币的证券市场交易后环节而言，除面临以上风险外，由于境外机构和个人参与货币发行国需要委托本地证券中介机构作为代理人，将面临更大的托管风险，也面临更大的现金储蓄风险。因为一般来说，中央证券存管机构会给其直接参与者提供日间信贷，而代理托管人则不如CSD提供的充足，因此需要在代理托管人处存放更多的流动性。货币发行国境外发展的以国际货币计价结算的证券市场资金结算，由于多依赖银行间的代理关系，结算资金多为商业银行货币，信用风险较高。

总体来看，对于国际货币支付基础设施，为降低国际货币证券交易结算风险，首先需建立与证券结算系统的连接，实现DVP，同时，需连接或支持货币市场交易，为包括证券交易在内的金融交易结算提供流动性支持，以降低流动性风险。

就外汇交易结算而言，也面临本金风险。在外汇交易中，这种风险也称为赫斯塔特风险。根据前文的分析，国际货币在全球外汇交易市场上的比重较高，外汇交易结算的本金风险将增加该货币的交易成本。从支付基础设施的角度，建立与其他货币支付基础设施的连接，可以实现外汇交易的同时支付（PVP），以消除本金风险。

（三）运行时间需覆盖多个时区

从上文的分析得出，建立与其他货币支付基础设施的连接是消除外汇交易结算本金风险的一个有效途径。各货币支付基础设施有自身的运行时序安排。国际货币要实现与其他货币交易的同时支付，要求其支付基础设施延长运行时间，并与其他货币支付基础设施的运行时序相重合。这是实现同时支付的基础条件，也是国际货币支付基础设施与一般支付基础设施的区别。

（四）注重标准化建设

国际货币支付基础设施多涉及境内外银行间的代理支付和境内银行间支付两个环节，其中境内银行间支付服务多由中央银行和行业组织提供。支付信息化时代，若国际货币的境内银行间支付基础设施与代理行间的报文传输标准不一致，那么代理行需要投入成本负责报文标准的转换，这将增加国际货币跨境流动的成本，也会影响支付效率；若两者的报文传输标准一致，则可以降低国际货币的交易成本。因此，注重支付基础设施的标准化建设有利于提高国际货币跨境流动的效率，从而降低交易成本。

五、以中央银行为核心的三个层次

如前所述，通常来说，国际货币支付基础设施涉及代理银行支付和境内中央银行或行业组织提供服务的银行间支付两个环节。因此，国际货币支付基础设施分为两类：一是主要由代理行作为服务主体的银行间支付基础设施；二是中央银行和行业组织作为服务主体的银行间支付基础设施。前者多应用于境内外银行间以及离岸境外银行间的支付，后者多应用于货币发行国境内的银行间支付，因为很多跨境支付通过代理行最终转换为境内的银行间支付。

通过以上两类支付基础设施，国际货币支付基础设施将形成以下三个层次：

一是货币发行国中央银行主导的支付基础设施，这是支撑国际货币使用和发展的核心设施,境外银行通过代理行间接参与中央银行支付系统。

二是行业组织或中央银行搭建的专司跨境支付的基础设施。有些国际货币发行国,如美国,由于其中央银行基于风险防范的准入政策,在市场需求的推动下,由行业组织,如银行业协会发展了专司跨境支付的系统,为境外银行提供国际货币的支付服务。有些币种的此类基础设施由中央银行组织搭建,如人民币。这构成了第二层次的国际货币支付基础设施。

三是代理行作为结算银行的离岸支付基础设施。当国际货币离岸金融市场形成、发行国境内具有资金信贷实力的银行将业务拓展至海外且境外银行通过代理接入货币发行国支付系统环节较多之时,第三层次的离岸支付系统形成。其中中央银行支付基础设施和专门的跨境支付基础设施使用中央银行货币。离岸支付基础设施一般由商业银行作为结算银行,因此使用商业银行货币作为结算资产。

三个层次的国际货币支付系统并非相互割裂。三者的具体关系是:

(1) 第二、第三层次均离不开作为第一层次的中央银行支付基础设施。以中央银行货币为结算资产的跨境支付基础设施,需要与中央银行支付基础设施建立连接,中央银行为跨境支付基础设施提供账户服务,两者互为补充。离岸支付基础设施处理其参与者与货币发行国间的跨境业务时,需要中央银行支付基础设施与离岸支付基础设施共同发挥作用。

(2) 满足一定条件时,第二层次和第三层次的支付基础设施存在相互替代的关系。一般来说,出于风险考虑,中央银行支付基础设施会对外国银行设置较高的准入条件。基于此,跨境支付基础设施和离岸支付基础设施有了发展空间。

当存在专门的跨境支付基础设施时,其为外国银行提供跨境接入便利,当境外多国银行成为跨境支付基础设施参与者后,通过现代通信技术打破国界,境内外以及境外之间的支付均可以通过跨境支付基础设施办理,且结算资产为中央银行货币,兼顾效率与风险,将会替代离岸支付基础设施处理与货币发行国境内以及收、付款双方均位于离岸支付基础设施所在国之外的支付业务。

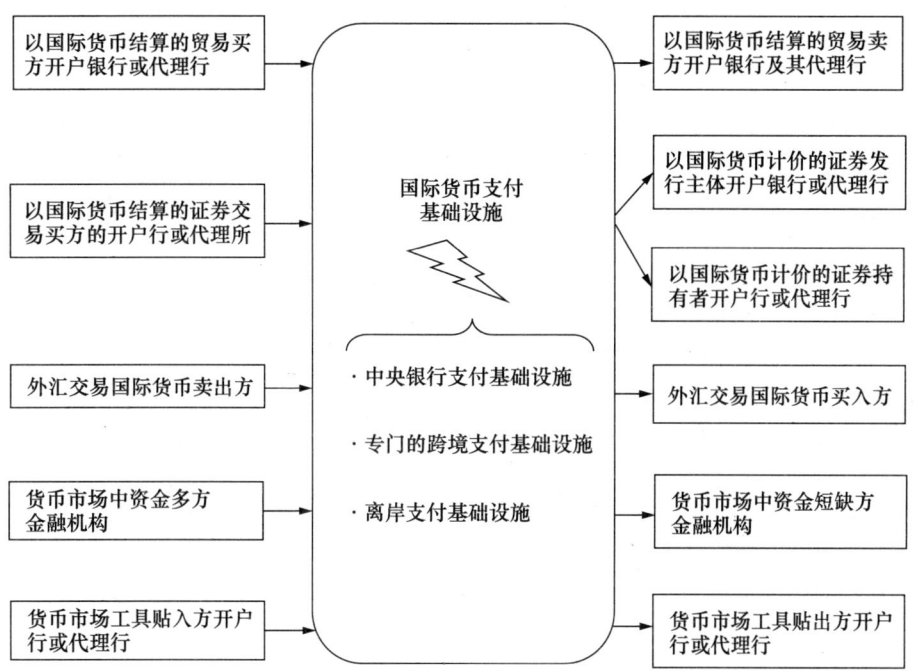

图4-4 国际货币支付基础设施功能示意

六、小结

国际货币支付基础设施由支付服务主体、支付工具及业务规则和程序三部分组成，由于实现功能有其特殊性，因而各组成部分在为国际货币服务时有不同的内涵。

从第二章的分析中得出，国际货币对支付基础设施的需求，可以体现为两个方面：一是需在功能上满足国际货币的跨境支付以及国际货币金融交易支付需求；二是与一般货币支付基础设施发展需求一致，即降低交易成本。

从满足国际货币跨境流动和金融交易的功能上来说，国际货币支付基础设施应具备的基本特征是：①证券市场参与其中，可以满足以国际货币计价、结算的金融交易中的资金支付需求；②境内银行发展海外业务的同时，境外银行直接或者通过与境内银行间的代理关系参与其中；③承载外汇交易中该国际货币的支付，满足境外主体持有、使用该货币的需求；④为境内外货币市场工具提供资金支付便利，确保国际货币的流动性。

从降低交易成本的角度看，国际货币支付基础设施应具备的一般特征是：①中央银行作为供给方提供支付基础设施服务。②对降低金融交易结算风险的需求更为强烈，为降低国际货币证券交易结算风险，首先需建立与证券结算系统的连接，实现DVP，同时，需连接或支持货币市场交易，为金融交易结算提供流动性支持，以降低流动性风险；建立与其他货币支付基础设施的连接，实现外汇交易的PVP，以消除本金风险。③运行时间需覆盖多个时区。④注重标准化建设。

国际货币的基础设施的基本特征是支付基础设施满足国际货币支付需求的基础，而一般特征是评价国际货币支付基础设施优劣的条件。

从国际货币在金融机构间支付的两个环节看，国际货币支付基础设施分为两类：一是代理行作为服务主体的银行间支付基础设施；二是中央银行和行业组织作为服务主体的银行间支付基础设施。通过以上两类支付基础设施，国际货币支付基础设施将形成以下三个层次：①居于核心地位的货币发行国中央银行主导的支付基础设施；②行业组织或中央银行搭建的专司跨境支付的基础设施；③代理行作为结算银行的离岸支付基础设施。第二、第三层次均离不开作为第一层次的中央银行支付基础设施，第二层次和第三层次的支付基础设施存在一定的替代关系。支付基础设施服务供给主体在三个层次国际货币支付基础设施中的体现如表4-4所示。

表 4 – 4　国际货币支付基础设施三个层次与供给主体的对应关系

国际货币支付基础设施的三个层次	所属种类	服务供给主体	供给主体性质	结算资产
货币发行国中央银行支付基础设施	货币发行国境内银行间支付基础设施	中央银行	政府	中央银行货币
跨境支付基础设施	境内外银行间支付基础设施	行业协会	第三部门	中央银行货币
		中央银行	政府	
离岸支付基础设施	境内外银行间支付基础设施	离岸市场所在国中央银行	政府	商业银行货币
		商业银行	私人部门	

第五章 为人民币国际化筑桥铺路

一、人民币走出国门

1997~1998年亚洲金融危机的爆发，推动了区域金融合作的发展，其中包括清迈倡议框架下的"货币互换"，中国由此成为该框架下双边货币互换中最大的资金供给者之一。在人民币的货币互换中，换入人民币的外国中央银行可以为本国金融机构提供人民币，可以为本国企业提供从中国进口货物所需的人民币，旨在促进双边贸易和投资，也可以使用人民币干预外汇市场，保持本币稳定，从而抵御金融危机的发生。这意味着，人民币作为货币互换的载体，已走出国门，开启了国际化的进程，成为跨境使用的货币。截至2015年年底，中国已与33个国家和地区签署货币互换协议，货币互换余额为3.31万亿元。

（一）作为国际贸易结算货币

伴随着中国对外贸易的快速发展，人民币在中国周边国家和地区的流通规模大大增加。这其中既有市场自发的力量，也有政策的推进。政策方面，较早的是在中国香港地区的试点。2003年的《内地与香港关于建立更紧密经贸关系的安排》（CEPA），之后中国人民银行决定为香港地区的个人人民币存款、汇兑和汇款等业务提供清算安排；2005年11月，中国政府扩大了香港地区个人人民币业务的范围，并将个人现钞汇兑上限进一步提高；2007年，中国政府同意内地机构在香港地区发行人民币计价的金融债券，为境外人民币的回流提供了渠道。2009年，国家六部委发布《跨境贸易人民币结算试点管理办法》，决定在上海以及广东省内四城市开展跨境贸易人民币结算试点，通过香港地区的银行办理人民币贸易结算。2010年，六部委再次发文，将试点范围扩展到货物贸易之外的整个经常项目结算，人民币实现了经常项目下的自由可兑换。2015年，跨境贸易人民币结算占中国进出口总额的29.36%，较2014年增加4.6%。

（二）国际金融交易及对外投资中的人民币

资本项下人民币的跨境流通，分为直接投资、证券投资和国际信贷三个方面。

人民币的对外直接投资（ODI）以及外商直接投资人民币开始于2011年。据商务部统计，2015年中国境内投资者共对全球155个国家和地区进行了直接投资，以人民币结算的对外投资额累计为7362亿元，同比增长295%，以人民币结算的外商直接投资累计达到15871亿元，较2014年增加7251亿元。

2005年起，境外机构开始在中国发行人民币债券，即熊猫债券。启动十年后的2015年，熊猫债券市场迎来了首个发行高潮，全年6家机构发行总金额达155亿元。作为人民币回流的重要渠道，境内机构从2007年起开始在境外发行人民币债券。目前，最大的人民币离岸市场主要是指中国香港。2015年，香港地区的人民币债券，即"点心债"的存量为3971亿元。根据BIS的统计，2015年年底，人民币国际债券和票据的存量为1248亿美元，同比增长31%，人民币在国际债券和票据存量中的占比上升至0.59%，而同期美元占44%，欧元占38%，英镑占10%，日元占2%。

2007年，第一款人民币境内合格投资者（QDII）理财产品诞生。

2011年开始允许人民币合格境外投资者（RQFII）投资境内债券市场，2012年扩大至股票、基金等领域。

跨境双向人民币贷款起步于2012年深圳、香港两地，之后发展至上海、天津、广西、云南、广东等地所属的部分区域。截至2015年年底，境内金融机构人民币境外贷款余额达3153亿元，同比增长58%，人民币境外贷款占金融机构贷款总额的比重为0.34%。

（三）人民币外汇交易和外汇储备

据中国人民银行不完全统计，截至2015年底，境外央行和货币当局在境内外持有债券、股票和存款等人民币资产余额约8647亿元。中国人民银行公布的数据显示，2015年中国境内人民币外汇市场日均交易量728亿美元。全年银行间市场人民币外汇即期成交折合4.86万亿美元，同比增长17.9%；人民币外汇掉期交易成交折合8.35万亿美元，同比增长86%；人民币外汇远期市场成交折合373亿美元，同比下降29.7%。据不完全统计，2015年，中国香港、新加坡、伦敦等主要离岸市场人民币外汇交易日均超过2100亿美元。

国际贸易、对外投资以及国际金融之外，人民币的国际化还体现在官方外汇储备的占比上。根据IMF的统计数据，2015年年底，人民币在全球官方外汇储备中的比例已达到1.1%，同期美元仍占比最高，比例为64%，其次分别为欧元（20%）、英镑（5%）、日元（4%）等。

（四）人民币国际化指数

在人民币国际化的浪潮中，各类衡量人民币国际化的指数、指标层出不穷。目前，受到普遍关注并引入央行《人民币国际化报告》的是中国人民大学国际货币研究所发布的人民币国际化指数（RMB Internationalization Index，RII）。RII分别根据国际计价支付功能和国际储备功能构建了两类指标体系，取值范围为0～100，如果人民币是全球唯一的国际货币，则RII指标体系中各项指标的数值就应该等于

100%，此时 RII 为 100；反之则为 0。如果 RII 数值不断变大，表明人民币发挥了更多国际货币职能，其国际化水平越来越高。截至 2015 年年底，RII 已达 3.60，同比增长 42.9%，五年间增长逾十倍。

另一个具有影响力的反映人民币国际化的指标是 SWIFT 定期发布的《人民币追踪月度报告》（RMB Tracker）中涉及的一些指标，主要是在全球支付货币中的排名和占比。根据 2016 年 6 月的数据，人民币全球支付金额排名第六，占比为 1.72%，2013 年的 6 月排名第十，占比为 0.87%，期间曾在 2015 年上升成为第五大货币；人民币为中国大陆和香港地区用于跨境支付的第二大货币，占比 12.7%，美元仍是主要的货币，占近 64%。

除此之外，当前的人民币国际指数还包括中国银行跨境人民币指数（CRI）与离岸人民币指数（ORI）、汇丰银行离岸人民币指数（HSBC Offshore Yuan Index）、渣打银行人民币环球指数（RGI）以及星展银行人民币动力指数（DRIVE）等。

二、如今的人民币支付基础设施

当前，人民币支付基础设施的核心是由中央银行搭建的银行间支付系统，即中国现代化支付系统（CNAPS）。处于重要性地位的支付基础设施事关国家金融稳定，且需较大的投入，一般由各国中央银行作为国家支付基础设施的所有者和建设者。中国亦是如此，银行间支付系统由中国人民银行建设和运行，并处于人民币跨行支付的核心地位。

中国现代化支付系统处理的业务主要包括：一是居民、企业基于各类交易而产生的人民币跨行转账支付；二是基于同业拆借的银行间人民币支付；三是银行间外汇交易中的人民币支付；四是债券交易产生的人民币支付；五是公开市场操作中的人民币支付；六是经过中国银联轧差清算而产生的人民币银行卡银行间支付。因此，现代化支付系统将全国的商业银行连接在一起，并连通货币市场、债券市场以及外汇市场。这也决定了该系统除银行之外还存在一些特许参与者。这些特许参与者负责向系统提交不同市场各交易所涉及的人民币支付业务，其中中国外汇交易中心暨全国银行间同业拆借中心负责提交外汇市场和同业拆借市场的业务，中央国债登记结算有限责任公司作为CSD负责提交债券市场和公开市场操作业务，上海清算所作为CCP负责提交债券市场以及金融衍生品交易业务。截至目前，我国的现代化支付系统并未与股票市场直接相连，股票交易的人民币结算由中国证券结算登记公司通过在各银行分别开立账户，将银行间支付转换为行内支付得以实现。

目前在用的系统是第二代支付系统，于2014年上线。截至2014年年底，全国65家法人机构实现一点接入支付系统，在此之前，全国性银行基本是以省分行为单位接入系统，每个接入的省分行都在系统中开立一个结算账户，存在30多个接入点的银行比比皆是，资金管理效率较低。这一状况产生的一个主要原因是，2002年现代化支付系统上线时，大多数商业银行并不具备集中处理业务的能力，这是人民银行为了适应当时状况而做出的选择。

具有境内人民币支付基础设施职能的，除处于核心地位的中国现代化支付系统外，还包括全国几十家同城支付系统。这些同城清算系统多由人民银行当地分支机构或其所属机构建设、运行，满足当地的跨行支付需求。

三、央行支付基础设施的"前世"及"今生"

应该说，我国中央银行的支付基础设施起步较晚，但发展十分迅速。半个多世纪以来，大致经历了"核算工厂和手工联行"、"电子联行"、"现代化支付系统"三个阶段。

（一）核算工厂和手工联行

20世纪80年代之前，我国只有人民银行一家银行，没有跨行支付的概念，所有的资金划拨都是在人民银行内部通过邮寄进行手工核算，对账等相关工作则由当时的"核算工厂"完成；随着专业银行的相继成立，这一模式逐步演变为后来的手工联行。根据其特点，核算工厂和手工联行时代，支付信息的传输依赖于邮寄，手工处理的特点突出。

放眼全球，自20世纪70年代起，先进的中央银行支付系统开始依托计算机步入电子化处理模式阶段，美联储发挥着先导作用，70年代已开始思考开发标准软件以统一各储备银行提供的各类支付服务。进入80年代，中央银行支付系统的服务模式主要是延迟净额结算（DNS），即支付指令在日间累计，净额结算通常在日终一次进行。DNS减少了金融机构间的支付量和支付额，从而节约了流动性。然而，其固有缺陷是信用风险较高。由于最终结算只在日终进行，在此之前，支付并不具有最终性。1985年，全世界仅美国、丹麦和荷兰三个国家的大额支付系统应用了实时全额结算（RTGS）模式。

（二）电子联行

1989年，为改变我国支付结算工作单纯依靠手工操作的落后局面，人民银行提出了建设金融卫星通信专用网和全国电子联行系统的总体构想，随后，人民银行清算总中心成立，负责电子联行系统的建设和运行。最初的电子联行系统仅实现了人民银行的内部联网，商业银行与人民银行间的资金往来仍依托于同城交换，这就是所谓的"天上三秒，地上三天"。虽然之后各地纷纷实现了电子联行系统的"天地对接"，但由于系统功能比较单一，汇划速度较慢，仍无法满足经济金融的发展。电子联行时代下，会计核算由各地人民银行完成，系统仅具备报文传输功能，因此，该阶段（20世纪90年代到2002年）

可划归为"电报传输的初期阶段"。

放眼全球，国际上从20世纪90年代起，随着央行、商业银行等各方支付风险管理意识的增强，RTGS快速发展。与DNS模式相比，RTGS在全额基础上逐笔结算支付。当支付者有足够余额（或信用额）时，每一笔支付指令进入系统时即时结算。因此，RTGS系统不存在日间信用风险，且通常由中央银行发起并全力支持。RTGS系统的缺点是对参与者结算账户余额的要求高于DNS模式的要求。

（三）现代化支付系统

2002年10月，中国现代化支付系统上线，开始逐步替代电子联行，直到2005年完成全国的推广，彻底告别"电子联行"时代，进入RTGS时代。同时，现代化支付系统的另一个重要模块——具有贷记转账和零售支付系统功能的小额支付系统上线运行，随后，支票影像交换系统、网上支付跨行清算系统等模块相继上线。

纽约联邦储备银行统计显示，截至2005年年底，全球174个国家中有90个采用了RTGS模式（Bech & Hobijn，2007）[1]。

鉴于DNS模式和RTGS模式各有优劣，许多DNS系统从20世纪90年代中后期开始，一方面将DNS模式改良为定时净额结算模式，即由最终结算仅在日终进行变为日间多个时点进行，另一方面引入了RTGS模式，使得大额支付系统同时可以提供DNS和RTGS两种服务模式，因而称之为"混合系统"（Hybrid System）。这一系统在有效降低信用风险的同时，大大降低了对参与者流动性的要求。加拿大央行的LVTS（即大额资金汇划系统）、德国央行的RTGS^{PLUS}、日本央行的BOJ-NET等系统先后采取了混合模式。

国内外中央银行支付基础设施发展对比见图5-1。

---

[1] Bech M. L., Hobijn B. Technology diffusion within central banking: the case of real-time gross settlement [J]. SSRN Electronic Journal, 2007, 3 (3): 147-181.

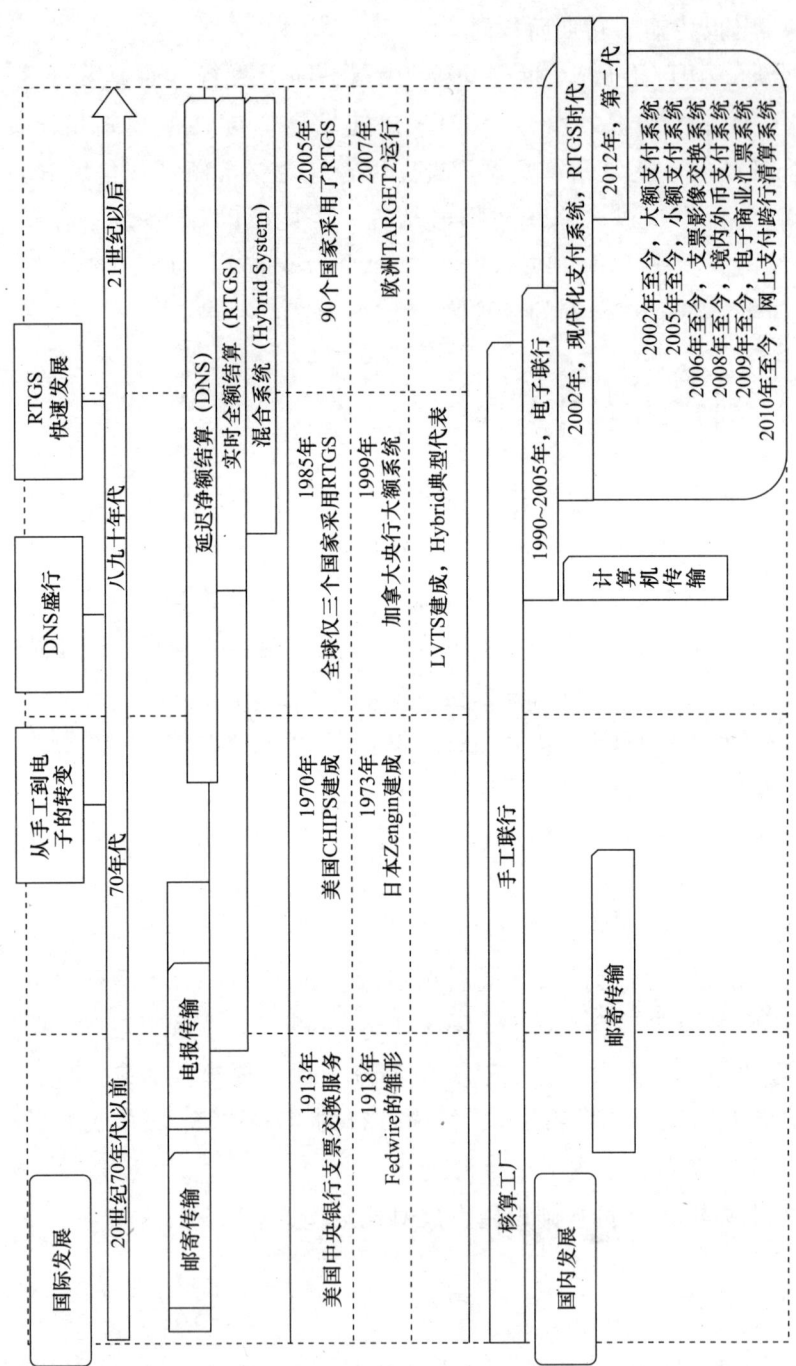

图 5-1 中国人民银行支付基础设施发展阶段

第五章　为人民币国际化筑桥铺路

四、人民币跨境支付基础设施的三个层次

以国际货币支付基础设施的标准衡量，人民币已具备国际货币支付基础设施的三个层次（见图5-2），即前文介绍的处于核心地位的中央银行支付系统——中国现代化支付系统、人民币跨境支付系统——CIPS以及离岸人民币支付系统。

（一）央行支付系统

中国现代化支付系统支持人民币跨境支付体现在四个方面：

一是允许外国银行的直接接入，这意味着人民币跨境支付业务可以通过"外国银行行内跨境支付+CNAPS跨行支付"转变为人民币境内支付。据估计，目前直接接入的外国银行约有60家。2009年，跨境贸易人民币结算试点的开展允许试点地区内具备国际结算业务能力的商业银行，与境外银行签订人民币代理结算协议，为其开立人民币同业往来账户，代理境外参加银行进行跨境贸易人民币支付。自此，越来越多的人民币跨境支付业务通过"代理行+CNAPS跨行支付"的模式转变为人民币境内业务。

二是我国香港、澳门人民币清算行的接入。2003年，中银香港获得香港地区人民币清算行地位，2004年，中国银行澳门分行获得澳门地区人民币清算行地位，同年，香港人民币清算行和澳门人民币清算行先后作为直接参与者接入支付系统，办理个人人民币汇款及存款、兑换和银行卡业务的资金清算。自此，人民币跨境支付正式成为CNAPS的一类业务，只不过这时的跨境还体现在内地与香港地区以及内地与澳门地区之间。随着2007年内地金融机构开始赴港发行人民币债券，香港地区人民币清算行为人民币债券发行机构提供人民币存款、兑换及汇款等清算服务，CNAPS开始在跨境人民币金融交易结算

中发挥作用。

三是CIPS的接入。2015年10月，CIPS一期上线运行。业务模式上，CIPS与CNAPS连接，各参与者在CIPS中的账户资金来源于其在CNAPS中的账户资金，每日日初注资，日终划回清零。可以说，CIPS的资金结算最终仍依托CNAPS。为适应CIPS参与者头寸管理的需要，大额支付系统延长清算窗口时间至20：30。

四是支持合格境外主体的人民币金融交易结算。由于CNAPS承担了外汇市场、债券市场的人民币资金结算，随着我国境内银行间债券市场、外汇市场允许合格境外银行、境外央行类金融机构参与，CNAPS事实上已为境外机构的人民币金融交易履行了资金结算职责。中国境内承担债券存管职责的机构是中央国债登记结算有限责任公司和上海清算所，这两家机构运营的债券存管和交易结算基础设施与CNAPS连接，为境内外机构的人民币债券交易提供了DVP结算。

（二）人民币跨境支付系统

人民币跨境支付系统的业务模式与美国的CHIPS十分相似，均使用中央银行货币作为结算资产，均为零余额账户，不同的是，CIPS由中央银行建设运行后者，而后者属私营机构所有，另外，CIPS采用了国际通用的ISO 20022报文，便于与SWIFT跨境代理支付业务的直通处理。该系统的第一期于2015年10月上线运行，采用RTGS模式，目前主要服务于跨境贸易结算、跨境直接投资等人民币结算业务，对于国际金融交易中的人民币结算业务涉及不多。截至2016年底，系统通过28家直接参与者，覆盖了全球6大洲80个国家和地区，金额近200亿元。业务量不大可能的原因：一是系统暂时所支持的人民币跨境支付业务种类不全，未涵盖人民币国际金融交易结算业务、境外银行间的人民币支付等业务；二是源于网络外部性的存在，CIPS上线前，人民币跨境支付业务渠道已经存在，可以通过"行内跨境支付+CNAPS跨行支付"、离岸清算行等途径完成人民币的跨境支付。

(三) 人民币离岸支付系统

国际货币第三层次的跨境支付基础设施，则需从香港金融管理局的人民币离岸支付系统——CHATS 说起，这是香港地区发展成为当前最大的人民币离岸市场的基础。

香港地区的人民币支付系统由香港金融管理局推动建设，上线于2006年3月，中银香港承担人民币清算行职责，即系统参与者在中银香港开立人民币同业账户，提供资金结算服务，并提供人民币流动性。香港金管局在其官网上是这样介绍该系统的：香港 RMB CHATS 可以理解为是 CNAPS 在香港地区的技术延伸，但接受香港地区法律的监管。

为巩固香港地区人民币离岸市场的地位，覆盖更多的时区，该系统曾两次延长运行时间，第一次是2012年将日终时间从18：30延迟至23：30，第二次是2015年进一步延长至第二天5：00。

香港地区人民币支付系统不仅处理人民币跨境贸易支付业务，同时，满足国际金融交易中的人民币支付，与香港地区的债券工具中央结算系统、港币 CHATS、美元 CHATS、欧元 CHATS 连接，实现了人民币债券交易的 DVP 和外汇交易的 PVP。因此，这是支撑中国香港成为最大的离岸人民币市场的最重要的基础设施之一。香港金管局2015年年报公布，该系统日均交易额增至9470亿元人民币，较2014年增加29%；交易笔数日均1.8万笔。截至2015年年底，直接参与银行为219家。

目前仅香港地区建设了离岸人民币支付系统。境外其他地区的人民币结算多采用清算行模式。清算行模式是货币发行当局安排某一银行在境外某一区域承担该货币的跨境银行间结算，该银行则被称为清算行。清算行同样是离岸支付系统的一个必要组成部分，因而，离岸支付系统是清算行模式的一种特殊表现形式。特殊性主要体现在，离岸支付系统一般由所在地中央银行主导建设，其目的多为满足国际金融中心发展需要。

从人民银行的各项举措看，人民币的跨境支付采用的是清算行模式。截至 2015 年年末，人民银行已在 20 个国家和地区建立了人民币清算安排，覆盖东南亚、西欧、中欧、中东、北美、南美、大洋洲和非洲等地，指定的清算行分别为中国银行、工商银行、建设银行、交通银行的海外分行或公司。清算行模式本质上体现的是一种代理关系。从对英镑、美元、日元、欧元国际化过程中的支付安排来看，境外某一区域发展国际货币清算行，并与清算行建立代理关系，是国际货币跨境支付安排的一个必要环节，但清算行地位的确立多为市场运行的结果。具有货币发行国背景的银行由于具有货币发行国支付系统的直接参与者资格、流动性便利等方面的优势，成为清算行的可能性更大。

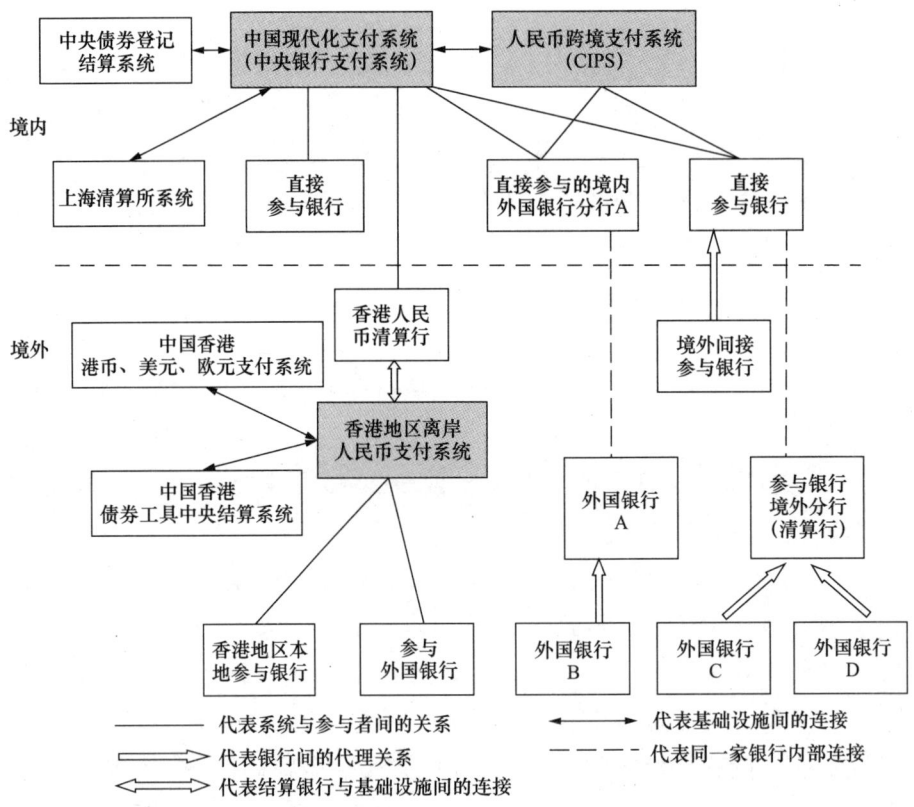

图 5-2 人民币跨境支付基础设施关系

五、展望

在展望人民币跨境支付基础设施之前，对现有安排进行分析是十分有必要的。

无论是国际贸易、跨境投资还是金融市场交易，人民币的跨境支付在银行间可以体现为境外外国银行间的人民币支付以及境外银行与本地银行间的人民币支付。根据当前人民币跨境支付基础设施的现状，从支付主体来看，可以有三种实现途径：一是依托境外清算行或离岸支付系统离岸支付；二是通过间接参与 CNAPS 或 CIPS，将跨境支付转换为系统参与者间的支付，在中国境内完成最终结算；三是通过其境外分行或子行直接参与 CNAPS 或 CIPS，将跨境支付转换为系统参与者间的支付，在中国境内完成最终结算。

人民币国际使用中涉及的支付业务种类可以细分为：进口贸易支付、出口贸易支付、对外直接投资支付、外商直接投资支付、境外机构境内人民币债券交易结算、境外人民币债券交易结算、境外机构人民币外汇交易结算、人民币互换业务等。其中，前四类业务通过银行间代理或国际银行网络主要依托的支付基础设施是 CNAPS 或 CIPS；境外机构境内人民币债券交易结算目前依托的支付基础设施是 CNAPS 以及 CNAPS 与中央债券登记结算系统间为实现 DVP 的连接；境外人民币债券交易中的货币结算主要依托离岸人民币清算行；境外机构境内人民币外汇交易中的人民币支付通过 CNAPS 完成；境外人民币外汇交易中的人民币支付所依赖的支付基础设施是离岸人民币清算行；货币互换安排下中央银行间的人民币支付通过记账完成结算，人民币换入国机构使用人民币时，可通过代理银行依托 CNAPS 完成，因为人民银行与商业银行间的支付只能通过 CNAPS 实现。具体如表 5-1 所示。

表 5–1　人民币支付基础设施人民币跨境业务一览表

人民币跨境支付业务种类	主要支付基础设施		
	CNAPS	CIPS	离岸支付系统或清算行
进口贸易	√	√	
出口贸易	√	√	
对外直接投资	√	√	
外商直接投资	√	√	
境外机构境内人民币债券交易	√		
境外人民币债券交易			√
境外机构境内人民币外汇交易	√		
境外人民币外汇交易			√
人民币换入国机构使用人民币	√		

以上分析可以得出的直观结论是，人民币跨境支付基础设施的当前状况可以支撑各类人民币跨境支付业务。然而以发展的眼光，从降低交易成本的角度看，人民币跨境支付基础设施仍有很大的发展空间。较为迫切的是，需要认清 CNAPS 与 CIPS 的定位问题。有人说，CNAPS 与 CIPS 如同美国的 Fedwire 与 CHIPS。中、美的这两个系统，相同之处体现在系统结构和业务模式等方面，不同之处是，美国 Fedwire 限制外国银行的准入，CHIPS 的初衷是服务于有美元支付需求的外国银行，20 世纪 70 年代上线之初主要处理全球美元外汇交易结算业务，二者是相互补充的。而中国当前的情况是，CNAPS 从运行之初便允许外国银行加入，这点与美国的情况不同。因此，CIPS 的未来发展中，特别是考虑承载金融交易中的人民币支付时，需要研究确定二者的定位问题，特别是面对以人民币结算的国际金融交易时：第一，当人民币实现资本项下可兑换时，加入全球外汇交易结算基础设施——CLS，是通过 CNAPS 还是 CIPS？若延续国际惯例，以 CNAPS 接入 CLS，将达不到 CIPS 的建设预期；若以 CIPS 接入 CLS，则需要征得 CLS 银行的同意。第二，当前境外机构的境内人民币债券交易资金结算依托 CNAPS 与 CSD 间的连接已经实现，CIPS 的发展规划中包含

人民币金融交易的结算，那么CIPS（二期）到来之时，目前的安排将何去何从也需要进一步规划，毕竟这两个基础设施目前均隶属于央行，不能靠市场自发决定。

在考虑CNAPS和CIPS定位问题的同时，基础设施满足人民币跨境支付的功能尚需要进一步完善，这主要体现在金融交易结算方面。一是人民币外汇交易PVP结算功能。外汇交易是货币体现国际性的一个重要方面，目前境内外人民币的外汇交易都尚未实现PVP。PVP是降低国际货币交易成本的一个关键途径，主要依靠加入CLS实现，而加入CLS的前提是该货币可自由兑换。二是适时考虑延长境内人民币支付基础设施运行时间。表面上，这个问题很好理解，延长运行时间是为了覆盖更多的时区，以满足人民币跨境支付需求。但通过研究国际货币支付基础设施案例发现，延长支付基础设施运行时间其实更多的是满足外汇交易的PVP结算需要。实际上，跨境贸易支付需要经过代理银行、货币发行国支付基础设施银行间支付等多个环节，不仅基本不可能实现实时支付，而且对实时支付的敏感度会低于外汇交易结算。再者，实现可自由兑换前，离岸人民币外汇交易结算可以依托离岸人民币清算行在当地完成。因此，笔者初步判断，在没有加入CLS之前，延长CNAPS运行时间对于提升其人民币跨境支付业务量的作用不会特别明显。这点也可从香港地区人民币支付系统延长运行时间后，业务量的变化中得到佐证。

下 篇

　　下篇是案例研究，探究英镑、美元、欧元和日元四种主要国际货币的支付基础设施发展进程。研究发现，以上四种货币国际化进程中，支付基础设施呈现出不同的发展特点，其中英镑支付基础设施起步最早，是市场力量为主导的发展模式；美元支付基础设施呈快速发展的周期最长，中央银行始终发挥积极作用；欧元支付基础设施源于合作，是政治推动的结果；日元支付基础设施异步于日元的国际化，经历了从被动到主动、从滞后到超前的发展过程。

第六章 英镑支付基础设施：市场力量主导

英镑的兴起得益于英国是世界上第一个实现工业化的经济体，贸易发达，同时经济的发展带动了金融市场的发展壮大。19世纪中期，英镑开始成为国际货币并延续至今。由于篇幅所限，本文拟选取同期横向比较其国际化发展最快的一个时期进行分析，即19世纪中期至第一次世界大战开始这一阶段支持英镑国际化的支付基础设施发展状况，主要原因为：一是此时期属于国际货币相对单一的时期，英镑是当时最主要的国际货币，伦敦是全球的资金清算中心；二是此时期处于非信息技术时代，我们可以从抛开技术条件的角度研究支付安排本身，有利于深入研究支付基础设施，提供借鉴的同时可以更为完整地展现国际货币支付基础设施的改革发展脉络。

一、英镑的国际化路径

通常认为，在英国国力强大、金本位制确定的背景下，英镑成为国际货币的基本逻辑是，英国通过资本输出使资本输入国获得了进口英国工业品的英镑，同时英镑成为外国政府的储备，外国机构将所持英镑投资于金融市场，形成了英镑输出与回流的良性循环。具体体现在以下三个方面。

（一）英镑作为国际贸易结算货币

英镑在国际贸易结算中的应用，不仅是作为英国进出口贸易的结算货币，而且还包括英国之外其他国家间的进出口贸易结算。从前者看，19世纪中期以后英国的国际收支保持顺差，其中1850～1870年，英国的纺织业、工业和原材料以及机器等工业品的出口值分别增长了1.5倍、3.4倍和4.3倍[①]；这一期间，英国占世界贸易总额的比例从22%升至25%；1876～1885年，此比例为38%，即便在1899年，比例有所下降，但仍有33%[②]。据Eichengreen（2012）分析，19世纪，世界上超过60%的贸易都以英镑作为计价和结算货币[③]。这说明，国际贸易中英国之外其他国家间以英镑计价和结算的国际贸易不在少数。对这一现象可归纳出三个主要原因：一是英国国力强大，英镑作为其主权货币，信誉较高；二是英国是资本输出国，这为其他国家进行英镑结算提供了来源；三是金本位制下，英镑与黄金之间具有刚性兑付承诺，且币值稳定。在英镑逐步国际化的动力驱动下，英镑清算、结算机制逐渐完善，效率不断提高，从而进一步促进英镑在国际贸易中的计价和结算。因此，从英镑国际化进程的角度看，以上问题的第四个原因可以归纳为高效的英镑清算机制。本章稍后将进一步分析阐述支撑英镑国际化的支付基础设施发展和运作情况。

（二）国际金融交易及对外投资中的英镑

海外掠夺和殖民为英国积累了大量财富。19世纪20年代开始，英国逐渐扩大英镑资本输出。英镑资本输出主要有三种途径：一是外

[①②] Cole A. W. British economic growth, 1688 - 1959 [M]. Cambridge University Press, 1962.
[③] Eichengreen, B. J. Exorbitant privilege: The rise and fall of the dollar and the future of the international monetary system [M]. Oxford University Press, 2012.

国政府或机构在伦敦证券市场直接融资；二是外国政府或机构通过英国金融机构获得贷款；三是英国政府或机构的对外直接投资。

据统计，1815~1825年，每年英国资本输出额平均约为600万英镑，其中，仅1822年就有5个外国政府在伦敦证券市场获得1470万英镑的融资；19世纪50年代，这一数字升至3000多万英镑；1870~1875年，则达到了7500万英镑①。1890~1894年英国的对外投资额比1880~1884年增加了1倍，1900~1913年又比1890~1894年增加了3倍②。

在第一次世界大战之前，英国证券市场主要是为海外借款人募集资金，其中最大的资金需求来源于铁路项目。当时，英国国内工业产业融资大多数直接来自私人和非金融机构，很少从规范化的资本市场上募集资金。因此，在伦敦证券市场上，包括英国中央政府和地方政府在内的所有国内项目仅占20%左右的比例③。在伦敦市场上发生的英国对外借款，作为资本输出，为其他国家进口英国商品提供了来源，在促进英国经济发展的同时，推动了英镑的国际化进程。1869年1月，共有957家外国企业在伦敦股票交易所挂牌交易，市值34亿英镑。

英国政府、本土机构及居民通过金融中介机构或者在证券市场上的直接投资为此时期英国的资本输出提供了主要资金来源，同时其他国家回流至英国的英镑资金是另一个来源。

当外国机构通过英国资本输入取得英镑后，英镑的主要流向为：一是直接用于以英镑结算的进口，支付给英国及其他出口国；二是将英镑在货币当局兑换成本币，用于购买本国商品或劳务，同时货币当局开始持有英镑储备。英镑输入国政府获得英镑后，则直接形成储备进行投资。资本输入国英镑流向如图6-1所示。

---

① Cairncross A. Home and Foreign investment, 1870-1913: Studies in capital accumulation [J]. Economic History Review, 1975, 5 (3): 412-414.
② 刘行仕. 世界近代史不同时期英帝国殖民政策比较 [J]. 咸阳师范学院学报, 1997 (2): 34-42.
③ Higgins B. H. Lombard street in 1913 [J]. NBER Chapters, 1949: 3-9.

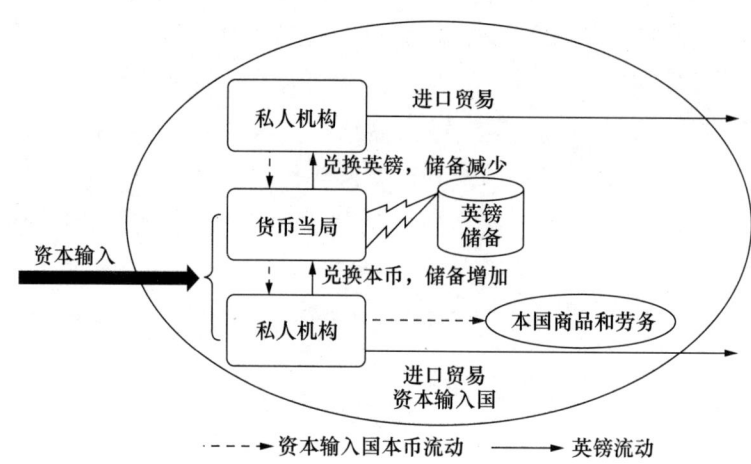

图 6-1 英镑资本输入国的英镑流向

（三）英镑外汇储备

在当时的国际贸易结构下，伴随着海外扩张、资本输出，英镑开始广泛流通，在国际范围内成为黄金的替代物。英镑成为主导的世界货币，这一点还体现在外汇储备方面。据估算，19世纪末各国官方持有的外汇储备中英镑的比重达到42.6%，超过法郎和马克总和的两倍，见表6-1。

表 6-1 20 世纪初全球外汇资产的增长与构成

	1899 年末		1913 年末	
	金额（百万美元）	占比（%）	金额（百万美元）	占比（%）
官方机构	246.6		1124.7	
英镑	105.1	42.6	425.4	37.8
法郎	27.2	11.0	275.1	24.5
马克	24.2	9.8	136.9	12.2
其他货币	9.4	3.8	55.3	4.9
不确知的货币	80.7	32.7	232.0	20.6

第六章 英镑支付基础设施：市场力量主导

续表

	1899年末		1913年末	
	金额（百万美元）	占比（%）	金额（百万美元）	占比（%）
私人机构	157.6		479.8	
英镑	15.9	10.1	16.0	3.3
法郎	—	—	—	—
马克	—	—	—	—
其他货币	62.0	39.3	156.7	32.7
不确知的货币	79.7	50.6	325.1	67.8
所有机构	404.2		1622.5	
英镑	121.0	29.9	441.4	27.2
法郎	27.2	6.7	275.1	17.0
马克	24.2	6.0	136.9	8.4
其他货币	71.4	17.7	212.0	13.1
不确知的货币	160.4	39.7	557.1	34.3

注："—"为数据无法得到。

资料来源：转引自［美］巴里·艾肯格林：资本全球化：国际货币体系史（第二版）[M]．彭兴韵译，上海人民出版社，2009。

根据英镑国际化路径，英镑作为国际货币，不仅需要英镑的跨境支付安排，而且离不开金融市场的证券结算和外汇交易机制，其中，证券结算及其资金结算安排便于外国组织和个人获得英镑融资或用英镑进行投资；外汇交易安排便于外国组织和个人通过外汇交易获得英镑资金，用于贸易支付或投资，同时也能够将英镑转换为其他货币。下面将根据第四章关于国际货币支付基础设施的分析结论，从组成部分、基于功能的基本特征以及基于交易成本的一般特征三个方面，研究19世纪中期到第一次世界大战前支持英镑国际化的支付基础设施发展状况。

二、清算所为核心的服务主体

由第一章可知,支付基础设施由支付服务主体、支付工具、业务规则和程序三部分组成。在对照基本特征和一般特征分析此时期支持英镑国际化的支付基础设施之前,先研究支付基础设施各组成部分的情况以及在支持英镑国际化中的特定安排。

根据定义,支付基础设施的服务对象主要是金融中介机构。此时期,英镑支付基础设施的服务主体有三类:清算所、中央银行和承担代理银行职责的商业银行。此时,英镑跨境支付依然采用代理银行模式,大多数跨境支付通过代理银行转换为英国境内支付,最终需通过英国境内银行间支付基础设施完成。这一时期,英国境内的银行间支付基础设施主要是各地的清算所。由于伦敦是英镑的清算中心,因此本案例着重以伦敦银行间清算市场服务主体——伦敦清算所作为研究对象。

(一)伦敦清算所

在国际贸易市场上,承担清算功能的基础设施的介入是自然而然的事情。在此之前,传统的国际贸易模式是物物交换。棉织品和铁制品通过船只从伦敦运到葡萄牙,一般会换回等价的葡萄酒。从支付的发展过程中我们得出结论,纯粹的物物交换不是总能满足需求的。货币出现后,最初是通过运输金、银完成支付。这一时期的现实情况是,主要商业港口间的每一次航运几乎都需要装卸金、银,十分不安全。正是这样的问题,促使大城市的银行推出汇票、支票等支付工具,其发展速度同步于现代商业,银行间票据清算需求推动了清算所的发展。当时英国在世界贸易的地位促使伦敦成为票据中心,伦敦清算所正是在这样的背景下诞生的,它成立于1775年,是世界上第一家清算所。

通过查阅文献资料,未能查阅到伦敦清算所成立之初的确切业务量。据Babbage(1856)查证,1839年,伦敦清算所清算金额为9.54

第六章 英镑支付基础设施：市场力量主导

亿英镑，日均业务量在 200 万～600 万英镑，全年日均额为 250 万英镑，参与机构为 29 家银行①。伦敦清算所最早成立于伦敦伦巴第街名为 Five Bells 的小旅馆，1773 年所有的支票清算是在 Five Bells 的一个房间内完成，之后，由于空间太小，搬至隔壁私人住宅的大房间中。1805 年，又搬到了 Messrs Smith，Payne 和 Smith 办公室的隔壁。1821 年，成立永久性委员会，以规范清算行业、管理清算所。1833 年，包括巴克莱在内的 39 家银行发起成立了第一家银行家清算所。同年，法律允许在伦敦成立股份制银行，同时要求股份制银行不得发行钞票。1854 年，允许股份制银行成为银行家清算所会员，同年，清算所仅面向英格兰银行签发的支票提供清算服务，各会员需在英格兰银行开立账户。1864 年，英格兰银行成为银行家清算所的会员。根据这一历程，本文梳理出伦敦清算所从成立到 19 世纪末与英镑国际化相关联的三个关键发展时期：

（1）18 世纪 70 年代，伦敦清算所成立，作为世界上第一家清算所，开启了规模化、程序化集中跨行清算时代，使得英镑国际化来临时，存在满足其大业务量的集中清算机制。

（2）19 世纪 20～30 年代，英镑的支付清算形成行业自律，在银行海外扩张的背景下，伦敦清算所开始参与英镑的跨境支付清算。

（3）19 世纪 40～60 年代，英格兰银行作为中央银行开始承担银行间结算职责，中央银行货币成为银行间结算资产，并代替了现金或互开账户的结算方式。

大量股份制银行的出现以及银行网点的快速铺设，培育了民众的金融习惯。1850～1913 年，英国的银行机构从 459 家下降到 88 家，而零售银行的分行却从 1685 家上升到 8610 家②。零售银行分支机构网络走向成熟带来了商业银行支付基础设施的快速发展，支票迅速代

---

① Babbage C. Analysis of the statistics of the clearing house during the year 1839 [J]. Journal of the Statistical Society of London, 1856, 19 (1): 28 – 48.

② Stein J. C. An adverse–selection model of bank asset and liability management with implications for the transmission of monetary policy [J]. Rand Journal of Economics, 1998, 29 (3): 466 – 486.

人民币国际化"大动脉"——国际货币支付基础设施构建

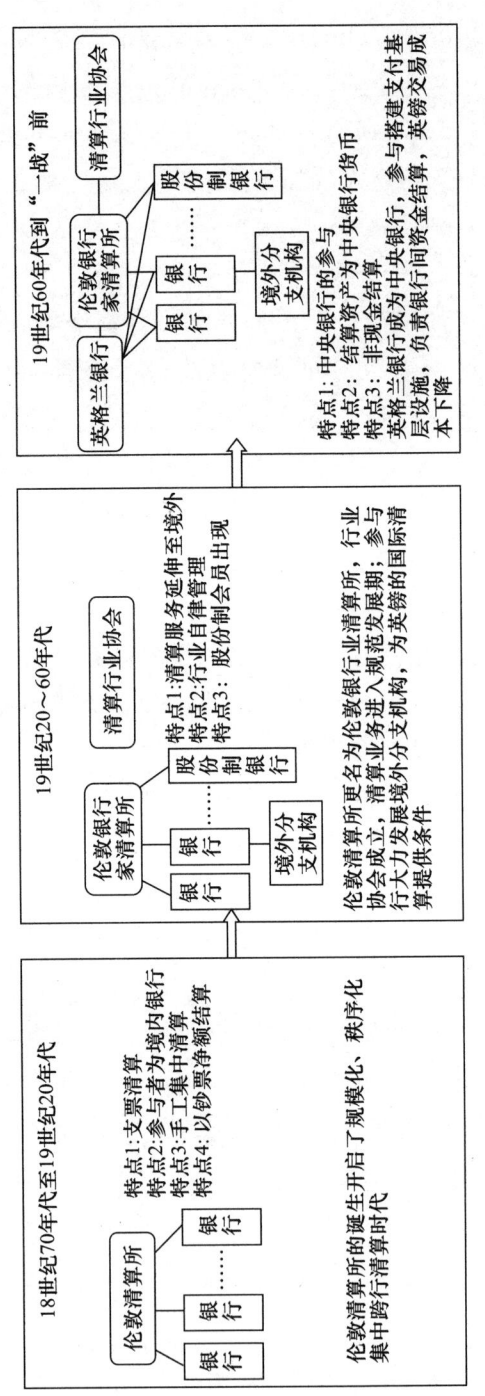

图 6-2 伦敦清算所对于英镑国际化的三个关键发展期

第六章 英镑支付基础设施：市场力量主导

替了硬币、钞票以及其他票据①。根据英国支票信用清算公司的记载，伦敦银行家清算所在1833年成立之后的30年内的业务量翻了5倍②。1895年，银行家清算所的39家发起银行，由于兼并、破产等原因缩减为4家，同年，这4家银行作为股东发起成立了伦敦银行家清算所有限公司。这一时期，伦敦城内的支票已经可以在当天完成结算。

除伦敦之外，英格兰和威尔士其他区域的清算机制直到1858年才建立。这些地区的清算所位于伦敦城外以65英里为半径的区域内，覆盖了所有的地方银行，这是因为每一家地方银行都会委托位于伦敦的一家银行作为代理行。一般票据交换后第二天可以完成清算。当存在跨区域票据时，相应的票据将会被传递给收款行在伦敦的代理行，由代理行在伦敦清算所交换给付款人在伦敦的代理行。

由此可见，此时期的境内银行间支付安排主要用于满足同一城市中的跨境支付，实现异地支付需要借助代理银行关系。伦敦的金融地位决定了伦敦清算所的参与行有作为英镑代理银行的天然优势。英国清算所和代理银行组成的英镑支付基础设施满足了英镑的跨境支付需求，但环节较多，特别是当跨境支付转换为英国境内支付时可能涉及两个城市的清算所以及境内银行间的代理关系。

（二）此时中央银行在做什么？

19世纪中期，英格兰银行已经成立近250年。从时间上看，英镑国际化与英格兰银行逐步承担中央银行职责基本同步。1844年，英国国会通过《银行特许条例》规定，禁止新批准设立具有银行券发行权利的银行，之前已成立的银行不得再增发银行券，且英格兰银行发行的银行券是英格兰和威尔士地区唯一合法的银行券，这为英格兰银行履行中央银行货币发行职责奠定了基础。在英格兰银行货币发行权逐

---

① Cohn R. A., Pringle. J. J. Imperfections in international financial markets: Implications for risk premia and the cost of capital to firms [J]. The Journal of Finance, 1973, 28 (1): 59 – 66.
② 英国支票和信贷清算公司网站，即：http://www.chequeandcredit.co.uk/cheque and credit clearing/history of the cheque/the clearing – early days/.

步扩大的过程中，许多商业银行开始在英格兰银行开立账户，银行间债权债务最终由英格兰银行的借贷登记完成。到1854年，英格兰银行基本取得了结算银行的地位，成为英格兰银行业资金结算中心[①]。因此，可以判断，英镑走向国际时，英镑是由英格兰银行发行的货币，英镑的银行间结算由英格兰银行承担。按照"先清算，后结算"的支付流程，此时承担清算角色的机构并非英格兰银行，而是比英国中央银行诞生更早的清算所，特别是伦敦清算所。

这一时期，支付中的清算和结算环节相对独立，清算由伦敦银行家清算所承担，结算由各银行自行完成逐步发展为由英格兰银行承担。这一变化是由英格兰银行职责发展所带来的。境内银行间英镑结算作为英镑跨境支付的关键环节，经历了三个发展阶段：

（1）英格兰银行垄断钞票发行之前，银行间资金结算由付款行向收款行开出付款行发行的钞票。

（2）1854年英格兰银行垄断钞票发行之后，各银行需在英格兰银行开立账户，银行间资金结算由付款行向收款行开出英格兰银行支票，收款行持有该支票在英格兰银行兑付，或借记付款行账户同时贷记收款行账户。

（3）英格兰银行在1864年成为银行家清算所会员后，清算所完成清算后，直接将清算结果书面通知英格兰银行完成账户借贷记。

从第一阶段发展到第二阶段，实现了商业银行结算资产到更为安全的中央银行结算资产的转变，大幅降低了商业银行违约风险；同时结束了通过银行间互开账户或是现金结算的方式，且效率大幅提升，支付交易成本降低。从第二阶段发展到第三阶段，分散结算模式转变为集中结算模式，减少了清算到结算的间隔，支付效率得到提高。如果所有的银行在英格兰银行开立账户，整个社会的交易将可能以更少量的支付媒介完成。

[①] 燕红忠．从山西票号看传统金融的近代化转变——基于与英格兰银行发展路径的比较视角［J］．财经研究，2014，40（8）：94－105．

（三）跨境代理人：商人银行

这一时期扮演代理银行角色的金融中介机构是商人银行（Merchant Bank）。商人银行，也称为承兑机构，最初参与贸易，特别是进出口贸易。最早由一些商人在做生意的同时承兑进出口贸易票据，然后去银行办理贴现，此外，一些大的机构还向外国政府和公司提供贷款。之后，大多数商人银行逐渐完全摒弃了其贸易业务，进而转型为从事国际业务的银行。商人银行的业务不仅仅局限于英国与其他国家的贸易。通过承兑业务，商人银行会为英国以外的其他国家间的贸易提供融资，具体来说，是为以英镑计价和结算的贸易提供融资。商人银行提供贸易融资所利用的工具是汇票。1914~1915年，伦敦有111家商人银行，其中35家和远东地区有联系，31家与欧洲其他国家有联系，30家与南美有联系，26家和北美、12家和非洲、4家和澳大利亚和新西兰建立了联系。这样的结果反映了这是从19世纪初就逐步建立的长期关系。

商人银行在跨境支付领域中的职能后来延伸至国际证券交易中，这一变化在英镑国际化中发挥了支持作用，虽然这一功能仅维持了不到半个世纪的时间。英镑国际化推动了英镑国际证券交易的发展。许多商人银行从19世纪中期开始利用其海外联系开展国际证券交易，比如说，Haes & Sons 和 R. Raphael & Sons. Raphael 等公司既是商人银行也是证券经纪人，同时在汉堡和阿姆斯特丹有分支机构。那个年代，由于信息技术所限，交易信息交互与证券交付有一个时间差。1889年，纸质证券从伦敦交付至纽约需要6周的时间，这说明证券所有权转移登记与新的证券所有人收到纸质证券有6周时差。不仅如此，证券结算和资金结算也存在时间差。这样的状况下，商人银行逐步承担了中央代理人的职责。当进行国际收付时，商人银行主要通过其海外合作机构，其自身只需在伦敦完成借记或贷记相应的账户。随着商人银行在支付领域的发展，商人银行开始推出金融票据（Financial Bill）支持证券交易的资金结算。不过，19世纪末，许多商人银行开始放弃证券交易经纪业务①,原因有三个:①商人银行认为国际证券交易业务较为耗时且存在风险,其更倾向于专注银行业务;②随着国际证券业务的发展,伦敦证券交易所成员纷纷建立了与海外机构的联系,商人银行面临的竞争不断加大;③信息技术的发展带来的不仅仅是信息传输速度的提升,其革新在于创造了一个更加公平、开放的市场,进一步打破了商人银行的垄断地位。

三、跨境支付的载体:票据

(一)票据作为支付工具

票据是这一时期主要的非现金支付工具。伦敦清算所成立之初主要提供支票的清算。彼时的支票不仅可以用于境内支付,而且可以用于国际贸易。支票是一种非常古老的支付工具,最早可以追溯到13世纪的威尼斯,这时的支票是用于国际贸易的法定工具,使用支票可以避免使用大量的金、银。之后,支票引入了法国,最后到达英格兰。英国提及支票的法律最早出现在14世纪,法律明确规定支票主要用于跨境支付。直到17世纪,支票开始用于境内支付,此时的支票叫作 Drawn Notes,接近于当今所使用的支票,这是因为持票客户可以从其开户行即刻提现②。根据牛津英语字典,"Cheque"一词出现代

---

① Chapman S. D. The rise of merchant banking [M]. G. Allen & Unwin, 1984.
Greenberg D. Financiers and railroads, 1869 – 1889: A study of morton, bliss & company [M]. University of Delaware Press Associated University Presses, 1980.
Hedges J. E. Commercial banking and the Stock market before 1863 [M]. Johns Hopkins Press, 1938.

② Cheque and Credit Clearing Company. Cheques and cheque clearing: An historical perspective [R]. 2010.

第六章 英镑支付基础设施：市场力量主导

替 Drawn Notes 成为支票的法定名称，最早是在 1706 年的一部法案中①。票据的推广和发展，使得在金本位时期英镑与黄金存在刚性兑付承诺的前提下，资本的跨境流动摒弃了传统的运输黄金方式，转而由票据这种支付工具作为英镑跨境流动的载体，安全、成本低，进而支持并推动了英镑这一信用货币的国际化发展。

（二）票据的融资功能

这一时期，在伦敦获得国际贸易融资十分容易，主要的融资工具就是汇票。以英镑计价结算的汇票的大力发展，增加了英镑作为国际货币的流动性，而国际货币流动性是国际货币的一个重要驱动因素。在汇票兑付前，持票人可以在货币市场上获得短期借贷，这是伦敦市场提供的特殊便利②。据 Bloomfield（1966）估计，到 1913 年，通过这种操作方式发放的国际商业贷款额为 29 亿英镑③。英镑的融资便利性、黄金刚性兑付支撑、商品和资本的自由流动政策以及组织良好的金融体系，使得在伦敦存放的资金安全性和流动性没有任何其他地方能比得上④。根据统计，19 世纪 70 年代早期，伦敦货币市场规模为 3.5 亿英镑，其中外国资金在 3000 万~4000 万英镑，占比为 8%~

---

① Oxford english dictionary [M]. Oxford University Press, 2009.
② Cole A. C. Notes on the London money market [J]. Journal of the Insititute of Bankers, 1904, 25.
Ford A. G. International financial policy and the gold standard, 1870 – 1914 [M]. Department of Economics, University of Warwick, 1977.
Cottrell P. L. Investment banking in England 1856 – 1881: A case study of the international financial society [M]. Garland Publication, 1985.
Cairncross A. K. and Eichengreen. B. J. Sterling in decline: The devaluations of 1931, 1949, and 1967 [M]. Basil Blackwell, 1983.
③ Bloomfield A. I. Short – term capital movements under the Pre – 1914 gold standard [J]. Southern Economic Journal, 1966, 19 (1).
④ Rozenraad G. The international money market [J]. Journal of the Institute of Bankers, 1902, 23.
Kindleberger C. P. A financial history of Western Europe [J]. Economic Journal, 1984, 38 (38).

11%①。货币市场上的资金大多用于国际贸易信用。1876~1880年到1911~1913年这一期间,世界贸易几乎翻了三倍,同期伦敦汇票签发金额从19亿英镑增加至28亿英镑,这些汇票支撑了大多数票据贴现所和票据经纪人的发展②。后来,越来越多的票据不再用于贸易,而是发展为金融票据,并在全世界范围内流转。1913年流通中的票据总额为3.5亿英镑,其中2.1亿英镑即60%为金融票据。金融票据中相当大的比例被用于证券交易融资,通过票据贴现所购入的证券会作为获取信用的质押品。

四、清算所的一天

根据以上两部分关于英镑跨境支付的分析,支付业务规则和程序主要存在于境内外银行的代理支付、境内银行间支付以及境内银行间代理支付这三个环节。由于伦敦清算所的地位和篇幅所限,本部分重点分析伦敦清算所的业务规则和程序。

位于伦巴第街的伦敦清算所内,来自伦敦主要银行的30名员工按照序号围坐在一间屋子内。每个人桌前摆放着一个开口小盒子,背后的墙上标有所属公司。每日下午4点前,其他银行的工作人员会来到该房间,逐个将支票放入兑付行的盒子内。坐在桌前的职员,在事先准备好的账簿上逐笔登记收款行及相应金额。下午4点,每一家银行的员工开始计算其对其他银行的应付额,同时该员工会收到其银行交换至其他银行的支票信息登记簿,即已兑付支票的应收额。根据收款

---

① King W. T. C. History of the London discount market [M]. Routledge, 2013.
② Sayers R. S. Gilletts in the London Money market 1867-1967 [M]. Clarendon Press, 1968.
　Spalding W. F. The billbroker: Some account of his operations on the London money market [J]. Journal of the Insitute of Bankers, 1912, 33.
　Fletcher G. A. The discount houses in London: Principles, operations and change [M]. Springer, 1976.
　Scammell W. M. The London discount market [M]. Elek, 1968.

信息和付款信息，银行员工计算出对其他每家银行的应收或应付额，并与其他银行进行逐一对账。核对无误后，则将结果反馈给其所属银行。这时对于任何一家银行而言，收付轧差后，仅存在一种结果，即应收或应付。若为应付，则准备好钞票。下午5时，应付款银行将钞票交给清算所的督察人员，同时督察人员将钞票付给应收款银行。通过这种借贷双向体系，最后实际交付的仅仅是少量的钞票。

19世纪中期，伦敦清算所开始在每个工作日安排两场交换，即上午12点和下午3点，但资金支付就一场，即下午5点。英格兰银行承担中央银行职责后，各银行均在英格兰银行开立账户。当清算所完成清算后，各银行无须支付钞票或通过互开账户完成结算，而是由清算所将清算结果提交英格兰银行通过簿记完成资金结算。

存在的问题是，轧差清算模式下付款行流动性风险或信用风险仍然存在。当清算所完成清算后，会生成所有会员银行的应收或应付清单。该清单的特点是，每一个会员只能是应收或应付，所有应收额等于应付额。基于此，若某一家应付款银行在英格兰银行的账户余额不足，则会导致整场清算无法完成，产生流动性风险；若应付款银行破产，则造成违约，从而产生信用风险。

五、证券交易清算所和票据贴现所的配合

当某一货币支付基础设施具备国际化货币支付基础设施基本特征之时，则该支付基础设施具备支持国际货币跨境流动的功能。基于当时的客观条件，英镑国际化进程推动其构建了全球最为发达的支付基础设施。从基本特征来说，具体体现在：

（一）满足证券交易中英镑结算需求

在证券市场中，英镑的资本输出包括外国政府和机构发行以英镑

计价的证券,因此,涉及的金融市场基础设施虽然同样是证券结算、证券存管和资金结算安排,但主要是一级市场中的相关安排;英镑的资本回流主要是外国机构购买英镑计价的证券,涉及的是二级市场上的基础设施安排。不管一级市场还是二级市场,其金融市场基础设施范畴是一样的。不同的是,二级市场涉及交易价格的变动和买卖双方的匹配,从证券交易来说较一级市场复杂,但是证券交易环节本身不属于金融市场基础设施的范畴。已有的关于伦敦证券市场的文献,多关注证券交易环节,比如说,英国境内伦敦市场、苏格兰市场、爱丁堡市场间的联系和价格传导,在涉及英国市场上交易的外国证券时,主要研究防范外国债券违约的机制以及同一证券在欧洲几个市场间的价格传导等问题。

这一时期支付基础设施支持了以英镑计价结算的证券结算。在这一模式下,证券交易结算的特点是:

(1) 证券交易清算所成立后,引入证券结算和资金结算的多边清算机制,并建立与银行家清算所的联系,在资金结算中发挥中央对手作用,大大节约了流动性。多边结算模式前后,关于伦敦银行家清算所证券资金结算金额的变化,并未获得具体数据。我们可以从伦敦证券交易清算所成立后公布的前八个结算日数据侧面了解这一变化(见表6-2)。

(2) 证券交付和资金支付,与现代金融交易概念所指的券款对付相比,由于信息技术发展水平所限,无法通过电子手段实现。在这一客观条件下,虽然证券交付与资金结算不同步,但是,证券交易清算所介入证券结算并建立与资金结算机构——银行家清算所的联系,使得证券交割与资金结算的间隔缩小,且由交易双方可控变为由证券交易清算所可控,对于防范信用风险有了质的提高。

(3) 证券隔周清算模式,交易者倾向于长期持有证券,一定程度上会抑制投机,使得市场的波动较为平缓。本质上,这种隔周结算的方式是交易便利性与限制投机间的一种妥协。当证券长期持有时,其持有者更容易通过质押在货币市场上获得贷款,进而为证券市场的发展提供持续的流动性支持,这也是伦敦证券市场和货币市场良好互动的另一个主要原因。

第六章 英镑支付基础设施：市场力量主导

表6-2 伦敦证券清算所成立前八个结算日证券结算与交易金额占比

单位：英镑

时间	证券交易额①	实际交割的证券金额	比例（%）
第一个结算日	10761000	1726000	16
第二个结算日	11736000	1240000	10.6
第三个结算日	12713000	1307000	10.3
第四个结算日	16184000	2117000	13.1
第五个结算日	24946000	2231000	8.9
第六个结算日	31662000	3063000	9.7
第七个结算日	42170000	3516000	8.3
第八个结算日	33732000	3338000	9.9

资料来源：The Stock Exchange Clearing House. Journal of the Statistical Society of London [J]. 1874 (37): 245-251.

根据以上三点，在英镑走向国际化的关键时期，支付等基础设施安排，一方面，满足了最基本的证券结算、资金结算需求，便利了其他主权国家、外国机构通过证券市场获得英镑资金，并为多余的英镑资金在伦敦市场上生息、获得投资收益创建了途径；另一方面，通过这一模式，不仅节约了流动性，而且降低了信用风险，证券市场和货币市场形成良好互动，使得伦敦的证券市场更具吸引力，确保了证券市场英镑资本输出的资金来源，也为货币国际化资本回流这一关键的一环的实现创造了条件。

专栏1：19世纪中期到"一战"结束伦敦证券市场以英镑计价的国际证券交易结算安排

本质上，外国政府和机构在英国发行以英镑计价的债券或股票所涉及的基础设施与英国本土机构发行债券或股票并无明显不同。可以说，通过证券市场资本输出推动英镑国际化的关键在于资本市场对外国机构的开放政策。

---

① 伦敦证券清算交易所成立之初，仅为7只外国证券进行清算，第7个结算日即1874年5月29日，证券数量增加为9只，这是表中证券交易绝对金额不大的主要原因。

人民币国际化"大动脉"——国际货币支付基础设施构建

英国工业革命推动伦敦建立了一个能够同时满足国内外资金需求的资本市场。伦敦证券交易所成立于1773年,1802年获得英国政府的批准,19世纪中期主要交易政府债券,之后是公司债券和股票。英国的国际地位决定了伦敦证券交易所是当时世界上最大的证券交易所,同时伦敦证券交易所的运营也使得以英镑结算的交易更加多样化,进一步巩固了伦敦的国际化地位。1840年,伦敦证券交易所的证券面值总额为13亿英镑。4.3亿(32.8%)是外国的证券,其中9.3%是外国政府债券。1869年1月,共有957家外国企业在伦敦股票交易所挂牌交易,市值34亿英镑。1910年末,伦敦证券交易所发行的各类债券面值为56亿英镑,而外国债券达到了37亿英镑。1900年,位于纽约的银行和证券交易机构C. W. Morgan Co. 曾做过这样的论述,所谓国际证券也就是那些在伦敦证券交易所上市的证券①。

伦敦证券交易所的证券结算由伦敦证券交易清算所(London Stock Exchange Clearing House)负责,资金结算主要通过票据进行,因此由伦敦银行家清算所负责银行间的结算。专司证券结算的伦敦证券交易清算所则成立于19世纪70年代②。证券交易清算所成立前后,证券结算的模式存在差异。其相同之处在于:①证券结算和资金结算均晚于证券交易的达成,在提前公布的下一个结算日前完成证券交割和资金结算即可。这是因为从18世纪开始,受通信技术和运输条件所限,证券交易和证券交付及资金结算间客观存在一个时间差。在19世纪初,伦敦证券交易所形成了这样的规则:所

---

① Morgan C. W. Co. How to speculate successfully in Wall Street [R]. 1900.
② 关于具体的成立时间,相关文献有不同的描述。1874年6月刊出的Journal of the Statistical Society of London(Vol. 37, No. 2, pp. 245 – 251)指出,伦敦证券交易清算所的第一个结算日为1897年2月27日,当时的参与者数量为49个,证券数量为7只。Alaxander D. Noyes (1893) 在 Political Science Quarterly (Vol. 8, No. 2, pp. 252 – 267) 题为 "Stock Exchenge Clearing House" 的文章中指出,世界上成立最早的证券交易清算所是在1867年的法兰克福,其结算对象主要为政府债券以及美国债券,而伦敦证券交易清算所成立于1876年,是在1869柏林、1870年汉堡以及1873年维也纳成立证券交易清算所之后。

· 112 ·

第六章 英镑支付基础设施：市场力量主导

有的交易在下一个结算日才算完成，结算日时，所有交易涉及的证券完成交付，资金完成结算。结算日会提前公布，一般每19~20天会出现一个。当然交易双方可以选择现金交易，但是通过账户交易是通常的做法。①②支付工具均为票据，票据结算均由银行家清算所完成。③实物证券交付和资金支付实现对付，未实现真正意义上的券款对付，存在信用风险，同时存在票据欺诈风险。

其不同之处在于：①之前是双边结算，证券交易日与结算日间的所有交易轨迹均会体现在结算中。之后明确为隔周结算，是由证券交易清算所完成多边结算，根据清算所成员提交的小票（Tickets）②进行清算，最终每一个证券形成两列表格，第一列为应收证券的机构、数量和成交价格，第二列为应付证券的机构、数量以及成交价格。清算无误后，通过簿记完成证券过户结算。②就资金结算而言，之前是在交易达成后，双方在场外由买方向卖方开立票据，这种支付方式与贸易支付并无不同，对于证券交易的票据，银行家清算所是在特定日期完成结算，其中，若是股票交易就称作股票交易账户日（Stock Exchange Account Day），若是债券交易就称作债券结算日（Consols Settling Day），两者的日期是不同的。之后，则是在证券交易所完成证券多边清算并计算出每个参与者应收或应付资金后，由资金应付方将票据开立给证券交易清算所，同时，证券交易清算所开立票据给资金应收方。此时，证券交易清算所在资金结算中承担中央对手方的角色，银行家清算所根据证券交易清算所提交的信息在特定日期完成资金结算。

---

① Cope S. R. The stock exchange revisited: A new look at the market in securities in London in the Eighteenth Century [J]. Economica, 1978, 45 (177).
Wheeler J. F. The stock exchange [M]. TC & EC Jack, 1913.
Kissan, Duguid E. The stock exchange [M]. Methuen & Co., 1926.
Day J. E. The stockbroker's office: Organisation, management and accounts [M]. Sir I. Pitman, 1923.
② 当交易通过证券交易所在经纪人（Jobber）间达成后，买卖双方会交换记录证券名称、应收或应付、数量和交易价格的Tickets，作为交易凭证，同时双方可以交付纸质票据。在证券交易所成立前，买方会向卖方开具票据或支付现金。

（二）英镑结算跨境代理银行

银行代理关系的快速发展、英国金融机构的对外扩张以及外国金融机构在英国开设分支机构，使得境外英镑持有者可以与其交易对手方间建立英镑的资金通道。1910年，英国银行在全世界有5000多个代理处，而当时法国只有140个，德国有70个，荷兰有69个。1870年之后，许多外国银行开始在伦敦建立分行或与英国银行建立代理关系。1910年，伦敦共有26家外国银行分行，与伦敦有代理关系的银行更是不计其数①。

结合上文关于商人银行作为支付服务主体的分析，我们认为，这时期英镑支付基础设施具备国际货币支付基础设施的第二个基本条件，即境外银行直接或者通过与境内银行间的代理关系参与英国境内支付基础设施。

（三）支持货币市场资金结算

支持货币市场资金结算是国际货币支付基础设施的另一个基本特征。这一时期，票据市场作为货币市场的组成部分增强了英镑的流动性，是英镑发展成为国际货币的基础条件之一。19世纪，英镑汇票广泛应用于世界贸易融资，基于此形成了以伦敦为中心的国际票据市场。许多文献展示了这一时期票据经纪人如何提供服务、票据贴现的流程等，鲜有文献从清算、结算等资金流转的角度展示支付基础设施的发展状况。下面将以这一时期英镑票据市场为重点研究支付基础设施对其的支持作用。

一般来说，境外持票人通过票据融资获得英镑后，有四种可能的使用渠道，均需要英镑支付基础设施的支持：一是从英国进口付汇，这时英镑会通过英镑支付基础设施支付至出口方的开户行；二是从英

---

① Jones G. Lombard street on the riviera: The British Clearing Banks and Europe 1900-1960 [J]. Business History, 1982, 24 (2): 186-210.

国之外的第三国进口以英镑付汇;三是将英镑在英格兰银行兑换为黄金,运出英国;四是将融资获得的英镑由其代理行开出银行票据,持以英镑计价的银行汇票在其所在国中央银行或货币当局兑换为本币。此时,对于个人或私人机构而言,英镑的使用已经终结,而对于其所在的主权国家而言,则形成了英镑储备。这个时期,有英镑储备的主权国家都会在伦敦开立账户,中央银行或货币当局收到以英镑计价的银行票据后,一般是在伦敦完成资金结算。

结合之前对英镑支付基础设施各组成部分的分析,辅以票据贴现所发挥的支付服务功能,这一时期英镑支付基础设施从功能上满足了票据融资清算、结算的需求,支持了英镑作为国际货币应保持的流动性。

> **专栏2:19世纪中期到"一战"结束英镑票据市场票据融资清算业务发展**
>
> 当票据从支付工具发展成为融资工具之时,市场上逐渐出现了撮合持票人(借款人)和贴现人(贷款人)的票据经纪人。1810年,伦敦市场上并没有明确称为票据经纪人的这一职业,之后,这一行业逐渐壮大。票据经纪人充分利用其特有的知识和信息,为需要融资的持票人在评估风险,并为其寻求合适的票据贴现人。在英国对外贸易迅速膨胀的背景下,专司国际贸易的商人银行所承兑的票据伴随着自身业务量的增多,成为票据市场中的主体。票据经纪行业发展初期,票据经纪人并不为提供经纪服务的票据提供担保,其收费标准是按照票据贴现额的0.125%对持票人,即贴现申请人收取中介服务费。这一阶段,票据经纪人并不经手票据贴现资金,资金在持票人开户行和贴现人(一般为银行)之间完成清算、结算。这一过程均在伦敦市场上发生。境外机构作为持票人,先找寻贴现人,贴现人确定后,则通过其在伦敦的开户银行或者其在本国开户行在伦敦的代理行(也有可能是在伦敦的总行)办理托收,收票人为贴现人。之后,其伦敦的代理行将汇票提交至伦敦银行家清算所。伦敦银行家清算所负责交换票据,并在代理行和贴现行间清算资金。

之后，票据经纪人开始使用自有资金从事票据贴现业务，并赚取贴现率的差额，逐渐发展为票据贴现所。贴现所为世界各地以英镑结算的贸易提供了资金支持。票据贴现所出现的主要原因是，初期票据经纪人模式中，贴现人不仅承担票据不能到期兑付的风险，而且需要耗费精力做出是否贴现的决策和判断。在银行存在通过贴现票据使储蓄资金获取收益的需求下，主观上认为票据贴现所更加有能力和专长直接面向个人和私人机构提供贴现服务，从而倾向于直接将资金贷给票据贴现所，或者转贴现票据贴现所已经贴现的票据，票据贴现所定期向提供借款的银行支付利息。从实质上看，提供借款的银行相当于在票据贴现所开立了存款账户，票据贴现所转变为"银行的银行"。贴出资金和借入资金无法准确匹配，一般来说，贴现所是先借入再贴出，因此，借入资金会大于贴出资金。为了维持机构运营，贴现所开始如银行一样发放贷款。另外，票据贴现所间的竞争使得贴现率不断下降，同时贷款利率却在不断攀升，传统贴现业务的利润收窄驱动票据贴现所拓展业务。票据经纪人发展为具有"银行的银行"功能的票据贴现所后，自然就具备了清算银行的功能。当境外票据持有人需要贴现融资英镑时，若其在伦敦的代理行或开户行在票据贴现所开有账户，票据贴现所可以直接完成资金结算，而无须通过传统的清算所。这也是伦敦银行家清算所清算的支付工具主要是支票的原因。

票据中介机构发展为票据贴现所，承担银行的银行职责，这与当时作为中央银行的英格兰银行职责有所重合。不同之处在于：①商业银行在中央银行存放的是储备，而在贴现所存放的是银行的闲置资金，是一种投资。②当市场资金紧缺时，银行首先想到的就是取回存放在贴现所的资金，当大多数银行都采取这样的行动时，贴现所将出现流动性风险，从而需要求助于英格兰银行。根据记载，1857年经济危机时，英格兰银行向各票据中介机构提供了900万英镑的流动性支持。

第六章　英镑支付基础设施：市场力量主导

六、英格兰银行的被动参与

国际货币支付基础设施在具备满足货币跨境支付、支持金融交易等功能的基础上，需要不断降低国际货币的交易成本，其表现就是逐步具备一般特征。对照第四章所归纳的一般特征，以下将分别从正反两个方面分析此时期英镑支付基础设施在降低英镑交易成本方面的进展和有待改进之处。

从有利于降低交易成本的角度分析：

一是中央银行虽未构建英镑支付基础设施，也未主导支付基础设施的发展，但已参与至英镑支付中，并负责银行间结算环节。当各银行在英格兰银行开立账户时，中央银行货币成为结算资产，支付交易成本降低；英格兰银行成为伦敦清算所成员后，分散结算转变为集中结算模式，减少了清算到结算的间隔，支付效率进一步提高。

二是在防范以英镑计价结算的金融交易风险方面，支付基础设施对货币市场英镑结算的支持，降低了英镑证券交易的流动性风险。19世纪下半叶不同于现在，当时银行资金可以不受制约进入证券市场，银行可以直接买卖证券，银行也可以通过贷款给客户而使银行资金间接进入证券市场。19世纪中期以后，在证券获得短期资金方面，伦敦的货币市场更加国际化，越来越多来自其他国家的资金蜂拥至伦敦。伦敦证券交易所超过其他国家交易所的能力在于其与伦敦短期货币市场的密切联系，货币市场为证券市场提供了条款更为优厚的信用资金，证券市场相应地更为活跃，吸引了更多的海内外资金涌入这里，也为货币市场的持续发展奠定了基础①。除了商业或金融票据，海外英镑资金可以通过借款给证券经纪人而直接投向伦敦证券交易。1914

---

① Kennedy W. P. Institutional response to economic growth: Capital markets in Britain to 1914 [M]. Palgrave Macmillan, 1976.

年8月31日，伦敦证券交易所会员所欠清算银行和其他银行、机构和个人共计8076万英镑。而货币市场和证券市场间的这种联系正是由以英格兰银行、伦敦银行家清算所、银行、票据贴现所、证券交易清算所为主体，以票据为工具，以早期电报、电话为信息通道而组成的金融市场基础设施安排实现的，正是这样的安排，使得英镑、证券可以在海内外机构或投资者间顺畅交付。

三是在受技术所限，证券交割和资金支付无法逐笔实时支付的时代，支付基础设施对证券交易清算机制的支持，在降低流动性风险的同时，也降低了信用风险的敞口额，使得这样的安排在当时保持了先进性。

四是通信技术的突破，提高了跨境支付和跨境金融交易的效率，交易费用开始降低。在通信技术的发展下，英国的海外通信网络不断发展，证券经纪机构通过建立与海外机构的通信联系，推动了英镑证券交易。1851年，英国的Dover和Calais之间的海底隧道开通，之后，海底电缆在欧洲大陆快速铺设。1889年，英国与欧洲大陆发生了360万笔电报业务，1907年达到了650万笔，平均每5秒收发一笔电报。1908年，伦敦和巴黎之间用于证券交易的通信线路达9条。据J. H. Heaton（1908）记载，当时电报线路已经覆盖了整个欧洲，并延伸至所有村庄[1]。费率方面，1851年，伦敦与巴黎间的电报费率最低为1.4英镑，1906年降低为0.04英镑，降幅为97%。1891年，电话线路替代了电报线路，这一升级从伦敦与巴黎之间开始，主要承载证券交易业务，交易时差从电报时代的20分钟缩短为5分钟。伦敦到巴黎3分钟的通话费用为0.4英镑，虽然是电报价格的10倍，但是通过电话语音信息可以实时交互，效率大为提高。伦敦与纽约间的通信联系建立于1866年，标志着伦敦开始与世界各个金融中心建立电报联系。这时，伦敦和纽约的海上航程一般为10天。两个城市间的电报费率从一个字20英镑，降低为1902年的1英镑，到了1906年进

---

[1] Heaton J. H. The World's cables and cable rings [J]. Financial Review of Reviews (FR), 1908: 9.

一步降低为 0.1 英镑。1871 年，纽约的证券经纪人花费了 80 万英镑用于与伦敦的通信。20 世纪初，伦敦与纽约间的电报发送仅需半分钟。

对照一般特征，对于实现 DVP 和 PVP、运行时序覆盖多个时区以及报文标准化，支付基础设施不具备实现的技术条件。从降低风险的需求来说，支付等基础设施基于当时的客观环境做出了较为恰当的安排。因此，可做进一步改进的是，英格兰银行在支付基础设施中的主导性和参与程度。这一时期，从国际货币支付基础设施的种类看，英镑具备代理银行和境内银行间支付基础设施；从三个层次看，无论是中央银行支付基础设施、行业组织搭建的跨境支付基础设施还是离岸支付基础设施，英镑均不具备。因此，通过英镑的案例可以看出，关于国际货币支付基础设施三个层次的划分，并不适应于手工程度较高、信息技术不发达的时代。

七、小结：货币国际化力量下被动发展的案例

根据本章的分析，英镑国际化兴起过程中（19 世纪中期至第一次世界大战前），英镑的跨境支付主要采用"发挥代理行职责的商人银行＋发挥清算职责的清算所＋发挥结算职责的英格兰银行"模式。支持英镑国际化的支付基础设施发展动力主要是来自市场的力量，具体包括：一是金融中介机构对银行间支付的需求推动了清算所的发展；二是金融中介机构自发成立清算行业协会，促进支付基础设施的规范发展；三是国际贸易商在跨境贸易中看到了新的商机，转而成为金融中介，即商人银行，在英镑的跨境支付中发挥了代理银行功能；四是在跨境支付工具为票据的时代，当支付基础设施满足票据清算和结算后，随着票据融资业务的不断发展，自然也为英镑票据融资提供了支付渠道，确保了英镑作为国际货币的流动性；五是电报、电话等通信技术的突破，提高了支付指令传输效率。

根据第三章的结论,中央银行是支付基础设施发展中的关键要素。这一时期,英格兰银行垄断英镑货币发行权成为中央银行后,的确推动了英镑支付基础设施的进步,降低了英镑跨境支付成本。从史料来看,这是英格兰银行成为中央银行带来的结果,并非初衷。

由此,支付基础设施发展中起关键要素作用的金融中介机构、中央银行、信息技术,在支持英镑国际化的支付基础设施发展中均有所体现。通过梳理,笔者认为,英镑国际化兴起时期,英镑本身的支付基础设施发展与英镑作为国际货币的境内支付基础设施是相同的,因此两者的发展路径是重合的。伦敦成为国际清算中心的事实说明,支持英镑国际化的支付基础设施发展很大程度得益于英镑的国际化,这说明货币的国际化是该货币支付基础设施发展的一个推动力。英镑案例的特殊性在于,这一推动力完全依托于市场,支付服务主体主要为金融中介机构及其形成的行业组织,中央银行虽然也发挥了最终结算人职责,但并非其初衷,并未意识到应该通过完善或构建支付基础设施来促进或支持英镑的国际化,支持英镑国际化的支付基础设施处于依靠市场的被动发展阶段。英镑国际化起步阶段支付基础设施及其供给主体见表6-3。

表6-3 19世纪中期到"一战"前支持英镑国际化的支付基础设施及其供给主体

国际货币支付基础设施的种类	服务供给主体	供给主体性质	结算资产
境内外银行间支付基础设施(代理银行)	商人银行	私人机构	商业银行货币
货币发行国银行间支付基础设施	清算所	第三部门	中央银行货币
	英格兰银行	政府	

第七章 美元支付基础设施：中央银行主动为之

一、美元国际化路径

美元国际化起步于第一次世界大战之后。第一次世界大战爆发为美元的崛起创造了机遇和条件。从时间上，美元的国际化可分为三个阶段：①第一次世界大战爆发至第二次世界大战结束（1914~1944年）；②布雷顿森林体系建立至瓦解（1944~1973年）；③布雷顿森林体系瓦解至今（1973年至今）。

（一）"一战"爆发至"二战"结束期间（1914~1944年）

1. 美元作为国际贸易结算货币

第一次世界大战爆发后，欧洲各国摆脱了黄金平价，并实施外汇管制，而美元一直保持与黄金的可兑换，并未实施外汇管制，同时由于美国将一大批先进工业技术应用至工业生产中，是当时全球最具潜力的市场，因此，大量闲置资金被兑换为美元投向美国，美元资产增多。参与战争的国家通过将其持有的有价证券卖给美国人获得美元，以从美国购置战备物资。"一战"结束后，由于美国具有发达的商品市场，欧洲将美国作为战后恢复的供给市场。为了获得购买商品所需的美元，美国银行机构向欧洲提供了大量的美元短期贷款。以美元计价的商业承兑票据以及美元货币市场的发展为美元的跨境使用提供了便利。1914 年，The Guaranty Trust Company 成为第一家向外国代理机构发行承兑票据的机构。1915 年，更多美国银行宣布提供此项服务，美元的承兑商业汇票金额大幅增加。1916 年，美国进出口贸易以及欧洲与拉丁美洲和亚洲的大多数贸易中，美元已经取代英镑成为主要的计价、结算工具；1919 年，发行在外的美元承兑汇票总额达 10 亿美元，超过英镑的战前水平。

2. 国际金融交易及对外投资中的美元

与此同时，美国境外美元投资发展迅速。1914 年美国境外投资仅为 35 亿美元，到 1938 年已达到 115 亿美元，增加了 3 倍，而同期的英国对外投资已从 183 亿美元降低至 173 亿美元（根据当期汇率折算）①。其中美国对外贷款额从 1924 年的 9.7 亿美元增加至 1929 年的 64.4 亿美元，是英国对外贷款额的两倍（见表 7-1）；到 1946 年年底，美国以 45.23 亿美元的对外净债权一跃成为世界最重要的债权国。

表 7-1　1924~1929 年美国和英国按地区划分的对外贷款情况

单位：亿美元

年份	欧洲		亚洲和大洋洲		非洲		加拿大和纽芬兰		拉丁美洲		总计	
	美国	英国	美国	英国	美国	英国	美国	英国	美国	英国	美国	英国
1924	5.3	1.6	1.0	3.1	—	0.7	1.5	0.2	1.9	0.3	9.7	5.9
1925	6.3	0.5	1.5	2.2	—	0.7	1.4	0.1	1.6	0.7	10.8	4.2
1926	4.8	1.2	0.4	2.3	—	0.3	2.3	0.3	3.8	1.3	11.3	5.4
1927	5.8	1.1	1.6	2.4	—	1.4	2.4	0.3	3.6	1.3	13.4	6.4

① （英）麦迪森. 世界经济千年史 [M]. 伍晓鹰等译. 北京大学出版社，2003.
　转引自付争. 对外负债在美国金融霸权维系中的作用 [D]. 吉林大学博士学位论文，2013.

第七章 美元支付基础设施：中央银行主动为之

续表

年份	欧洲		亚洲和大洋洲		非洲		加拿大和纽芬兰		拉丁美洲		总计	
	美国	英国	美国	英国	美国	英国	美国	英国	美国	英国	美国	英国
1928	6.0	1.6	1.4	2.3	—	0.8	1.9	1.0	3.3	1.0	12.5	6.7
1929	1.4	1.1	0.6	1.4	—	0.5	3.0	0.7	1.8	0.8	6.7	4.5
合计	29.6	7.1	6.4	13.7	—	4.4	12.3	2.7	16.0	5.3	64.3	33.0

资料来源：金德尔伯格. 1929~1939世界经济萧条［M］. 宋承宪，洪文达译. 上海译文出版社，1986. 转引自漆海霞. 中国与大国关系影响因素探析——基于对1960~2009年数据的统计分析［J］. 欧洲研究，2012（5）：61-78.

第二次世界大战对美元地位的影响与"一战"类似。第二次世界大战中，美国经济没有受到任何影响，相反却大发战争横财，也乘机占领了西欧各国及其附属国的广大市场。

这一时期银行借贷并不发达[1]，发行国际债券是贸易信用工具之外获得国际货币的另一种重要方式。以不同货币计价的债券发行情况可以反映该货币的国际接纳程度。根据Chitu、Eichengreen和Mehl（2012）的研究，从33个国家国际债券的发行情况来看，美元国际债券额从20世纪20年代起大幅增加[2]。从图7-1可以看出，1920年以美元计价的国际债券发行骤然增多，金额占到当年33个国家外国债券发行总额的40%以上，若剔除英联邦国家所发行的英镑债券金额，这一比例可以达到50%。美元国际债券在大萧条之后有所减少，但直到"二战"结束仍维持在30%左右。

---

[1] Eichengreen B. J. and Portes R. Settling defaults in the era of bond finance［J］. The World Bank Economic Review, 1989, 3（2）: 211-239.
[2] Chitu L., Eichengreen B. J. and Mehl. A. When did the dollar overtake sterling as the leading international currency? Evidence from the Bond Markets［R］. NBER Working Paper（No. 18097）, 2012.

人民币国际化"大动脉"——国际货币支付基础设施构建

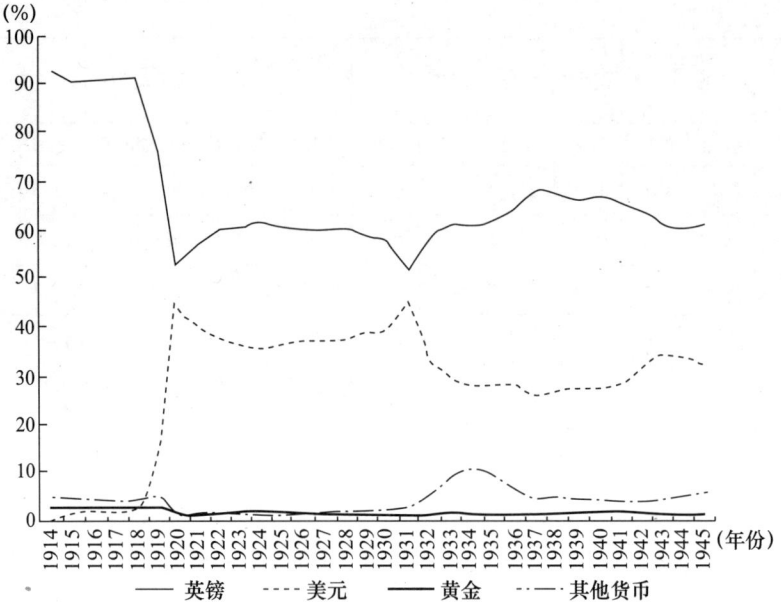

图 7-1　1914~1945 年全球外国公共债券各币种占比

资料来源：Chitu L., Eichengreen B. and Mehl A. When Did the Dollar Overtake Sterling as the Leading International Currency? Evidence from the Bond Markets [R]. NBER Working Paper (No. 18097), 2012.

3. 美元外汇交易和外汇储备

本文并未直接获取这一时期美元外汇交易和外汇储备的数据。根据一些学者的估计，1899 年，英镑作为官方外汇储备的比例为 43%，排名第二的法国法郎比例为 11%，排名第三的德国马克占比为 10%。到了 1913 年，三种货币作为官方外汇储备的占比分别为 38%、24% 和 13%[①]。此时美元并没有在这一领域占有一席之地。Frankel (2012) 的研究[②]指出，到了 1917 年，美元已经成为国际货币，许多

---

① Lindert P. H. Key currencies and gold 1900-1913 [M]. Internatconal Fincnee section, Princeton University, 1969.
② Frankel J. Historical precedents for the internationalization of the RMB [J]. International Economic Review, 2012, 27 (3): 329-365.

第七章 美元支付基础设施:中央银行主动为之

外国中央银行持有美元作为储备,这一点是达成共识的,有争议的是,美元外汇储备的比例是否在20世纪20年代超过了英镑,其中Eichengreen是坚定的支持者,他认为美元的国际化起步于1914年,在1925年已经赶超英镑①。20世纪30年代,英镑作为国际货币经历了一个快速发展期,到了1940年,英镑计价的外国流动资产比例达到了美元的两倍;可是在1945年,这一状况出现了反转,美元依然保持了黄金的可兑付性,而英镑却不能再继续保持下去②。

(二)布雷顿森林体系建立至瓦解(1944~1973年)

1944年建立的布雷顿森林体系树立了以美元为中心的国际货币制度。经过两次世界大战,美国成为第二代世界制造业中心,美元已成为主要的国际货币。不难看出,其国际化路径与当年的英镑类似,一方面,依托发达的工业产品带来贸易顺差,向全球输出产品,为国内带来财富,另一方面,通过对外投资、资本借贷、援助,将美元向全球输出。

1. 美元作为国际贸易结算货币

就美国对外贸易而言,1950~1970年,美国进出口贸易合计占世界贸易的比例稳定在30%左右(见表7-2)。由此推断,这一时期美元贸易支付额是一个庞大的数额。

表7-2 1950~1970年美国进出口贸易占比情况

年份	所占世界贸易份额(%)			所占OECD贸易份额(%)		
	出口	进口	总计	出口	进口	总计
1950	17.61	16.02	33.63	28.25	24.30	52.55
1955	17.88	13.59	31.47	26.59	20.21	46.80

---

① Eichengreen B. Exorbitant privilege: The rise and fall of the dollar and the future of the international monetary system [M]. Oxford University Press, 2012.
② Aliber R. Z. The future of the Dollar as an international currency [M]. Praeger, 1966.

续表

年份	所占世界贸易份额（%）			所占OECD贸易份额（%）		
	出口	进口	总计	出口	进口	总计
1960	17.43	13.20	30.63	24.55	19.16	43.71
1965	16.17	12.94	29.11	21.90	17.68	39.58
1970	15.10	14.21	29.31	19.66	18.81	38.47

资料来源：IMF《国际金融年鉴》各期。转引自亨利·R.诺.美国衰落的神话，领导世界经济进入九十年代［M］.朱士清，高雨洁校订.中国经济出版社，1994：92.

2. 国际金融交易及对外投资中的美元

1946~1970年，除个别年份外，由于西欧和日本经济增长率的大幅提高给美国资本提供了更具吸引力的投资机会，美国对外净资产规模不断扩大，1970年美国资本账户下的美元净输出规模较1946年增长了13倍，达到581.28亿美元[①]。1971年布雷顿森林体系瓦解前夕，美国对外投资开始减弱，并被海外对美投资超过。据统计，美国接受外国投资从1948年的6亿美元，除个别年份外不断增加，在1969年达到123亿美元，具体见图7-2。

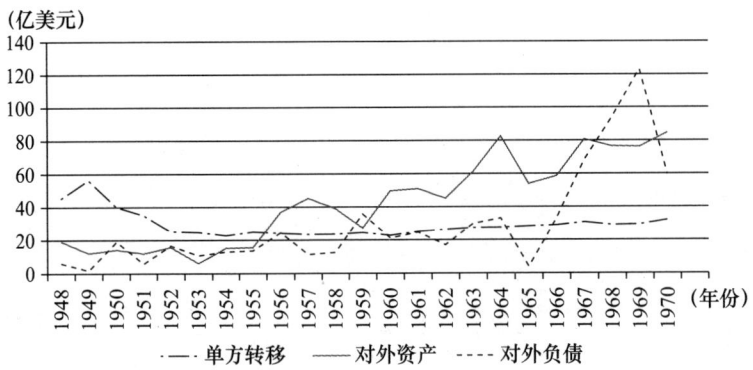

图7-2 1948~1970年美国对外资产和对外负债变化趋势

资料来源：U.S. Bureau of the Census. Historical Statistics of United States, Colonial Times to 1970 (Bicentennial Edition) ［M］. Washington, D.C., 1975：866.

---

① 付争.对外负债在美国金融霸权维系中的作用［D］.吉林大学博士学位论文，2013.

第七章 美元支付基础设施：中央银行主动为之

自 1971 年起，剔除个别年份，美国进出口贸易出现逆差，并一直处于恶化趋势。这一时期，美国不再向外净输出资本，反而需要吸收国际资本来平衡贸易逆差，逐渐成为资本输入国和债务国。其他工业化国家由于经常账户的顺差，积累了大量的货币储备，出现了美元过剩、黄金短缺的情况。这一时期抛售美元、抢购黄金成为风潮。1971年，美国总统尼克松宣布停止美元对黄金的自由兑换，布雷顿森林体系开始崩溃，开始进入以浮动汇率为特征的后布雷顿森林体系。

3. 美元外汇交易和外汇储备

本书并未获取这一时期美元外汇交易的直接数据。美元在世界官方储备中的份额从 1957 年的 40% 增长到 1970 年的 70% 以上，1972年下降至 66% 左右[1]。

（三）布雷顿森林体系瓦解至今（1973 年至今）

布雷顿森林体系瓦解之后，美元仍然是国际贸易和金融交易的主要计价和交易媒介，依然发挥着价值储藏职能。不同的是，与布雷顿森林体系时期相比，美元的地位有所下降。

1. 美元作为国际贸易结算货币

时至今日，美元仍是国际贸易中主要的计价货币。以美国的对外贸易为例，1972 年美国进口贸易中美元的计价比例为 78%，在出口中的比例为 95%；2003 年美国进口贸易和出口贸易美元的计价结算比例达到 92.8% 和 99.8%[2]。美国之外其他国家的国际贸易、石油等大宗商品以美元计价结算也很普遍。

2. 国际金融交易及对外投资中的美元

布雷顿森林体系瓦解后，美国对外投资和贸易逆差带来的美元流出规模继续扩大，特别是在 20 世纪 90 年代之后由于美国私人部门增

---

[1] Chinn M. A note on reserve currencies with special reference to the G20 countries [R]. International Growth Centre, India Central Programme, 2012.
[2] 钟阳. 货币国际化影响因素的实证分析 [D]. 吉林大学博士学位论文, 2013.

加了对国外金融部门的资本输出而增长迅速,但同时,美国政府通过发行债券便利了美元的回流(见图7-3)。

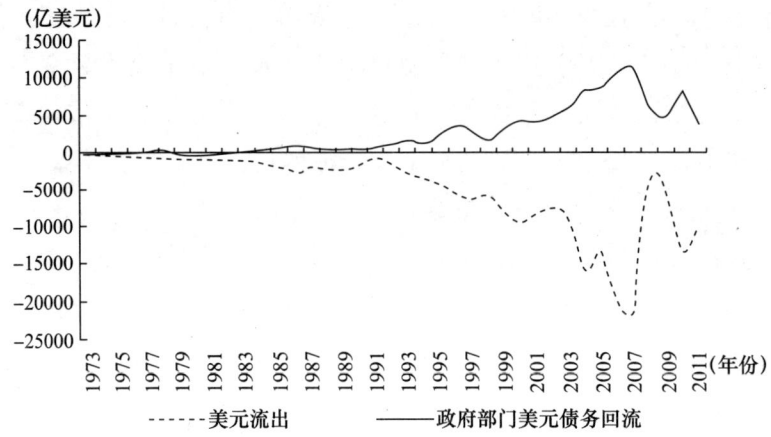

图7-3 1973~2011年美国政府对外债务对流出美元的补充

注:美元流出为国际收支平衡表中经常项目平衡与对外资产之和,政府部门美元债务回流对美国政府债务的认购方既包括外国官方部门也包括私人部门。

资料来源:美国经济分析局网站。转引自付争.对外负债在美国金融霸权维系中的作用[D].吉林大学博士学位论文,2013.

从外国机构的美元证券投资来看,金额呈增加趋势。1974年,美国发行各类政府债券2700亿美元,其中外国机构持有240亿美元,占比8.9%;发行各类公司证券1.1万亿美元,其中外国机构持有250亿美元,占比2.2%。2014年,前者发行额近18万亿美元,外国机构持有6.3万亿美元,占比达35%,后者发行额近56万亿美元,外国机构持有9.3万亿美元,占比达17%,具体见图7-4。

从国际金融市场来看,美元结算交易仍处于主导地位,特别是美元货币互换从2000年后占比维持在80%以上;国际债券市场和欧洲货币市场中美元占比一直维持在30%以上,具体见图7-5。

第七章 美元支付基础设施：中央银行主动为之

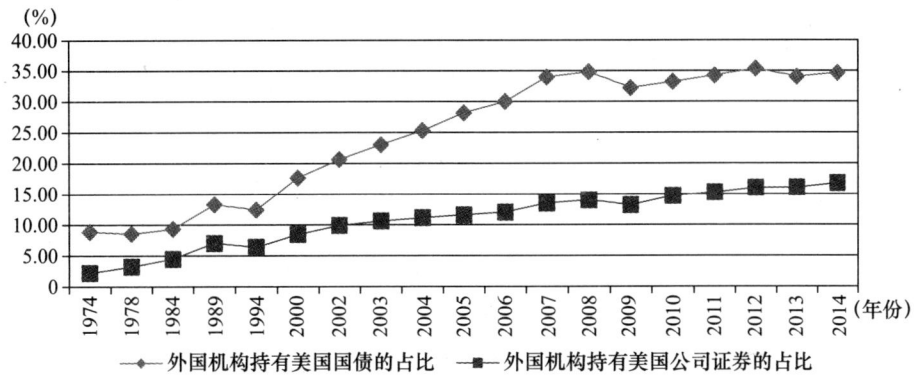

图7-4 1974~2014年外国机构投资美元证券的占比情况

资料来源：美国财政部。

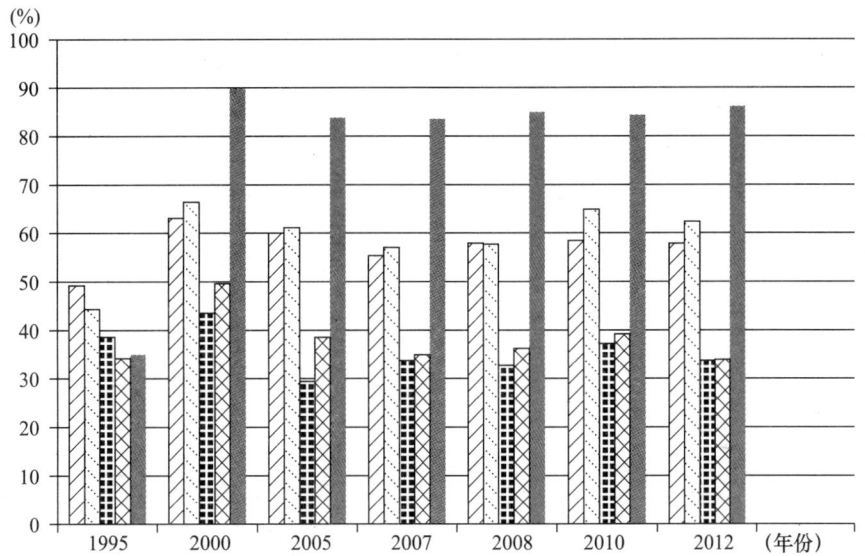

图7-5 1995~2012年国际金融市场美元结算占比情况

资料来源：国际清算银行。

3. 美元外汇交易

外汇交易市场上，美元占比维持在80%以上，是交易额最大的币种，具体见图7-6。

人民币国际化"大动脉"——国际货币支付基础设施构建

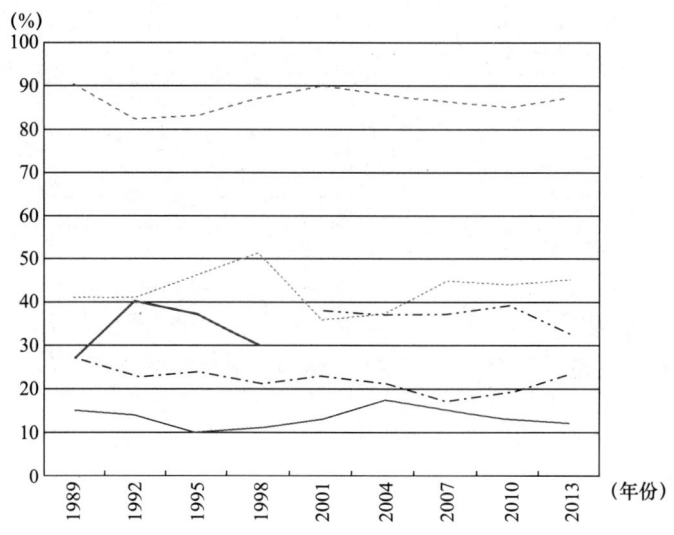

图 7-6　1989~2013 年国际货币外汇交易金额占比情况

资料来源：国际清算银行。

4. 美元外汇储备

根据国际货币基金组织的统计数据，以外汇储备比重衡量，美元的外汇储备占比从 1975 年的 76.1% 开始滑落，最低至 1990 年的 56.4%，但在随后十年间又逐步回升至 60% 以上，具体见图 7-7。

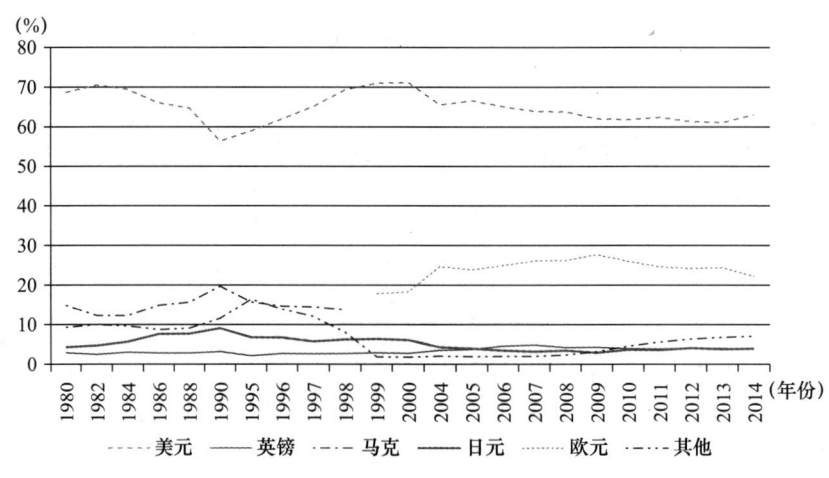

图 7-7　1980~2014 年国际货币外汇储备占比情况

资料来源：国际货币基金组织。

二、美元国际化的三个关键期

从以上美元国际化的进程中可以看出,以下几个时期是美元发展成为国际货币的关键时期。

1. 1914~1920年——起步期

这一时期,美国商品吸引力增强,出口贸易增多,并以美元结算,美元开始获得境外国家的青睐。为适应这一需求,美国商业票据市场开始变得活跃,美元国际债券逐渐增多,尤其在1920年激增,为美国境外获得美元资金提供了来源。美国中央银行——联邦储备银行于1914年成立,随后出台一系列政策,涉及票据交易、金融机构拓展、证券交易等方面,金融市场发生深刻变化,是美元开始走向国际的重要基础。

2. 20世纪70年代——受经济事件影响较多的时期

进入20世纪70年代,美国从贸易顺差国转变为贸易逆差国,美元从资本输出调整为贸易输出,境外美元金融交易需求增加,客观上对涉及美元结算的金融市场提出了更多要求,美国国债接替黄金成为引导美元回流的载体工具;布雷顿森林体系瓦解以后,美元进入浮动汇率时代,伴随着金融管制的进一步放松,外汇交易市场进一步活跃。再加上欧洲美元的崛起,美元离岸市场成为美元国际化中的一个重要组成部分。另外,这一时期全球遭遇了两次石油危机。经过这些事件,面对纷繁变化,美国采取一系列措施,使得美元国际地位并未受到撼动,期间支付基础设施如何配合各类政策、应对以上各类需求、支持美元的跨境使用、投资和交易十分值得挖掘。

3. 20世纪90年代——为美元未来二十年的强势奠定基础

20世纪90年代起,金融管制进一步放松,美元流出额从90年代初的1000亿美元左右,迅速增加到1万亿美元左右;90年代中期,美国推出强势美元政策,同时,通过提供相对安全且高流动性的金融

人民币国际化"大动脉"——国际货币支付基础设施构建

资产和高收益率吸引国际资本流入美国。这些都奠定了之后二十年美元继续保持强势的基础。

接下来,将以这三个时期为背景,梳理支持美元国际化的支付基础设施发展脉络,进一步剖析国际货币支付基础设施发展动力。

三、清算所为主的时期

这一时期,美元尚未走向国际,支付基础设施主要是满足美元的境内支付。为研究第一次世界大战后支持美元走向国际的支付基础设施发展情况,考虑到支付基础设施发展的连续性,本部分将分析美联储成立之前的支付基础设施情况,这是研究下一阶段美元国际化背景中支付基础设施发展的基础。

(一)未走出去的"美元"清算

这种时期美元支付基础设施主要支持美元的境内支付。"地区间银行代理安排+各地的清算所(Clearing House)"构成这一时期的美元支付基础设施。相应地,支付服务供给主体是银行间清算所以及代理银行。

清算所主要服务于本地的银行机构。美国清算所体系在整个美国银行业发展中曾发挥关键作用,建立于美联储成立之前,是中央银行的雏形。清算所出现前,为实现跨行结算,各家银行多采用互开账户的双边模式,并由专人负责在银行间传递可以兑换为金币的银行支票(Cashier's Draft)。在纽约,当时银行间双边账务往来的实际记账完成于每周五。清算所是由同一城市内多个商业银行联合组成的机构,类似于行业协会,旨在消除"双边互开账户清算"模式的低效率和高成本。其中,最大的清算所是于1853年10月成立的纽约清算所协会

第七章 美元支付基础设施：中央银行主动为之

(New York Clearing House Association，NYCHA)①。

同时，美国境内地区间的资金支付还依托银行代理关系。因此，19世纪80年代，美国已形成完善的银行代理体系。国家银行法案将纽约确定为中央储备城市，推动纽约成为代理银行集中的地区，即其他储备中心的银行基本与纽约的国家银行建立了代理关系。这使得许多跨境、跨地区的银行间结算转变为NYCHA的银行间结算。

这种模式下，支票的异地托收需要运输支票，不仅耗时，而且成本和风险均高，因此，支票不是普遍使用的美元跨地区支付工具。银行汇票（Bank Draft）是基于代理模式发展的跨地区支付工具，是代理行根据被代理行账户余额发行的一种票据。

银行汇票与银行钞票的相同之处是，均为对银行资金的直接索取，不同之处是，前者需要经过清算和结算程序。与支票的相同之处是均需要清算和结算程序，不同之处在于，前者由银行出票，后者由存款人出票，且前者无须在付款行和其代理行之间传递确定信息，结算程序较支票简单；且银行汇票在银行间的买卖，使银行汇票作为支付工具的同时，成为一种货币市场工具，而支票仅具备支付工具功能。纽约在代理银行体系中的核心地位，使得以汇票为载体的纽约资金成为被普遍接受的支付工具。在纽约之外，各地区中心城市形成了第二级的代理银行体系，即银行与该地区发挥储备银行作用的国家银行建立代理关系。1890~1891年，美国前五大代理银行中心的银行间汇票市场情况如表7-3所示。从表7-3中可以看出，超过90%的国家银行在其纽约分行为委托行出具了银行汇票，纽约的银行为61.3%的银行汇票办理了结算。

由此可见，集中于纽约的代理银行体系和纽约清算所成为美联储成立前重要的美元金融市场基础设施。用Sprague（1910）的话来说，尽管这一时期银行和支付系统不断扩张，但纽约依然保持着"国家清

---

① NYCHA成立第一天即10月11日支票交换金额达2260万美元，成立最初的20年内，日均票据交换额最高达1亿美元。

算所"的地位①。

表7-3 1890~1891年美国代理银行及支付工具使用和分布情况

代理银行所在地	国家银行				储备银行		乡村银行	
	数量①	占比②(%)	汇票金额③(亿美元)	占比④(%)	汇票金额(亿美元)	占比(%)	汇票金额(亿美元)	占比(%)
纽约	3326	91.4	7836.2	61.3	3716.1	74.3	4119.6	53
波士顿	853	23.5	1492.2	11.7	313.8	6.3	1178.4	15.1
芝加哥	1146	31.5	1254.7	9.8	576	11.5	678.7	8.7
费城	664	18.3	541.3	4.2	129	2.6	412.3	5.3
圣路易斯	589	16.2	237.9	1.9	96.6	1.9	141.3	1.8
合计			11362.3	88.9	4832	96.6	6530.3	83.9

注：①指该城市为至少一家委托行出具银行汇票的国家银行数量。该指标的合计数超出了国家银行的数量，原因是，国家银行可以跨区开展业务，因此有重复。

②%代表所有国家银行中在该地区为至少一家委托行出具银行汇票的银行比例。本列之和不等于100%的原因是，一家银行往往会选择多家代理行。

③代表该地区国际银行出具的银行汇票金额。

④表示该地区国家银行出具的银行汇票的金额占比。

资料来源：James J. A. and Weiman D. F. From drafts to checks: The evolution of correspondent banking networks and the formation of the modern U. S. payments system, 1850 – 1914 [J]. Journal of Money Credit & Banking, 2010, 42 (2 - 3): 237 - 265.

（二）英美对比

这一时期，各国的支付基础设施均依赖于各地区的清算所。美国清算所体系与同期英国相比，其相同之处在于均承担银行间每日清算的职责，即为银行间支付提供票据交换的场所，并按照多边清算的模式，确认每家银行当日的应收、应付金额，其不同之处在以下四个

---

① Sprague O. M. W. History of crises under the national banking system [M]. 538 ed. US Government Printing Office, 1910.

第七章 美元支付基础设施：中央银行主动为之

方面。

（1）英国的清算所体系早于美国。英国的清算所体系起步于1773年，即伦敦清算所的前身，正式成立于1833年。而美国的清算所体系建立于美国"自由银行时期"（1836~1863年）之后。

（2）美国清算所自成立之初便做出了簿记结算安排，而早期的英国清算所则以钞票结算。造成这一不同的主要原因：一是英国的清算所的运作早于美国，成立之初清算所不具备做出簿记结算安排的条件；二是美国的联邦储备体系成立于1913年，晚于进一步提高银行间结算效率的需求；三是1864年美国《国民银行法》提出的存款准备金制度，为银行间结算创造了条件。这一区别的体现是，美国清算所要求各成员行在其指定的处于"核心地位"的某一家成员银行中开立结算账户，并对账户余额做出下限要求，而在1854年英格兰银行基本取得结算银行地位前，英国的清算所按照多边模式发挥清算职责，银行间资金结算通过交付钞票完成；英格兰银行取得结算行地位之后，特别是在1864年成为伦敦清算所的会员后，银行间结算效率大大提高。

（3）美国清算所模式下的银行间支付工具和结算资产不同于英国。根据以上第二点，在美国，当清算所成员行在指定的结算行开立账户后，将获得等值的清算所凭证（Clearing House Certificate），用于清算所的每日银行间结算①，由于结算账户开立在商业银行，用于结算的资产属于商业银行货币。在英国，英格兰银行成为结算银行后，银行间结算的资产已转变为中央银行货币；当成为清算所会员后，清算所完成清算后，各银行无须通过支付工具，而是由清算所将清算结果提交英格兰银行完成资金结算。

（4）早期的美国清算所承担最后贷款人职责，而英国清算所不具备这一职能。造成这一不同的主要原因仍然是美国清算所的存在早于美联储，而金融危机的周期性出现需要最后贷款人为危机化解提供流

---

① Myers M. G., Smith J. G. and Brown W. A. The New York money market: Origins and development [M]. 1 ed. AMS Press, 1931.

动性支持。美国清算所通过发行清算所贷款凭证（Clearing House Loan Certificate）①向储备金不足的成员行提供流动性，纽约清算所的有关数据具体见表7-4。

表7-4 1860~1907年纽约清算所贷款凭证发行情况

年份	当年第一次发行时间	发行总额（百万美元）	最大发行额（百万美元）	纽约国家银行储备额（百万美元）
1860	11月23日	7.38	6.86	
1861	9月19日	22.6	22	
1863	11月6日	11.5	9.61	
1864	3月7日	17.7	16.4	
1873	9月22日	26.6	22.4	46.9（9月12日）
1884	5月15日	24.9	21.9	70.7（6月20日）
1890	11月12日	16.6	15.2	92.5（10月2日）
1893	6月21日	41.5	38.3	99（7月12日）
1907	10月26日	101	88.4	181（12月3日）

资料来源：转引自 Sprague O. M. W. History of Crises under the National Banking System [M]. 538 ed. US Government Printing Office, 1910: 432-433.

1913年美国国会联邦银行法案通过后，新的清算所体系开始形成。正是由于美国清算所发挥的最后贷款人职能，Gorton认为1913年前的美国清算所体系承担了部分中央银行的职能②。

---

① 纽约清算所的贷款凭证是由美国交换银行（American Exchange Bank）的总裁乔治·科依（George S. Coe）于1860年发明的应对金融危机的一种措施。清算所担任中介，并担保借贷方按时偿付，这种担保不是以借贷方的资产作担保，而是以整个清算所的资产作担保，因此确保了贷款凭证的安全和可流通性。清算所贷款凭证有别于清算所凭证，后者自清算所成立并吸收成员银行储备之时就出现，是严格以成员银行的储备为上限而发行，是实现支付便利的技术手段，而前者用于紧急情况。
② Gorton G. Banking panics and business cycles [J]. Oxford Economic Papers, 1988, 40 (4): 751-781.

第七章　美元支付基础设施：中央银行主动为之

（三）与国际货币支付基础设施的差距

这一时期处于第一次世界大战之前，美元还未成为国际货币，美元支付基础设施立足于满足美国境内的跨行、跨地区支付和金融投资需求。根据以上分析，美联储成立之前的这一时期，美元支付基础设施满足了当时经济金融发展需求，处于不断完善的过程中，对于即将到来的美元走向国际而言，从满足跨境支付的功能和降低交易成本的角度看，已经具备的条件是：

（1）银行间支付已实现清算到结算的统一、集中处理，支付效率得以保障。清算所可以将当日清算结果统一提交结算银行，由结算银行集中记账，已具备现代银行间支付系统基本功能，支付效率大为提升。

（2）支持美元跨地区支付的模式已经建立。美国银行地区间代理关系的建立以及银行汇票的广泛使用，已在美国境内实现美元的跨地区支付，为美元的跨境支付提供了可供借鉴和复制的模式。

（3）银行间支付安排可以满足证券交易、货币市场工具的资金结算。证券交易的资金结算通过银行、支票以及清算所完成。汇票可以背书转让、贴现，因而它同时具备信用功能，可以发挥货币市场工具职能。因此，银行间支付安排也满足了货币市场工具的资金结算需求。不同的是，这一时期，证券交易资金结算是由银行自主发起，银行间支付安排与证券交易清算所并未直接建立联系，存在结算风险；由于并未形成由中央银行作为票据再贴现人的货币市场，货币市场的资金结算由银行间自发安排，受货币市场功能所限，支付基础设施为美元国际化提供流动性支持的能力有待进一步挖掘。

对比支持国际货币支付基础设施应具备的条件，这一时期，支付基础设施由于缺乏货币国际化的推动力，同时尚未建立中央银行，并受技术水平所限，导致在客观上存在以下不足：

（1）跨境银行间代理关系尚不具备规模，国际货币支付基础设施功能仍不健全。境外银行直接或通过与境内银行建立代理关系参与货

人民币国际化"大动脉"——国际货币支付基础设施构建

币发行国银行间支付基础设施是实现国际货币跨境支付的基础。换言之,银行跨境代理关系或银行的境外分支机构是国际货币支付基础设施的必要组成部分。此时,美国的各清算所成员多为境内银行,代理关系基本构建于境内银行间,境内外银行间的代理关系尚未大规模建立,客观上使得美元支付基础设施支持美元跨境支付的功能仍不健全。同时,较国际货币支付基础设施的结构而言,三个层次的支付基础设施尚未形成。

(2)受技术等客观因素所限,仍存在各类风险,这会增加国际货币支付的交易成本。具体来说,此时金融市场基础设施存在以下风险:①处于核心地位的清算所结算资产仍为商业银行货币,安全性较低。而同期,英镑的支付基础设施随着英格兰银行成为伦敦银行家清算所成员,其结算资产已转换为中央银行货币。②清算所采用净额结算模式,在节约流动性的同时,由于清算和结算间的时间差,存在信用风险。③证券交付独立于资金结算,存在已付券未收款或者已付款未收券的本金风险,同时,证券清算采用双边轧差模式,相较于多边轧差的CCP模式,当某一参与者发生违约时,爆发系统性风险的可能性增大。

(3)需要构建增强国际货币流动性的支付基础设施。国际货币支付基础设施在实现货币跨境流动的同时,还满足货币市场、证券市场以及外汇市场交易,确保境外机构获得国际货币或者将金融资产变现为国际货币的效率和安全。金融资产具有流动性是其计价货币具有国际化特征的一个重要表现。这就需要在形成货币市场、外汇市场以及证券市场的基础上,通过基础设施建立各市场间的联系,实现国际货币与以其计价的金融资产间的高效转换。这一时期,支票超额认证是支付基础设施支持证券市场流动性方面的一次尝试,但是由于证券交易结算功能本身的不完善以及风险防范措施不健全等外部因素并未持续进行下去;虽然支付基础设施也支持汇票这一货币市场工具,但是并未建立与货币市场的直接连接,所支持的工具非常有限,不支持债券等其他货币市场工具。

第七章 美元支付基础设施：中央银行主动为之

四、美联储成立到大萧条：央行主动为之

根据前文的梳理，1914~1920年、20世纪70年代以及90年代是美元国际化进程中的三个关键时期。下面将立足于这三个时期，重点研究美联储成立至大萧条、20世纪70年代以及90年代这三个阶段支持美元国际化的支付基础设施发展。首先是第一个时期，美联储成立至大萧条。

（一）所处的时代背景

1. 美国中央银行诞生

根据前面的研究，中央银行介入支付系统建设发展标志着一个全新时期的到来，支付效率提升，成本、风险降低。美国亦是如此。第一次世界大战爆发前一年，即1913年，为避免自美国内战爆发以来的恐慌所带来的货币供给下降①，在1863年国家银行法案推动下形成的以美国国债为支撑的统一货币的基础上，美国国会提议建立联邦储备体系以维护金融稳定。之后，美国联邦储备银行开始建设中央银行支付系统，同时开始承担美国国债托管人职责、参与公开市场操作和外汇交易，通过票据再贴现完善美元货币市场，为私人和机构投资者建立了一个具有流动性的二级市场，实现银行和信托公司承兑汇票的转让，便利美元跨境支付，为境外机构获得或者变现美元金融资产提供了途径。

2. 美国金融监管放松，银行开始进行海外拓展

境内外银行间的合作以及境内金融服务向境外的延伸，是国际货币支付基础设施的基本特征。这一时期，美国监管放松，银行在金融

---

① 根据史料，美国分别在1873年、1884年、1890年、1893年和1907年出现了经济危机。

体系中的角色发生重大变化。这些变化主要反映在信贷运作特征、银行的数量和规模等方面①。1914年后，美国政府允许美国银行开设境外分支机构，或与境外银行建立代理关系，使美元跨境支付和使用的链条逐步完整。Eichengreen和Flandreau（2010）的研究指出，美国贸易发展为美国银行业创造了机会，美国银行通过分支机构或代理关系将业务延伸至海外并抢占票据市场，是推动美元国际化的市场力量②。美联储成立后，取消了银行不得进行票据交易的限制，票据的信用功能增强，提高了美元的流动性。具体来说，银行承兑票据的出现为美国进口商获得美元提供了信贷，增加了美元在国际贸易中的使用；票据市场形成后，美元票据可以快速变现，吸引了越来越多的国际贸易愿意使用美元结算。

由前文分析可知，英国银行庞大的海外分支机构是促进英镑国际化的一个关键要素。美元的国际化不同于英国，美元的国际化并没有伴随着美国银行建立大量海外分支机构，取而代之的是发展成本更为低廉的海外代理银行关系。

3. 纽约作为国际金融中心崛起

第一次世界大战爆发中断了伦敦和欧洲其他金融中心的货币市场和金融市场，加之纽约具有国家清算所地位，银行代理网络完善，越来越多的境外机构开始在纽约发行美元国际债券或交易美元证券，在纽约金融市场快速发展的同时增加了美元的对外投资额，也为美元回流提供了渠道，促进了美元的国际化。由此认为，美元的国际化离不开纽约国际金融中心所发挥的作用。

---

① Friedman M. and Schwartz A. J. A monetary history of the United States, 1867 – 1960 [M]. Princeton University Press, 2008.
② Eichengreen B. J. and Flandreau M. The federal reserve, the bank of England, and the rise of the dollar as an international currency, 1914 – 1939 [J]. Open Economies Review, 2010: 57 – 87.

（二）美联储支付基础设施的建立

美联储成立之前，"银行代理＋清算所"的跨地区美元支付模式在发挥积极作用的同时也存在弊端：一是这种非集中的模式分散了银行储备，降低了资产的使用效率，同时增加了抵御恐慌性提款的脆弱性①；二是多级代理关系的存在，降低了支付效率，或是使收款人不公平地承受了其中的交易费用，不能按照票据面值收到款项②。这些对于美元的跨境使用来说是一种障碍。

为了降低支付成本，实现票面原值兑付，美联储成立后于1915年4月对外发布了一个可以自愿、互惠组建各地联储银行票据清算所的通知，通知中提及联储的票据清算所除堪萨斯和旧金山外将采取即时借、贷记方式③。加入美联储票据清算所的银行应承诺对于联储银行托收的票据，付款行应按照票面原值兑付。当时堪萨斯联储的票据清算所已经采取即时借、贷记方式，而旧金山联储应用的是延时借贷记模式。一年后证明，这种自愿的方式对于组建联储票据清算所的推动力量非常有限，仅1/4的联储成员银行加入了美联储的票据清算所，清算金额仅占美元票据金额的3%，银行没有意愿加入参与机构很少的支付安排中。银行这种冷淡的反应进一步说明，支付系统具有网络外部性的特征，而在此显现的恰恰是第二章我们提到的网络外部性的负面效应。

1916年4月，美联储强制要求其成员行加入联储票据清算所，并

---

① Laughlin J. L. Banking reform [M]. National Citizen's League, 1912.
② 当时的银行法规定，若支票托收行将支票邮寄至付款行，则托收行需承担付款行收取的交易费用。为了规避这一费用，在不允许异地开设分支机构的限制下，托收行一般会通过多级代理，将异地支票业务转换为同城业务，因而支付效率较低。具体参见：Spahr W. E. The clearing and collection of checks [M]. Bankers Publishing Company, 1926.
③ 联储在支付体系中的职责是逐步由国会法案和相关诉讼确定的。1913年实施的联储法案并未明确联储在支付体系发展中的职责，其中第13节授予联储为成员行清算支票的职责，第16节要求各联储银行应该为成员行按照原值兑付支票，并授权联储委员会建立清算所，为各联储银行间的支票提供清算服务。基于联储法案的这两条规定，联储委员会认为，从联储建立之日起，联储具有推动全国支票原值托收体系建立的行政力。

于7月宣布收取支票托收费用，费率为支票面值的0.9%~2%。之后，各银行纷纷将原存于代理银行用于票据清算的部分资金转存于联储银行。1916年美联储实施成员行的强制面值兑付时，全国29%的商业银行是美联储成员行，占全国储蓄额的50%。不久之后，美联储在设立12家储备银行之外的城市又新设立了处理票据清算的分支机构，1917年年底，新增6家；1920年新增22家，美国中央银行的全国票据清算网络得以建立。1916年6月，18645家州立银行中仅34家是联储成员行。1917年，联储法案修订使得州立银行加入联储的数量得以增加，到1920年，21062家州立银行中有1373家加入了联储。1920年6月，所有成员行吸收了全国70%的储蓄。

1918年，美联储开始租用有线通信线路用于联储银行间的资金汇划，支付效率提高。在此之前，联储银行间的资金支付指令亦是通过邮寄方式传递。在当年6月，取消了支票托收费用，以进一步推进业务发展。对于非成员行，若其承诺原值兑付票据，联储将为其免费通过有线通信线路办理汇款。此举主要是消除"银行之所以收取费用是因为汇款需要费用"的借口。与当时200家私营票据清算所业务量相比，1917年联储票据清算所业务量为私营票据清算所业务量的15%，1918年上升为33%。流程见图7-8。

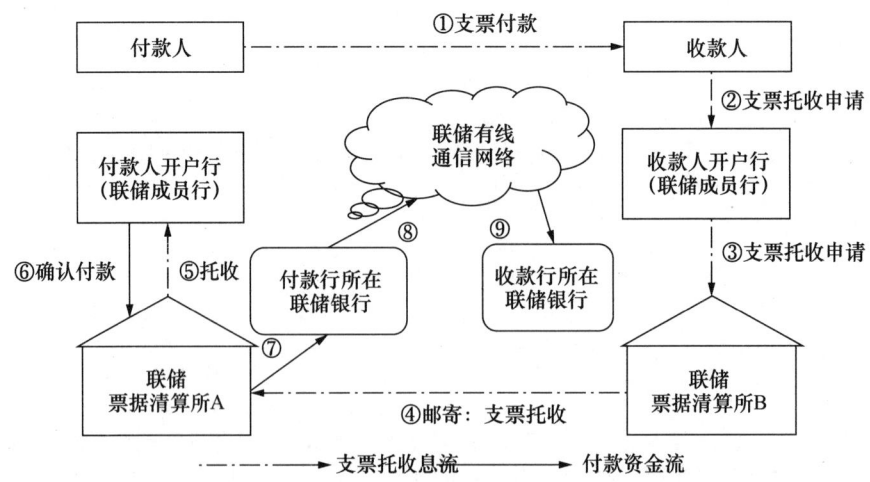

图7-8 1918年后美国境内异地支票清算和结算流程

第七章 美元支付基础设施：中央银行主动为之

美联储推出票据清算业务以来，其业务增长情况如图7-9所示。就份额而言，虽然不及清算所，但美联储处理的支票金额所占比例不断增加，从1915年的2.8%增长至1934年的39.4%（见图7-10）。从图7-10中可以看出，1929年以后，美联储处理的支票金额量增长加快，其中一个重要原因是，经过大萧条，银行发现中央银行的支付安排比代理模式更为安全，从而转向美联储的票据清算所。这一现象同样出现在20世纪80年代，当时得克萨斯州银行危机时达拉斯联储的支票清算量一度激增[①]。

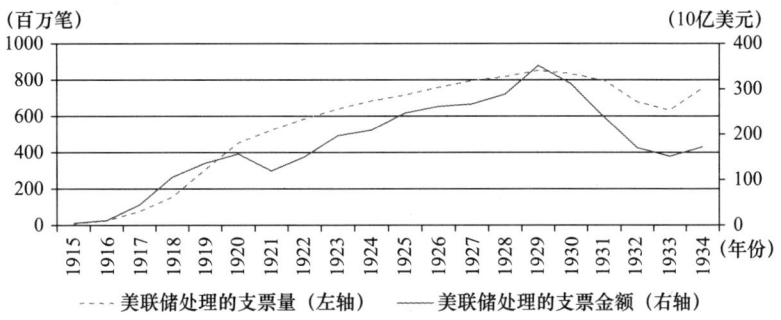

图7-9　1915~1934年美联储支票业务量情况

资料来源：美国联邦储备银行。

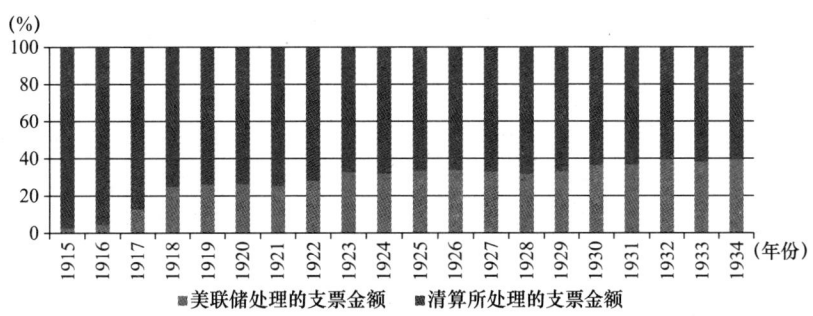

图7-10　1915~1934年美联储和清算所支票业务金额分布走势

资料来源：根据 Gilbert R. A. The Advent of the Federal Reserve and the Efficiency of the Payments System：The collection of checks，1915-1930 [J]．Explorations in Economic History，2000，37（2）：121-148．

---

① Clair R. T.，Kolson J. O.，Robinson. K. J. The texas banking crisis and the payments system [J]．Economic Review，1995：13-21．

(三）对美元国际化的支撑

货币发行国境内中央银行支付基础设施是国际货币支付系统的核心组成部分，美联储支付基础设施的建立对于美元这一国际货币来说，首先具备了第一层次的支付基础设施。同时，对照国际货币支付基础设施的基本特征和一般特征，它所发挥的作用具体体现在：

（1）缩短境内支付周期，提高支付效率。单就境内支付而言，主要体现在以下两个环节：①建设遍布全国的票据清算所办理票据异地托收，替代多级银行间代理，减少票据托收环节，缩短了时间。②设立黄金结算基金（Gold Settlement Fund），建设储备银行间通信连接来传递付款信息，并据此实现簿记转账，替代了之前付款行与托收行之间通过邮寄货币、运输黄金或通过二者位于金融中心的代理行交换银行支票办理付款的方式，提高了支付环节的效率，同时还消除了美元地区间的兑换率。

联储模式下，票据仅需在两个联储银行间邮递一次，特别是随着联储票据清算所在全国的延伸以及电子支付指令的应用，支付时间缩短。据统计，以支票为例，1912年单美国境内通过代理模式进行票据的跨地区支付平均需要5天，1918~1920年，美联储处理的票据支付平均仅需要2天时间。以纽约向其他城市商业银行托收支票为例，1912~1915年、1915~1918年以及1918年以后，票据清算处理时间发生的变化见图7-11。

对于美元跨境支付而言，境外机构或其开户行只需以一家联储成员行作为其代理行，就可以通过美联储遍布全国的支付系统，将跨境支付转换为高效的境内银行间支付，而在此之前，境外银行或是以高昂的成本在不同地区建立代理银行关系，或是通过境内低效的多级代理关系实现跨境支付。因此，可以说，美联储支付安排的推出在促进国内美元发展的同时，也提高了美元跨境支付效率。这一案例进一步说明国际货币的跨境支付离不开境内支付系统的支持，中央银行支付系统是国际货币支付基础设施的核心。

第七章 美元支付基础设施：中央银行主动为之

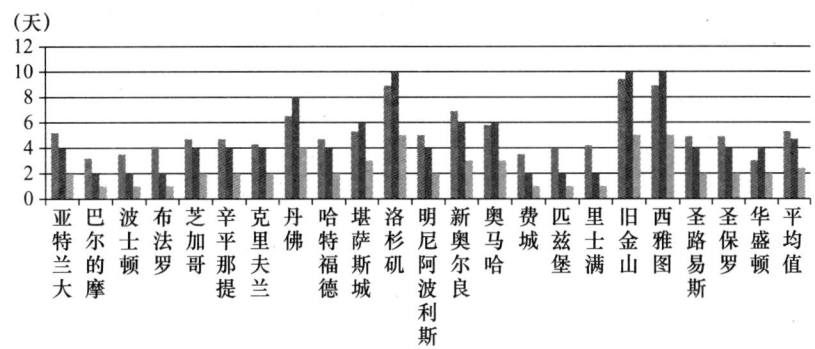

图7-11 1912年代理银行模式下与1918~1920年联储模式下
支票从纽约托收处理时间对比

资料来源：根据 Spahr W. E. The Clearing and Collection of Checks［M］. Bankers Publishing Company，1926：182-183 整理绘制。

（2）降低了支付成本。美联储建设支付系统的初衷是实现票据的平价兑付，并采取强制成员行参与、取消托收费用、电子转账等措施，降低了票据的处理成本。

（3）实现了使用中央银行货币用于支付结算，中央银行信用使得银行间支付更具保障。银行的联储账户用于银行间结算，动摇了大银行作为结算银行的垄断地位，进而降低了银行间结算费用。自此，实现了清算所与联储银行共同提供银行间支付结算服务的相互补充、相互促进的局面。

（4）为美联储通过票据市场注入美元流动性提供了资金清算的基础设施。根据研究，美元票据市场对于美元国际化发挥了积极作用。1914年，在放开银行票据交易的政策后，美联储在20世纪20年代积极发挥票据再贴现人职责，促进了票据市场的发展。一方面银行可以签发票据，满足境外对美元的需求，另一方面票据市场的存在确保了票据流动性，个人和机构也愿意接受美国银行和信托公司出具的票据。美元票据的背书转让、贴现以及再贴现，在美联储以储备账户和票据清算所为组成部分的基础设施支持下得以高效实现。1914~1933

年美国国际贸易与其票据市场的发展路径基本一致（见图7-12）①。

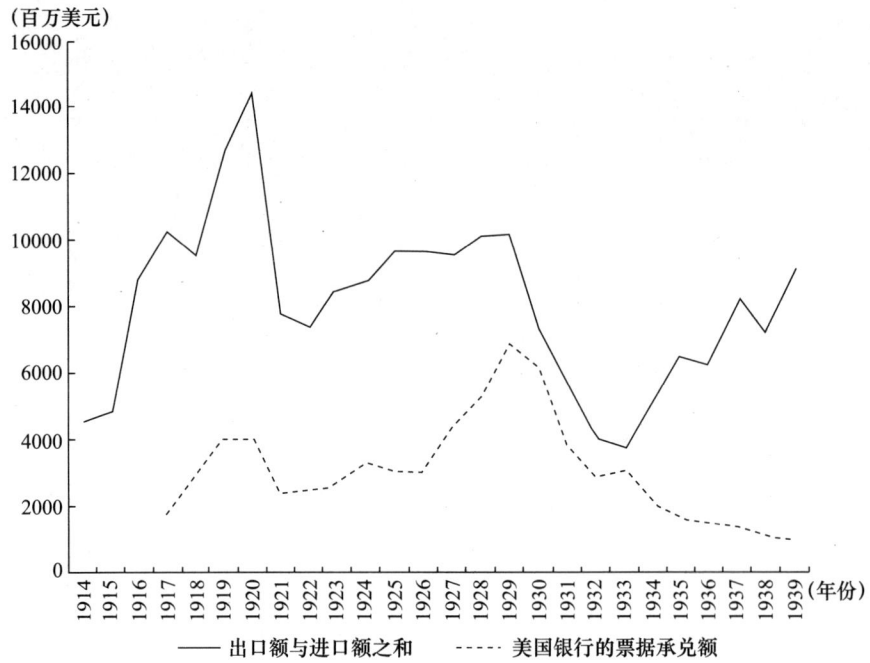

图7-12 1914~1939年美国进出口贸易与每年票据承兑总额关系走势

资料来源：转引自Eichengreen B. J. and Flandreau M. The Federal Reserve, the Bank of England, and the Rise of the Dollar as an International Currency, 1914-1939 [J]. Open Economies Review, 2010: 57-87.

同时，银行通过联储票据清算所建立了与中央银行的联系，便利了票据的再贴现，进一步推动了货币市场的发展，有利于美国银行为以美元结算的国际贸易提供美元信贷，为美元的国际化提供流动资金，同时也为中央银行应对金融危机提供了途径。

---

① Eichengreen B. J., Flandreau M. The federal reserve, the bank of England, and the rise of the dollar as an international currency, 1914-1939 [J]. Open Economies Review, 2010: 57-87.

第七章　美元支付基础设施：中央银行主动为之

（四）大萧条：削弱了美元支付基础设施

大萧条时期，美元的国际化程度有所降低。在1929～1933年的大萧条期间，有四个重要节点：第一个时间点，1929年10月股市暴跌；第二个时间点，1930年10月，第一次银行业危机的开端，人们试图将银行存款转为通货；第三个时间点，1931年3月，第二次银行业危机的开端；第四个时间点，1933年的银行业"危机"3月，全国银行歇业，实行史上范围最广的支付限制，即不仅停止存款向通货的兑付，而且停止贷款发放、支票支付等。

从1929年8月达到周期性顶峰到1933年跌入周期性谷底，美元货币存量下降幅度超过1/3，20%的银行由于财务困难而停业，加之清算、合并、收购等，银行数量减少1/3以上，1933年3月中旬前，银行全部歇业，包括联邦储备银行在内，因而美元支付一度陷入瘫痪。准确地说，20世纪20年代的金融扩张、金融体系本身的脆弱性以及补救措施的不得当是内因，在这一过程中，支付基础设施本身不存在导致经济危机的功能不足和缺陷，在应对危机的过程中，也没有因为支付基础设施的问题带来偏差。相反，大萧条对于支持美元跨境支付的基础设施却带来了影响。具体来说：

（1）银行的倒闭不仅使存款持有人认为存款这种资产持有形式不再安全，而且使美元跨境支付所依赖的跨境代理关系遭到破坏，削弱了由代理银行、清算所和联储支付系统共同组成的美元支付系统功能，一定程度上阻碍了美元的国际化。

（2）银行歇业以及支付限制的政策使支付基础设施功能发挥受到制约。虽然在危机中，纽约等联储银行采取了扩张性的公开市场操作，但是由于实施范围和力度有限，因此较市场需求仍有较大差距，未能有效控制住危机的扩散，并伴随着小银行的倒闭。1933年4月，支付限制的实施暂停了支票支付，当时最重要的支付工具无法使用，货币流通速度下降。当支付基础设施中的银行和支付工具不能发挥作用时，那么支付基础设施将不能正常运转，美元的国内外支付均受到制约。

此外，大萧条期间，在1929年股市暴跌、1930年和1931年银行危机中，联邦储备银行通过购买债券和票据贴现为市场注入了流动性，同时在1931年银行危机中为防范国际金融危机，在当年的第二和第三季度，联邦储备银行为外国银行通过票据贴现提供贷款。美联储这些措施的实施离不开依托银行间支付安排。因此，支付基础设施为流动性的注入提供了资金通道，为应对危机发挥了积极作用，从而间接促进了美元跨境使用的恢复。这是支付基础设施在维护金融稳定中发挥作用的一个案例。

（五）与国际货币支付基础设施的差距

与美联储成立之前的支付基础设施相比，在支持美元国际化方面，1914~1933年支付基础设施无论在满足美元跨境支付的功能方面还是降低美元支付交易成本方面均发展迅速，美国银行大力发展海外代理关系，支付基础设施具备跨境支付功能，中央银行开始成为支付基础设施服务主体，处于核心地位的中央银行支付基础设施得以建立，实现了结算资产从商业银行货币向中央银行货币的转变，支付基础设施为注入美元流动性提供了支付安排，美元支付交易成本降低。对照第五章研究得出的国际货币支付基础设施基本特征和一般特征，美元支付基础设施已具备一般特征，即满足美元作为国际货币的支付需求，其差距主要体现在受技术水平所限，支付交易成本有待进一步降低，具体包括：①代理银行间以及银行与中央银行间支付指令标准未统一，同时银行与中央银行间未实现有线通信连接，支付指令的传输仍为手工模式，影响了支付效率的提升。②支付基础设施并未消除或降低美元证券交易以及外汇交易中存在的结算风险，使交易成本维持在较高的水平上。

第七章　美元支付基础设施：中央银行主动为之

五、20世纪70年代：三个重要系统的诞生

（一）时代背景

1. 美国银行海外拓展速度加快

20世纪50~60年代，美国政府对商业银行扩张的规范事无巨细，甚至明确限定银行设立办事处的地点、提供产品的种类以及按何种利率收付等。在美国对外直接投资所产生的美元借贷需求和60年代中后期开始的"大通胀"市场需求的刺激下，银行迫切需要开展跨国业务。为规避管制，银行积极参与到不受任何国家法令限制、免税且不缴纳法定储备的欧洲美元市场的资金交易中。美国银行在其分支机构数量和资产规模增大的同时，有力支持了美元的国际化。

2. 美国国内外利差使得境内美元流入境外

从1965年开始，受美国国际和国内宏观经济政策影响，美国国内信贷趋紧，市场利率上升到5%~6%，面对商业银行所提供的4%的存款利率，存款人纷纷将商业银行存款提取出来改投到国外利率更高的地方。1966~1969年，美国商业银行被迫转向国外筹措资金，通过它们的国外分支银行在境外吸收存款再调回国内使用。虽然美国政府于1970年和1974年分别废除了Q条例和利息平衡税，但国际市场的强劲需求使美国商业银行不断扩大其国际业务规模。国际市场对美元金融服务的强劲需求主要来源于五方面——美国国际收支逆差、布雷顿森林体系崩溃、石油美元的周转、跨国公司的资金运作以及第三世界借债进行工业化。

3. 美元离岸市场的快速发展

美元离岸市场最早形成于20世纪50年代的欧洲。欧洲美元最初大部分集中于伦敦，以不受任何国家法规限制、不缴纳法定存款储备

· 149 ·

金、不纳税、流动性强等优势成为海外美元主要集聚地，市场参与者主要包括商业银行、各国央行和政府。欧洲美元规模从1964年的96.5亿美元增长至1979年的4366亿美元[1]。

随着欧洲货币市场的发展，亚洲等地区也开展了欧洲货币业务，20世纪60年代中期，亚洲的美资银行分支机构有着在亚洲发展欧洲美元业务的强烈需求，1968年起新加坡逐步放开外汇管制，推动以美元为主的新加坡离岸市场形成。1970年后，中国香港、中国台湾、马来西亚等地先后推动设立了离岸金融市场，美元的交易量占到90%以上[2]。

4. 信息技术的快速发展

1971年，微处理器的诞生开启了信息技术革命的大门，随着科技创新，信息技术成本大幅降低。有数据显示，从20世纪60年代到80年代初，计算机处理成本以年均25%的速度下降，通信成本的降幅也达到了11%[3]。信息技术在金融领域的一个重要应用是支付基础设施，不仅提供了创新的硬件基础，而且可以准确、快速地识别收、付款双方的身份，提高运算和信息处理效率，降低处理成本和风险，进而引发业务创新。

（二）Fedwire诞生

20世纪20年代之后，美联储支付系统在技术上不断改进，但仍然维持着分散的结构，将应用不同的12个储备银行的支付系统连接在一起，12个储备银行对外提供的支付服务存在差异，未实现标准化，跨地区结算效率低于地区内的结算。对于美元的跨境支付而言，由于最终的结算多数是通过代理银行转化为美元的境内银行间结算，因而当跨地区时，其结算效率仍有改进空间。由于当时的法律不允许

---

[1] 吴念鲁. 欧洲美元与欧洲货币市场［M］. 中国财政经济出版社，1981.
[2] 巴塔查亚. 亚洲美元市场：国际离岸金融业务［M］. 叶玉森译. 福建人民出版社，1981.
[3] Kaufman G. G., Mote L. R., Rosenblum H. Consequences of deregulation for commercial banking ［J］. Journal of Finance, 1984, 39 (3): 789-803.

银行跨储备银行管辖区域开展业务，因此参与者对于统一美联储支付系统的呼声并不高。20世纪60年代，美联储认为可以统一各储备银行的支付服务了。

这是一项复杂的工程。20世纪70年代，美联储决定开发统一的支付系统软件，并将系统名称确定为Fedwire，80年代早期，标准化的软件开始使用。然而，在应用过程中，各储备银行的参与者不断提出个性化的需求，联储银行不断对软件进行修改，标准化服务经过短暂统一后再度回到各自为政的时代。直到80年代后期，银行跨区域经营变得普遍，商业银行在全国的分支机构发现其在各地得到的中央银行支付服务是不同的，要求美联储统一支付系统的呼声变得强烈。最终，这一问题在80年代末期得以解决，并形成了主干网连接12个处理中心以及4个备份中心的全国统一的支付系统。

此时期中央银行支付基础设施的发展主要是从降低交易成本的角度支持美元作为国际货币的支付需求。具体体现在：

一是全国统一的支付服务，并形成全球首个实现RTGS的银行间支付系统，使美元跨境支付两个环节中的境内银行间支付效率提高，境内跨地区支付概念逐步淡化，同时消除了信用风险，大大降低了美元结算风险。

二是降低了美元使用者的支付成本。美联储通过应用新技术使Fedwire的成本降低了10%，本着中央银行不以营利为目的的原则，进而降低了收费，将规模经济和技术进步带来的成本降低传导至美元支付的消费者。

三是由于统一了应用，为后续的标准化发展奠定了基础，而标准化恰恰是降低交易成本的关键一环。对于Fedwire而言，后续为兼容在货币跨境支付中发挥关键作用的环球银行间金融通信协会SWIFT和清算所银行间支付系统（Clearing House Interbank Payments System，CHIPS）报文标准创造了便利条件。前者是代理银行间的通信网络，后者是位于国际货币支付基础设施第二层次的美元跨境支付的系统。统一Fedwire与SWIFT和CHIPS间的报文标准，可以实现美元跨境支付多个环节的直通处理，从而进一步提高美元跨境支付效率。

（三）CHIPS 诞生

欧洲美元等离岸市场发展激增了境外美元结算需求，同时，1973年美元从固定汇率制度转为浮动汇率制度，美元外汇交易增多相应促进了美元结算需求。在这样的背景下，为满足这一需求，纽约清算所协会（NYCHA）于1970年建立了清算所银行间支付系统，即CHIPS，这是专司跨境支付的基础设施，也就是第二层次的国际货币支付基础设施，这点可以从CHIPS 20世纪80年代的交易构成看出（见图7-13）。之前提到的纽约票据清算所是CHIPS的前身，前者是基于交换纸质票据的支付系统，后者采用电子支付模式。1971年，9个参与者的业务量是80万笔，金额为1万亿美元；1974年，原纽约票据清算所的56家参与者全部迁移至CHIPS，80年代中期，参与者达到140家。1988年，业务量达到3400万笔，金额达到165万亿美元。

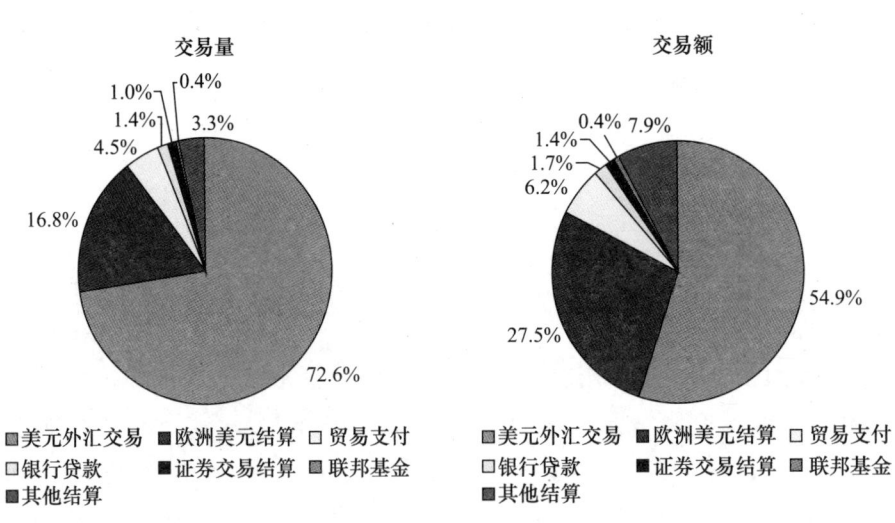

图 7-13　20世纪80年代中后期 CHIPS 业务种类构成

资料来源：Federal Reserve Bank of New York. Large – dollar payment flows from New York [J]. Quarterly Review Federal Reserve Bank of New York, 1987 – 1988 (12)：9.

第七章 美元支付基础设施：中央银行主动为之

此时，美元离岸市场在欧洲、日本等地形成，以商业银行为结算银行的美元离岸支付基础设施亦同步形成。20世纪70年代，美元离岸支付基础设施不同于第一和第二层次的基础设施有确定的系统名称和单一的服务主体，而是纯境外离岸支付和境外银行直接参与美国境内支付系统这两种模式。以日本的离岸美元支付为例，东京离岸市场上的美元支付方式之一是各参与者均在充当结算银行职责的美国银行东京分行开立美元账户，由结算银行完成美元离岸的银行间支付；方式之二是离岸市场上各行均通过CHIPS办理美元支付。从第二种方式来看，第三层次支付基础设施与第二层次支付基础设施重合。进入21世纪，美元离岸支付基础设施的表现形式发生了变化，如离岸市场所在地中央银行为加快本地国际金融中心建设牵头搭建了美元离岸支付系统，如香港地区美元支付系统和大陆境内美元支付系统。

这些离岸美元支付基础设施成为第三层次国际货币支付基础设施。自此，支持美元作为国际货币的三个层次的支付基础设施已经形成，这一过程与美元国际化路径相匹配，因此，事实说明，支付基础设施有力支持了美元的国际化。

在支持美元跨境支付方面，处于第二层次的CHIPS发挥的作用如下：

一是为外国银行直接接入美元支付系统提供途径，相较于传统的通过代理方式参与美元支付系统，效率提高，成本降低。在CHIPS之前，由于美联储支付系统即Fedwire严格的准入制度，使得外国银行即便在美国有分支机构，也需与本土银行建立代理关系，间接参与美元支付系统。因此，美元的跨境支付通过美国境内银行间支付系统和代理两个环节实现。而CHIPS的准入原则是，内外资银行一视同仁，只要满足如下条件即可参与：①属于位于纽约的商业银行、Edge法案公司①以及商业银行分支机构；②遵守纽约州的银行部门和联储的监

---

① 简称EAC，系指根据美国联邦准备法（U. S. Federal Reserve Act）第25条规定而设立联邦注册公司（National Chartered Corporation），专门从事有关国际金融及投资业务，经营项目包括接受国外或非居住民（non‐residents）的活期及定期存款、开发信用状、国际贸易融资、开发银行承兑汇票等其他国外业务。

管规定；③参与者需承诺通过位于纽约的主连接或者位于纽约行政区的备份连接，实现 CHIPS 业务收发；④当 CHIPS 运行时，在纽约需设有专门的负责人；⑤潜在参与者需向 CHIPS 提供自身及母公司的财务报表。到 20 世纪 80 年代，其参与者中 2/3 的银行是外国银行的分支机构。

　　二是满足欧洲美元市场及其他离岸市场结算需求。这点从其运行时间上可以看出。一般情况下，美国节假日 CHIPS 不提供服务。但是，当某一节假日不属于欧洲节假日时，CHIPS 将在第二天延长其运行时间，从正常情况下的 7：00～16：30 延长至 5：00～17：00。

　　三是与票据清算所相比较实现了借记支付方式向贷记支付方式的转变。通过通信连接，实现对收发双方的身份识别，而无须通过票据方式进行身份验证，从借记支付方式转为贷记支付方式。在支持的支付工具方面，从落后于美联储支付系统到实现同步，成为中央银行支付基础设施的补充。

　　四是作为私营系统，通过建立与 Fedwire 账户系统的连接，结算资产为更为安全可靠的中央银行货币，使美元的跨境结算风险维持在一个较低的风险水平上。CHIPS 不具备资金结算功能，只负责清算，最终结算在 Fedwire 中完成。CHIPS 设有两类参与者：结算型参与者和参与者。结算型参与者在纽联储设有结算账户，大约有 21 家，其在 CHIPS 的业务最终通过 CHIPS 与纽联储的连接在 Fedwire 结算，其中 8 家结算型参与者的一个重要作用是为参与者提供代理服务，确切地说是为外国银行提供账户结算代理服务。参与者分为两类：一类是外国银行的分行，在 Fedwire 无法开立账户，在 140 家参与者中大约有 105 家，这体现了 CHIPS 主要服务于美元跨境支付的功能；另一类是 14 家在 Fedwire 没有账户的美国地区性银行。据统计，20 世纪 80 年代末期，82% 的 CHIPS 业务来自美元外汇交易和欧洲美元市场。CHIPS 的这种安排，确保了结算资金为较为安全的结算资金，同时通过建立连接国内外银行的支付信息清算和转接平台，提高了原先的境内外代理

第七章　美元支付基础设施：中央银行主动为之

银行间支付信息交互效率，便利了美元的跨境支付①。

五是采用净额模式，节约了外国银行的美元流动性，同时采取措施控制信用风险，在控制信用风险与流动性风险间实现平衡。CHIPS采用多边净额结算模式，日间只进行支付信息的传递，资金结算在下午4：30以后进行。下午4：45，向所有参与者通知当天的清算结果，即每个参与者所有收款和付款的差额；下午5：30，所有清算结果为净借记的结算参与者开始通过Fedwire向CHIPS在纽联储的账户付款，并在5：45之前完成这一过程，之后，CHIPS向所有清算结果的净贷记的结算参与者账户付款。下午6：00之前资金结算完成。

这一模式下，虽然结算在日终才开始，但是CHIPS的参与者会将未结算的来账资金汇入客户账户，并且允许客户对外支付，节约了美元的流动性，大大提高了美元资金的使用效率。从另一个角度来说，这种结算方式意味着CHIPS的所有参与者得到了免费的日间信贷。根据1989年2月9~22日的统计数据，平均日间信贷额为430亿美元。净额结算模式的特征决定了其在提高资金使用效率的同时，会产生信用风险。CHIPS为控制信用风险，所采取的措施包括：①参与者间可以设置双边信用限额，若参与者希望提高其信用，可以提供质押品；②CHIPS为每一个参与者设置净借记限额，为当日该参与者最大的日间信贷额，净借记限额一般是该参与者双边信用限额之和的5%，一旦某一参与者在日间达到该限额，CHIPS将暂停该参与者对外付款，仅可接收来账。事实上，该时期CHIPS未发生信用风险，同时由于节约了流动性，提高了美元的使用效率，促进了美元跨境支付的发展。

（四）SWIFT诞生

如前所述，通常来说，国际货币支付基础设施涉及代理银行支付

---

① Federal Reserve Bank of New York. Large – dollar payment flows from New York［J］. Quarterly Review Federal Reserve Bank of New York, 1987 – 1988（12）：9 – 13.
Federal Reserve Bank of New York. A study of large – dollar payment flows through CHIPS and fedwire［R］. A Bound Paper, 1987.

人民币国际化"大动脉"——国际货币支付基础设施构建

和境内中央银行或行业组织提供服务的银行间支付两个环节。因此,国际货币支付基础设施分为两类:一是代理行作为服务主体的银行间支付基础设施;二是中央银行和行业组织作为服务主体的银行间支付基础设施。20世纪70年代,对于美元而言,国际货币的第二类支付基础设施,即中央银行和行业组织为服务主体的银行间支付系统发生了变革。与此同时,代理银行间支付基础设施在20世纪70年代迎来了一个新的时代,统一标准的、覆盖全球的、支持跨境代理银行支付信息传递的基础设施——SWIFT建立,为全球银行间的支付、外汇交易确认、报表、查询等交易提供了信息传输通道。

SWIFT不同于支付系统,仅负责信息传递,不具有资金结算的功能,资金的结算仍由代理银行通过簿记完成。SWIFT成立的背景是,之前80%的银行间信息传递主要靠邮政电报服务[1],许多欧洲银行需要更加便宜和高效的跨境银行间支付信息交互设施。1977年5月,SWIFT投入使用。1980年2月,其成员行来自26个国家的710家银行,1982年扩展至42个国家的1017家,此时73%的业务量来自欧洲的银行,20%来自北美的银行,按照业务种类,37%的业务为客户转账、27%的业务为银行转账、25%为代理银行借贷记账户的确认信息;按照各类业务的分布区域,代理银行借贷记确认业务中,66%来自美国,34%来自英国。这说明,纽约和伦敦分别是美元和英镑的清算中心,外国银行与纽约和伦敦的银行建立了代理关系。

SWIFT的出现,并非是弥补美元跨境支付基础设施功能上的缺失,因为在此之前跨境银行间支付信息的传输通道已经存在。它对于国际货币支付基础设施的积极作用在于,大幅度降低了交易成本,体现在四个方面:一是以计算机技术替代了以邮政电报为主的支付指令传输方式,自动化水平提高,因而支付效率提升;二是统一了代理银行间支付指令传输标准,为降低支付成本奠定基础;三是SWIFT机构属于第三部门机构,由部分参与者共同所有,以促进行业发展为目标,并

---

[1] Revell J. Banking and electronic fund Transfers [J]. Journal of Banking & Finance, 1983, 9 (48): 603-605.

第七章 美元支付基础设施：中央银行主动为之

且不以营利为目的，有投入新技术提高效率的动力，虽收取报文传输费用，但会将利润返还，同时随着规模经济下单位成本的降低，逐步降低收费标准，降低跨境支付的成本；四是十国集团中央银行从1998年建立了对SWIFT的合作监管机制，并以维护金融稳定作为监管目标，定期监测其安全性、法律风险、准入等制度的透明度，这是为了确保SWIFT在满足货币跨境支付基本功能的同时能够不断降低交易成本的基础。

表7-5 1979~2014年SWIFT业务发展情况

年份	参与者数量	参与国家	报文传输量（百万笔）	跨境银行间报文收费标准（欧分/笔）
1979	239	15	10	NA
1989	2814	78	296	NA
1999	6797	189	1059	NA
2009	9281	209	3760	20.95
2014	10800	210	5600	18.4①

资料来源：SWIFT网站。

（五）英美对比

20世纪70~80年代，英镑仍为国际货币，但从图7-6和图7-7可以看出，其国际化程度大大低于美元，甚至弱于马克和日元。结合国际货币相关理论可以断定，英镑国际化对支付基础设施的推动力要弱于美元，加之政府在支付基础设施建设中的主导性弱，这也许是英镑支付基础设施在80年代之前停滞不前的一个间接原因。由于各货币发展状况和定位不同，支持不同币种的支付基础设施本身不具有可比性，将两个货币支付基础设施进行比较研究的目的是更深入认识理解各个支付基础设施、定位其发展阶段、探究其发展动力。

---

① 2016年跨境银行间报文收费标准为17.66欧分/笔。

通过以上分析，从支持国际货币的角度，美元与英镑支付基础设施存在以下几个方面的差别：

一是美元支付基础设施的信息化程度比英镑大约提前10年，使得同期美元的支付效率要高于英镑。对比Fedwire与CHAPS，从信息技术的应用看，前者在20世纪70年代已应用RTGS模式，实现实时支付的同时消除了信用风险，80年代末已实现统一的集中化处理，效率进一步提高，而此时期，CHAPS仍采用分散处理模式，各参与者间通过电信网络连接，收发信息储存于参与者端的接口中，日终，接口软件将借贷记清算结果发送至英格兰银行结算，这是一种多边净额结算模式，在节约流动性的同时，存在信用风险，直到1996年4月才转变为RTGS系统。

CHAPS与美国的CHIPS相比，虽然同为净额结算模式，但是并没有如CHIPS运用设置限额等信用风险防范措施。在20世纪80年代后期随着业务量的增加，这一风险隐患同时增大。CHAPS直到1991年才增加了双边收款人净限额（Net Bilateral Receiver Limits，NBRLs）。NBRLs是一家银行为另一家银行设置的后者来账超出后者往账的最大金额。后来还在CHIPS之后运用了净借记限额方式。

二是境外参与者直接参与英国境内支付系统的程度低于参与美国境内支付系统的程度。1987年7月，CHAPS的参与者有14家，其中包括英格兰银行，几乎不涵盖外国银行；同期，虽然Fedwire不直接面向外国银行，但是CHIPS作为跨境美元支付基础设施，外国银行作为CHIPS参与者通过与Fedwire参与者建立代理银行关系，既确保了以安全性更高的中央银行货币作为跨境美元结算的资产，也实现了直接面向外国银行提供美元银行间支付的目标，交易成本低于英镑支付基础设施。

三是中央银行参与支付基础设施的深度和广度，英格兰银行不及美联储。支付基础设施具有准公共产品特征，一次性投入较大，在形成规模经济之前，其回报不足以弥补成本。非营利性以及维护金融稳定和"银行的银行"的职责决定了中央银行建设支付基础设施可以确保满足公众对高效、安全、平价的资金支付需求。美联储自1914年

第七章 美元支付基础设施：中央银行主动为之

设立的同时就以确保支票平价兑付为目标建设了中央银行支付基础设施，并不断应用新技术，加大投入，使 Fedwire 成为世界上最早应用 RTGS 模式的支付系统。随着美元国际化的深入，通过账户支持，建立与 CHIPS 的合作，推动美元跨境支付基础设施发展、完善。英镑支付基础设施发展早于美元支付基础设施，但该业务并非由英格兰银行主导，一直被几家大的清算银行垄断。英格兰银行推动英镑支付的一个重要时点就是在 19 世纪末成为伦敦银行家清算所参与者，之后英镑的银行间结算资产转变为中央银行货币。自 20 世纪 80 年代起，清算银行垄断打破后，英镑大额支付系统由商业银行出资成立的有限责任公司建设、运行，英格兰银行在承担结算银行职责的同时，逐步承担支付监管职责，并与 APACS 共同推进了向 RTGS 的转变，始终未在支付系统建设中发挥建设者和运行者的职责。在英镑国际化推动力减弱的背景下，大额支付系统由清算银行等商业机构垄断且中央银行推动力不足是英镑支付基础设施后来发展慢于美元支付基础设施的一个重要原因。

专栏 1：20 世纪 70～80 年代英镑支付基础设施发展

与美国形成中央银行支付基础设施与第三部门支付基础设施合作共存的格局不同，英镑支付基础设施发展到 20 世纪 70 年代，仍然维持着几家大型零售银行控制银行家清算所，同时银行家清算所垄断银行间支付基础设施的格局。自 19 世纪末至 20 世纪 80 年代，银行家清算所仅接受了 4 家新增参与者，分别是 1864 年的英格兰银行、1975 年的合作银行（Co-operative Bank）和中央信托储蓄银行（Central Trustee Saving Bank）以及 1983 年的国家邮政银行（National Girobank）。这一点引起了英国相关组织和官方机构的关注。1978 年价格委员会报告和 1980 年的 Wilson 报告均认为银行间支付市场的准入应放宽并应置于官方机构的监管之下，后一报告更是明确提出英格兰银行应该更多地参与到清算所的管理中。1983 年国家消费者协会发布报告认为，政府应在接下来的 2～3 年内宣布评估货币转账业务发展的计划,当银行机构不能依据平等的条款进入银行间货币汇划市场提供支付服务时,则政府需要审视目前这种支票清算系统和电子支付系统由几家银行共同所有的模式是否是合理的。在这些外力的推动下,伦敦银行家清算所的10家参与者成立了一个工作组,开始评估银行间支付市场的现有模式,当年12月,著名的Child报告发布,对银行间清算、结算模式的组织架构、机构和规则提出建议。次年相关建议付诸实施。新的组织架构是伞状管理结构,新成立的支付清算服务协会下根据不同的业务设立3家由参与者所有的股份公司和2个委员会,具体是:

(1)支票和贷记清算有限责任公司,负责票据和贷记支付纸质凭证的清算处理。

(2)CHAPS和TOWN清算有限责任公司,其中清算所自动支付系统(Clearing House Automated Payment System,CHAPS)是处理单笔10000英镑以上的大额英镑贷记支付的信息系统,TOWN清算系统是处理伦敦城区域大额支票的安排。

(3)BACS有限责任公司,其前身是银行家自动清算服务(Banker's Automatic Clearing Services)有限公司,负责以电子、批量模式处理直接借记等业务的清算,不同于其他两家公司,BACS自1968年开始运行,1971年成立公司。

(4)货币清算委员会(Currency Clearing Committee),负责管理伦敦的美元清算和伦敦货币结算方案。

(5)支票卡政策委员会(Cheque Card Policy Committee),负责国内支票担保卡方案以及英国机构参与统一欧洲支票的管理。

之后,又成立了第四家公司,EtfPos有限公司,负责ETF-POS业务的清算。

以上公司处理的业务,其最终的账户结算均通过在英格兰银行开立的账户完成。

对于英镑的跨境使用而言,此项改革意味着,英镑支付基础设施所发挥的积极作用有以下几个方面:

第七章　美元支付基础设施：中央银行主动为之

一是中央银行虽未单独建设银行间英镑支付基础设施，但通过改革已明确是银行间支付基础设施的监管主体，为降低英镑支付交易成本创造了条件。

二是打破大银行对银行间支付行业的垄断，更多的银行可以参与银行间支付系统，直接提供支付服务，缩短了支付链条，提高了支付效率，同时，间接促进了英镑跨境支付代理银行业的竞争，降低了支付成本。

三是信息化水平提高，建成覆盖全国银行的大额支付系统——CHAPS，支持贷记支付业务，满足外汇交易、证券交易、货币市场借贷带来的英镑资金结算，为大幅提高英镑的结算效率提供了基础设施，有力支撑了英镑的跨境使用。建设CHAPS的一个最重要的原因是，当时大额的英镑支付主要靠TOWN清算系统完成，该系统采用纸质票据清算方式，支持借记支付工具，虽然可以当天到账，但只能限于伦敦城区，而且其效率主要靠在一个相对集中的区域由人工交换票据实现，因而成本较高。在该区域之外，收款人从向其开户行提交支票到收到资金需要三天时间。为此，1984年CHAPS建成并投入使用。1985年，TOWN系统的日均交易金额在英国支付体系中占比为70%，CHAPS仅占到了21.8%，而到了1991年，前者下降为7.6%，后者上升至65%。1995年TOWN系统停运。从这组数据可以看出，英镑的大额支付是在20世纪90年代初才基本实现了电子化。

（六）与国际货币支付基础设施的差距

这一时期，专司跨境美元支付的基础设施出现，美元离岸市场的形成推动美元离岸支付基础设施的构建，支持美元国际化的支付基础设施的三个层次已经成形。概括而言，美元国际化推动了其支付基础设施的发展，这是二者相匹配的一个主要原因。经过20世纪70年代的发展，相较于20世纪30年代，一是中央银行通过加大对支付基础设施的技术投入,二是行业组织与中央银行开展合作支持美元跨境支付,三是为跨境代理银行提供报文传输的信息化基础设施和服务组织出现,使得美元支付效率提高、支付风险和成本降低。同时,为下一步实现国际货币支付的标准化创造了技术上的可能性。

对照第四章研究得出的国际货币支付基础设施基本特征和一般特征,美元支付基础设施在支持美元国际化方面仍存在不足,主要体现为仍存在国际货币金融交易的结算风险,即支付基础设施并未消除或降低美元证券交易以及外汇交易中存在的结算风险,使交易成本维持在较高的水平上。

六、20世纪90年代至今:风险事件的驱动

(一) 时代背景

1. 金融交易结算风险意识增强

20世纪70年代出现的赫斯塔特事件触发了金融界对外汇交易结算风险的关注,1987年爆发的股灾使中央银行意识到证券交易结算的风险可以蔓延至支付基础设施乃至整个金融市场。进入80年代,伴随金融自由化,国际资本流动规模增大,外汇交易增多,融资趋向证券化,进一步推动了金融市场基础设施参与各方对防范风险的思考和行动。到了90年代初,各国央行在国际清算银行的组织下,对于实现DVP和PVP以消除证券交易和外汇交易的结算风险形成共识。其中,1992年国际清算银行发布《证券结算系统中的券款对付》的报告,从分析证券结算风险入手提出实现DVP的三种模式[①];之后,1993年发布《关于跨境多币种交易的中央银行支付和结算服务》的

---

① BIS. Delivery versus payment in securities settlement systems [R]. Basle, 1992.

研究报告，为中央银行消除跨境多币种交易的风险提供了多种选择，其中包括延长系统运行时间，建立与其他币种支付系统的连接等，同时该报告的一个初衷是使各国意识到，发展本国的支付基础设施不仅要关注国内经济金融发展需求，还应该关注对国际交易的支持，因为国际交易与结算有关的风险和效率问题同样可以阻碍本国支付基础设施发展。①

2．以美元计价结算的金融产品交易成为美元回流的主要渠道

自 20 世纪 70 年代开始，美国一直保持贸易逆差国地位，加之对外投资的增加，自 90 年代起美元流出开始大幅增多，同期，在金融自由化的背景下，美国政府债券以及以美元计价结算的金融产品成为美元外国持有者投资美元的重要渠道。

3．中央银行关于支付基础设施的合作加强

金融风险事件频现以及金融危机的出现，SWIFT 等跨境支付基础设施的出现以及支付基础设施跨境连接需求的增加，推动了中央银行在支付基础设施领域的合作，并体现在两个方面：一是以提升支付效率、安全为目标，组成工作小组进行专题研究，发布研究报告，以理论带动实践；二是推动 CLS 等跨境基础设施的搭建，并建立对 SWIFT、CLS 的联合监管机制。

（二）以降低风险为核心

自 20 世纪 90 年代起，美元支付基础设施的发展主要立足于降低金融交易结算风险，这与时代对之的要求是相符的。美元支付基础设施再次顺应了美元作为国际货币的需求，进一步降低了美元的交易成本，具体体现在以下四个方面：

（1）美联储延长 Fedwire 运行时间，提高美元外汇交易结算效率，消除所覆盖时区美元外汇交易的赫斯塔特风险。1997 年 12 月，Fed-

---

① BIS. Central bank payment and settlement services with respect to cross – border and multi – currency transactions, 1993.

wire 运行时间从 10 个小时延长至 18 个小时，延长后的运行时序是，美国东部时间中午 12：30 进入日间，下午 6：30 日终。实行这一举措后，Fedwire 完全覆盖了欧洲①和美洲的支付系统运行时间。对于美元的跨境使用来说，消除了部分时区美元外汇交易的赫斯塔特风险，同时提高了境外美元的支付效率。

2001 年起，为提高美国储蓄机构在各金融市场的竞争能力，同时在 CHIPS 扩大其在亚洲美元支付市场份额意愿的推动下，美联储决定在 2004 年将 Fedwire 运行时间延长至 21.5 个小时。延长后的运行时序是，美国东部时间下午 9：00 进入日间，第二天下午 6：30 日终，新的运行时间覆盖了亚太地区时区，美元外汇交易风险再次降低。

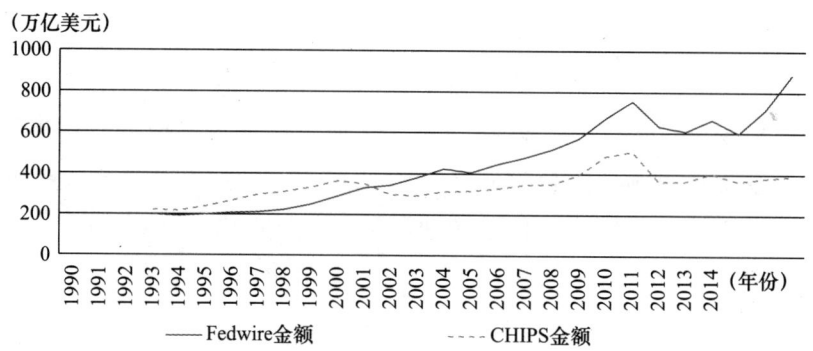

图 7-14　1990~2014 年 Fedwire 与 CHIPS 交易金额

资料来源：美联储和清算所公司（TCH）网站。

（2）美联储继续在支付基础设施中应用新技术，美元支付交易成本继续下降。根据 Robinson 和 Flatraaker② 以及 Humphrey 和 Berger③ 的研究，电子支付的成本是纸质支付工具处理成本的 1/3~1/2，一个国

---

① 与瑞士的 SIC 系统有 5 个半小时没有覆盖。
② Robinson P. and Flatraaker D. Costs in the payments system [J]. Norges Bank Economic Bulletin, 1995 (1): 16-27.
③ Humphrey, David B., Berger A. N. Market failure and resource use: Economic incentives to use different payment instruments [J]. Finance & Economics Discussion, 1988: 45-92.

家支付系统转变为电子化所节约的社会成本是 GDP 的 2%~3%。Fedwire 通过不断应用新技术，提升美元支付效率，吸引越来越多的支付以电子方式支付，使得交易成本低于纸质支付工具的电子支付得以普及。在 20 世纪 90 年代初的美国，境内银行间纸质支票的平均处理成本是 2.93 美元/笔，若以电子方式处理则成本可降至 1.31 美元。对美元跨境支付发挥核心作用的 Fedwire，1990~1994 年技术进步带来每年 6% 的成本下降。

Fedwire 应用新技术带来的变化之一是在 1999 年运行模式的改变，即由 12 个处理中心减少至 2 个处理中心。如此变化大大降低了 Fedwire 的运行成本。1998~2007 年，Fedwire 资金支付服务成本降低了 25% 以上①。

（3）美联储明确 Fedwire 以成本覆盖为原则的定价策略。根据 Buchanan 的准公共产品理论，准公共产品具有有限非竞争性的消费特征，为解决有可能出现的拥挤，收费是有效的解决方案。同时，公共产品相关理论也告诉我们，追求私利的高收费将增加交易成本。这些结论对于支付基础设施的启示是，支付基础设施需要收取费用，以合理配置资源，但是作为中央银行的支付基础设施则应确定不以营利为目的的定价策略，必要时还需在初期给予补贴，以促进规模经济的形成。1980 年前，Fedwire 面向成员行免费提供服务。这时虽然免费，但是服务范围有限，仅为美联储的成员行。等到储蓄机构监管放松以及货币控制法案（Monetary Control Act，MCA）实施后，美联储扩大 Fedwire 服务范围，从成员行扩展至所有储蓄机构，自此开始收费，并以成本覆盖作为定价策略。1992~2001 年，美联储提供的各类支付服务的成本覆盖率为 99.8%。这一举措，使更多的银行可以直接提供电子支付服务，更多批发业务从支票支付转为贷记支付，Fedwire 业务量增多，规模经济效应进一步显现，单笔成本降低，而且，技术进步

---

① 2008~2015 年，由于大范围应用新技术以及基础性硬件设施的更新，运行成本有一定程度增加，但是此项工作本身可以降低风险、提高效率，后者对于交易成本的降低具有正向作用。

的本身也推动了总成本的下降。1996~2012年，平均单笔收费降低了60%。图7-15是美联储公布的1994~2003年纸质支付和电子支付服务的价格指数走势。

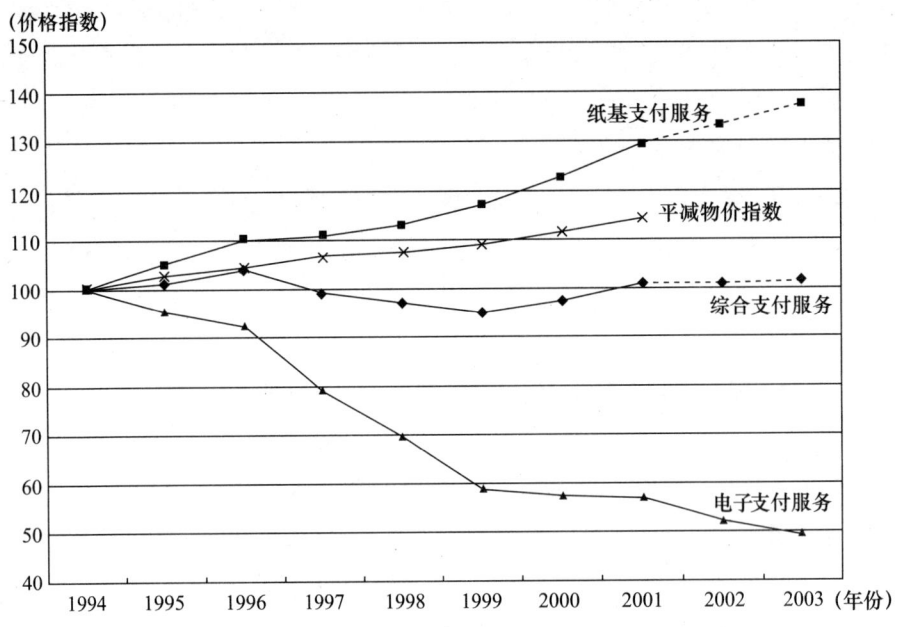

图7-15 1994~2003年美联储支付服务价格指数趋势

资料来源：美联储 Federal Reserve System［Docket No. R-1133］，2003。

（4）全球外汇交易结算基础设施——CLS出现，通过中央银行间合作，建立与Fedwire的连接，消除了美元外汇交易结算风险。1973年布雷顿森林体系解体后，固定汇率转为浮动汇率，外汇市场投资风险加大。1974年，德国的赫斯塔特（Herstatt）银行由于外汇交易中损失而破产。在德国当地时间宣布破产时，其外汇交易的对手方已经向其支付了应交付的货币，但是赫斯塔特银行却由于破产无法支付其应支付的货币，包括应付外汇交易资金在内的负债达22亿德国马克，而其资产仅为10亿马克，许多与该银行有外汇交易合约的银行承担了巨额损失。之后，赫斯塔特风险特指外汇交易中由于两个货币的结算时间存在间隔而产生的结算风险。2002年，旨在消除赫斯塔特风险的持续连接结算（Continuous Linked Settlement）系统投入运营，美元、英镑、日元、欧元、加拿大元、瑞士法郎以及澳大利亚元成为加入的第一批货币。CLS 的资金结算模式是,通过与中央银行的 RTGS 系统建立连接,使用中央银行货币实现外汇交易结算同时支付(见图 7-16)。2002 年 Fedwire 加入 CLS,为消除美元的外汇交易结算风险提供了基础设施。

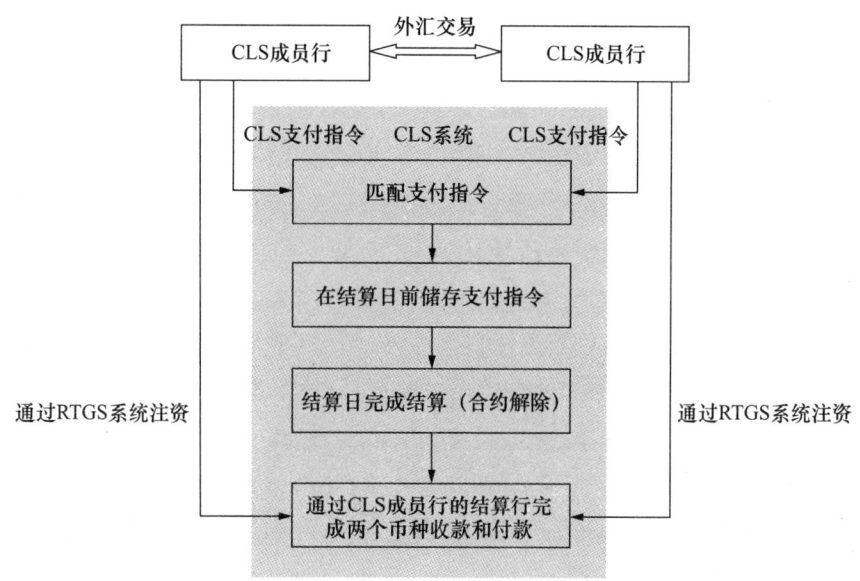

图 7-16 CLS 外汇交易结算基本流程

七、小结：中央银行为主导的发展模式

美元国际化过程中,美元支付基础设施的发展脉络及各阶段的发展动力和路径总结如下：

1914~1933 年,美元支付基础设施无论在满足美元跨境支付的功能还是在降低美元支付交易成本方面均发展迅速,美国银行大力发展海外代理关系,支付基础设施具备跨境支付功能,中央银行开始成为支付基础设施服务主体,处于核心地位的中央银行支付基础设施得以建立，实现了结算资产从商业银行货币向中央银行货币的转变，支付基础设施为注入美元流动性提供了支付安排，美元支付交易成本降低。此时，美元支付基础设施已具备基本特征，即满足美元作为国际货币的支付需求。这一时期，支持美元国际化的美国境内支付基础设施发展重合于支持美元境内流转的支付基础设施的发展，这一时期支付基础设施的发展主要来自美联储改进美元境内支付的动力，货币国际化推动美国境内银行间支付基础设施改进的力量并不明显。代理银行作为另一类国际货币支付基础设施，其发展主要来自市场，在美元国际化的背景下，由金融中介机构自发形成，这是该时期美元支付基础设施具备国际货币支付基础设施基本特征的基础。

20世纪70年代，专司跨境美元支付的基础设施出现，美元离岸市场的形成推动了美元离岸支付基础设施的构建，支持美元国际化的支付基础设施的三个层次已经成形。从70年代起，CHIPS和SWIFT的出现意味着构建支付基础设施支持货币国际化的主动意识已经形成，货币国际化结合科技进步、银行业组织的推动、中央银行与行业组织的合作以及金融中介机构跨境合作的深化是此时期支持美元国际化支付基础设施发展的动力。除国际货币支付基础设施所特有的跨境代理银行支付由于SWIFT的出现有实质性发展外，CHIPS的构建使得美元支付基础设施的发展路径开始有别于其他货币支付基础设施，CHIPS的初衷是满足美元跨境支付的需求，其结果是不仅降低了美元跨境支付成本，而且与Fedwire共同成为美元境内银行间的大额支付系统，二者相互合作、互为补充，这是在货币国际化推动下最终改进其支付基础设施的一个重要体现。

20世纪90年代至今，支持美元国际化的支付基础设施的改进主要体现在降低美元交易成本方面：一是针对存在外汇交易结算风险的不足，Fedwire通过延长运行时间、加入CLS等举措，消除了美元外汇交易风险，从而降低了美元交易成本；二是美联储加大新技术在支付基础设施中的应用，美元电子支付得到普及，支付效率提高，中央银行支付基础设施规模经济效应进一步显现，配以成本覆盖的定价策略，支付环节的美元交易成本不断下降。金融风险意识的增强、中央银行推动、中央银行的跨境合作以及信息技术的进一步应用是此时期支持美元国际化支付基础设施发展的动力。其中 CLS 的出现，一是反映了各方充分意识到支付基础设施对于防范金融风险的作用；二是其结果是降低了外汇交易成本，促进了国际货币发展；三是离不开各国中央银行在支付基础设施领域的合作。支持美元国际化的支付基础设施与美元境内银行间支付基础设施的发展路径融合在一起相互影响，这反映在：一方面，延长运行时间、建立跨境连接等促进货币跨境支付的举措需应用在美元境内银行间支付系统上；另一方面，中央银行等支付服务主体降低收费标准、实现 DVP 等顺应支付基础设施发展趋势的举措，由于降低了货币的支付交易成本，从而支持了美元的国际化。

对于美元支付基础设施的综合评价是：美元支付基础设施的发展与美元国际化进程是相匹配的。研究分析中，得到的启示是：

（1）美元国际化是推动其支付基础设施发展的一个关键要素，支付基础设施的发展完善是满足美元国际化支付结算需求的结果。

（2）在美元国际化作为外力的推动下，中央银行和行业组织的积极参与是确保支付基础设施与货币国际化进程相匹配的内因所在。通过美元案例，公共产品理论得到验证，进一步证明，中央银行的目标和职能决定了它能够不以营利为目的加大技术等投入，可以有效解决准公共产品存在的效率与目标矛盾的问题，因此，支付基础设施的发展离不开中央银行的支持。第三部门可以作为准公共产品供给主体的结论，在美元案例中也得到体现，银行共同所有的 CHIPS 作为支持美元跨境支付的私营系统，是支持美元国际化的第二层次的支付基础设施，特别是在 20 世纪 70 年代成为离岸美元结算的重要途径，满足了这一关键时期美元作为国际货币的交易需求。

（3）SWIFT 和 CLS 等跨境基础设施是美元国际化路径上支付基础设施得以完善的关键节点，具有里程碑意义，这是中央银行间、商业银行间跨境合作以及风险事件推动的结果。SWIFT 为银行间跨境支付提供了统一平台和标准，降低了跨境支付其中的一个环节的交易成本；CLS 通过连接各币种的 RTGS 系统，消除了外汇交易结算风险。中央银行间建立的跨境基础设施合作监管机制是这些基础设施兼顾效

人民币国际化"大动脉"——国际货币支付基础设施构建

率与安全目标的基础。

（4）过程中支付基础设施存在的不足并没有成为阻碍美元国际化的因素，主要是三方面的原因：一是影响货币国际化的因素很多，支付基础设施并非主导因素。二是因为这更多的是基于现在的认知和技术做出的评价，在当时的认识水平和信息技术条件下，客观上不具备解决的方案。本研究发现，美元支付基础设施基本始终满足美元跨境支付的功能，各个时期的不足，主要体现在交易成本方面，受客观条件所限，以当时的评判标准，美元的交易成本并不过高，因此可以认为，支持美元国际化的支付基础设施发展状况是充分利用当时业务和技术水平的结果。三是虽然美元交易也有风险事件发生，但是由于范围、业务量或者控制措施得力等原因并没有蔓延至更大的范围，因此这些不足并没有显现出来，并未对美元交易成本的扩大带来乘数效应。对于当前试图国际化的货币发展支付基础设施而言，并不意味着可以存在这些不足，关键在于要最大化实现对信息技术水平等客观条件的利用，满足本文总结的国际货币支付基础设施基本特征和一般特征。支付基础设施服务供给主体的变化见表7-6。

表7-6 支持美元国际化的支付基础设施及其供给主体发展一览

发展阶段	国际货币支付基础设施的种类	服务供给主体	供给主体性质	结算资产
1914~1933年	境内外银行间支付基础设施（代理银行）	美国金融中介机构境外分支机构	私人机构	商业银行货币
	货币发行国银行间支付基础设施	美联储	政府	中央银行货币
		各地清算所	第三部门	商业银行货币
20世纪70年代之后	境内外银行间支付基础设施（代理银行）	金融中介机构	私人机构	商业银行货币
		SWIFT	第三部门	
	境内外银行间支付基础设施CHIPS（跨境支付基础设施）	清算所（TCH）	第三部门	中央银行货币
	货币发行国银行间支付基础设施Fedwire	美联储	政府	中央银行货币

第八章 欧元支付基础设施：政治的力量

一、欧元国际化路径

欧元诞生于1999年1月1日，依靠货币主权联邦制的强制力代替区域内12种货币，正式成为国际货币。欧洲货币一体化的提议最早出现在1969年欧共体提出的建立欧洲货币联盟的建议中，即分三个阶段实现统一货币的维尔纳计划。该计划由于20世纪70年代的石油危机以及经济危机而被迫搁置。

1978年欧共体决定正式建立由17国参加的欧洲货币体系。经过欧共体委员会主席德洛尔提交的《欧共体经济与货币联盟》报告和1991年欧共体12国达成建立欧洲经济与货币联盟的协议——《马斯特里赫特条约》（简称《马约》），计划最迟在1997年1月成立欧洲中央银行，并在1999年1月1日正式启动欧元。1997年的《阿姆斯特丹条约》，确定了分阶段正式启动欧元的日程安排。

1. 欧元作为国际贸易结算货币

欧元国际化很大程度上得益于其流通区域内巨大的经贸规模，1999年诞生时欧元区对外贸易总额是美国的1.4倍，10年后即2009年该比例达到了2.76倍，欧元在国际贸易中的计价、结算比例迅速提高。其中德国2002年出口贸易中以欧元结算的比例达到63%，进口贸易中的比例为55%。德国货币马克在被欧元替代前即为国际货币，在1990年全球贸易中的计价比例占到12.4%，在欧洲各币种存款所占比例达12%，1988年马克债券占欧洲债券总发行量的13%。

根据欧洲中央银行公布的数据，2006~2014年欧元区国家商品出口贸易欧元结算比例维持在59%以上，进口贸易的欧元结算比例在45%以上（见表8-1）。欧元在国际贸易中充当计价结算货币主要是在欧洲，在欧洲之外其他地区的影响力弱于美元，1999~2004年欧元在亚太地区有些国家进出口贸易中的结算比例总体上处于上升趋势，但几乎都在10%以下①。

表8-1　2006~2014年欧洲商品进出口贸易欧元结算占比情况

年份	欧元区		欧洲的非欧元区国家（以捷克为例）	
	出口贸易（%）	进口贸易（%）	出口贸易（%）	进口贸易（%）
2006	59.5	48.8	68.8	67.8
2007	59.6	47.9	72	68
2008	63.6	47.5	73.6	68.3
2009	64.1	45.2	76	68.9
2010	63.4	49.4	76.4	68.5
2011	69.9	52.2	77	68
2012	66.7	51.3	77.2	68
2013	67.5	48.6	79.1	68.9
2014	67.3	48.8	78.8	68.5

资料来源：欧洲中央银行。

2. 国际金融交易及对外投资中的欧元

欧元的国际化促进了欧洲一体化金融市场的发展，为欧元的持有者提供了很好的投资和避险场所，为欧元的需求者提供了筹集资金的渠道。据统计，2000年以欧元发行的国际债券比例达到30%，2008

---

① Kamps Annette. The Euro as invoicing currency in international trade [R]. ECB Working Paper, 2006, 27 (6): 697-711.

年则上升为40.5%。

3. 欧元外汇交易和外汇储备

根据国际清算银行公布的数据，欧元外汇交易占比在2001年达到38%，高于1998年马克的占比30%，直到2010年欧债危机前该比例一直保持在37%以上，之后有所下降，但2013年欧元外汇交易占比仍达到了33%（见图7-6）。

根据国际清算银行公布的数据，1999年欧元作为国际储备的比例为17.9%，高于1998年马克作为国际储备的比例，即13.79%，持续增长至2009年的27.66%，之后略有下降，在2012年达到24.21%，2014年的占比为22.13%，但仍是位于美元之后的第二大储备货币。

欧元从诞生之日起，其在国际贸易、国际投资、外汇交易和官方储备中的地位基本处于上升趋势，一直是全球第二大国际货币。欧元不同于其他国际货币，它依靠政治之力，自诞生之日起就是国际货币，是欧盟多国的官方货币，这决定了给予欧元支付基础设施发展的时间很短，需要在欧元正式流通之前即具备支持欧元跨境支付的功能，这不同于其他国际货币支付基础设施的发展，因此，支持欧元国际化的支付基础设施是另一种发展模式。这是本书将其作为案例之一重点研究的原因。下面将研究支持欧元国际化的支付基础设施发展情况及特点。

二、欧元诞生前：参差不齐

（一）概况

20世纪70年代，欧洲范围内支付业务的处理主要基于纸质支付工具，需手工干预，效率较低。在许多国家，存在处理不同支付工具

人民币国际化"大动脉"——国际货币支付基础设施构建

的系统,比如支票系统和贷记支付系统。这些系统多采用定时轧差净额结算模式,一般在第二天才能完成资金结算。

随着科技进步,电子处理方式成本降低,纸质支付工具实现电子化处理,但是净额结算模式仍在沿用。20世纪80年代,中央银行开始关注支付基础设施发展,提出支付系统的债务结算需具有最终性,即只要收到来账,就不能有潜在风险。然而净额结算系统存在信用风险,对照最终性的要求,净额结算系统中的信用风险只有结算完成时才能消除,而结算常常在第二天才能完成。

1990年,十国集团中央银行在国际清算银行的组织下起草了著名的Lamfalussy报告,为银行间净额结算系统设置了审慎原则,其中包括改变结算模式为RTGS模式、应用外汇交易结算的PVP和证券交易结算的DVP模式①。20世纪70年代和80年代早期,大多数支付基础设施并不根据金额大小区分业务,而事实上,大金额业务对处理的时效性要求相对较高,需要额外的风险防范措施。在此之后,大额支付系统和零售支付系统得以区分。由于央行货币是最安全的结算资产,因此,中央银行货币多用于大额支付系统。如今大额支付系统多应用RTGS模式,零售系统多用DNS模式。

20世纪90年代,欧盟地区大额支付系统的发展目标可以概括为两个:

一是应用Lamfalussy报告,1993年11月,欧盟内采用RTGS模式建设大额支付系统的国家仅4个,即丹麦、荷兰、意大利和德国;1996年年底,除奥地利和列支敦士登外,欧盟区域内所有大额支付系统均采用RTGS模式。

二是为实现欧洲货币联盟(EMU)做准备。为确保1999年欧元的投入,实施统一的货币政策,欧盟区各中央银行致力于共同建设覆盖整个欧元区的RTGS系统。这一共识形成于1993年12月,具体方案是连接欧盟成员国内的各RTGS系统,建设TARGET系统。然而,

---

① BIS. Report of the committee on interbank netting schemes of the central banks of the group of Ten Countries [R]. 1990.

第八章　欧元支付基础设施：政治的力量

根据当时各国支付系统发展状况，建设统一的欧元支付基础设施有很大的难度，主要原因是各系统在准入、法律、定价政策、运行时间、结算模式等方面存在差异。

欧元诞生前，欧盟各国的大额支付系统仅处理其法定货币的银行间支付，货币的跨境支付采用传统的"本国支付系统+代理银行"模式实现。

（二）与"统一"的差距

（1）准入标准。20世纪90年代中期的欧盟国家大额支付系统对于参与者的准入标准差异较大。大多数国家的大额支付系统仅接受银行机构作为直接参与者接入，仅6个国家允许证券公司等非银行机构直接接入。在不允许非银行机构接入大额支付系统的部分国家中，非银行机构在中央银行开立了存款账户。从直接参与者数量上看，芬兰仅7个，而德国的大额支付系统有近6000个。整个欧盟范围内，有160多个国外银行的分支机构在当地作为直接参与者接入大额支付系统，其中有50多家为非欧盟的国外银行，横向比较，对于国外银行最为开放的是西班牙和希腊的大额支付系统，未向国外银行开放的是列支敦士登的系统。其中西班牙系统中219个直接参与者中国外银行有58家，希腊系统中48个直接参与者中有12家国外银行。

（2）运行时序。将各国RTGS连接作为欧元支付基础设施实现欧元的跨境支付，需要各国统一系统运行时间。1999年前，欧盟各国大额支付系统的运行时间仅重合3.5个小时，即欧洲中部时间9：30~13：00。

（3）定价政策。此时，欧盟各国大额支付系统奉行不同的定价原则，仅三个国家明确采用完全成本回收法。此外，由于会计核算的差异，各国关于支付系统成本归集方法并未形成统一，因此，即便均采用完全成本法，成本归集的标准不统一，也不能形成统一的定价政策。

（4）法律环境。支付系统所依赖的法律环境中，最为突出的一条是破产法中的零点法则，因为这直接关系对支付债权的认定，对于收付双方而言则意味着风险。所谓零点法则，是企业宣告破产当日零时至破产宣告时点该企业发生的一切债权债务关系都可以撤销。那么若一国法律对支付系统未规定可以豁免零点法则，支付系统已经结算的业务则不能确保最终性。以零点法则的豁免与否为例，在当时的欧盟，仅法国约定了零点法则对支付系统的豁免。

此外，通过统一的支付基础设施实现单一货币的跨境支付，还需要在制度层面明确质押品的跨境使用、支付最终性、支付系统法律地位等问题。

（三）欧美相比

从支持国际货币的角度，欧盟各国大额支付系统与同期支持美元跨境支付的核心基础设施——Fedwire相比，有以下几个方面的差异：

（1）运行时间。美国Fedwire系统从1997年12月起将运行时间从10个小时延长至18个小时，主要是为了方便欧洲的美元外汇交易结算，这是支付基础设施支持货币国际化的重要举措。而此时，各欧盟国家的大额支付系统均运行于日间工作时间。

（2）结算效率。美国Fedwire系统早在20世纪70年代成为第一个采用RTGS模式的国家，资金随着支付业务的转发可以做到实时结算，效率较高，同样是70年代的欧洲，资金结算通常在T+1日完成。到了90年代初，欧盟采用RTGS模式的国家仅4个，1996年才陆续改进为RTGS模式，实现与美元同等的结算效率。

（3）国外银行的准入。早在20世纪70年代，美元就已形成了"Fedwire+CHIPS"的境内银行间支付基础设施。其中Fedwire主要为美国本土金融机构提供中央银行美元资金的最终结算，而CHIPS为国外银行、离岸市场和外汇交易提供美元结算服务，因此美国中央银行的美元结算服务通过CHIPS覆盖至全球。而在90年代的欧盟，国外银行接入当地支付系统的规定在国家间存在差异。

为确保1999年欧元的投入使用，实施统一的货币政策，欧盟区各

第八章 欧元支付基础设施:政治的力量

中央银行在1993年形成共识,决定共同建设覆盖整个欧元区的RTGS系统,即TARGET系统。然而,根据以上分析,建设统一的欧元支付基础设施有很大的难度。

三、三个层次:同步到位

欧元自诞生即为国际货币,其发展路径决定了欧元支付基础设施的基本架构和层次在1999年即基本搭建完成,而其他国际货币支付基础设施的三个层次是逐步建立的过程,而且由于其他货币的国际化起步早,延续时间长,支付基础设施随着中央银行职责调整、信息技术进步而发展,因而呈现出显著的不同发展阶段和特点。考虑到欧元支付基础设施构建于20世纪90年代末,支付基础设施服务主体类型基本确定,信息技术的应用已成熟,因此本章不再分时间段开展研究,拟采取先总后分的论述方式,本部分将总体概括欧元支付基础设施的发展情况和架构。接下来再分别分析不同层次的支付基础设施如何支持欧元国际化。

(一)概况

欧元自1999年1月1日诞生之日起,由于其可在多国通用,即决定了欧元的国际货币属性。多个国家通用欧元这一单一货币意味着,欧元区的跨境支付与一个国家的国内支付无异。欧元是与欧元支付基础设施同步推出的,欧元诞生之时,支持欧元支付的大额支付系统共有6个:泛欧自动实时全额结算快速汇划系统(Trans-European Automated Real-Time Gross Settlement Express Transfer System,TARGET)、EURO1、德国的EAF、法国的PNS、西班牙的SEPI以芬兰的POPS,

其中 TARGET 和 EURO1①多用于欧元的跨境支付，后四个为本国的欧元支付系统。这些基础设施的核心是欧盟各国中央银行合作建设的 TARGET。TARGET 是经过长达六年的准备，在上文提到的准入标准、定价政策、结算模式、运行时间等方面形成统一后，于 1999 年 1 月 1 日开始运行，它连接欧盟 15 个国家中央银行 RTGS 系统和欧洲中央银行 EPM（Euro Payment Machanism）②，2007~2008 年分三批迁移至第二代系统，即 TARGET2。

EURO1 同样于 1999 年 1 月 1 日建成运行，由欧洲银行业协会运营，通过与 TARGET 连接，实现银行间欧元的最终结算，它与 TARGET 相互竞争、互为补充，两者间的架构和资金结算流程类似于 Fedwire 与 CHIPS，即 TARGET 开始当日运行时，EURO1 的结算参与者将其在 TARGET 中的账户资金划转至 EURO1 的账户中，用于当日资金结算，日终时再将剩余资金划回。

其他四个欧元支付系统中的三个已随着 TARGET 的完善陆续关闭，其中德国的 EAF 在 2001 年 11 月停运；西班牙的 SEPI 在 2004 年停运；2008 年法国的 PNS 关闭，原 2/3 的业务分流至 TARGET2，其他业务分流至 EURO1。

由于欧元的国际化路径不同于美元、英镑等其他国际货币，因此，支持欧元跨境支付的基础设施异于美元、英镑，欧元区内的跨境支付通过连接各国中央银行大额支付系统实现；支持欧元区外欧元跨境使用的支付系统模式与其他国际货币的基础设施模式相同，即"货币发行国银行间支付系统+代理银行"和离岸支付系统。

（二）架构

欧元投入使用时，其支付基础设施即基本具备国际货币支付基础

---

① 由于 EURO1 的模式类似于 CHIPS，为减少篇幅，本章不再单设一节对 EURO1 进行研究分析。
② EPM 是 TARGET 的组成部分之一。其工作机制类似于加入 TARGET 的任何一个 RTGS 系统，办理欧洲中央银行自身的欧元支付，同时为非欧元区中央银行和国际支付组织提供接入 TARGET 的代理支付业务。

设施的三个层次，即一是欧元区中央银行建立的银行间支付系统，即TARGET；二是欧元区私营机构建立的银行间支付系统，即EURO1；三是非欧元区的欧元离岸支付系统，比较有代表性的是英国CHAPS - EURO系统、瑞士的EURO - SIC系统以及中国香港的CHATS - EURO系统。具体见图8 - 1。

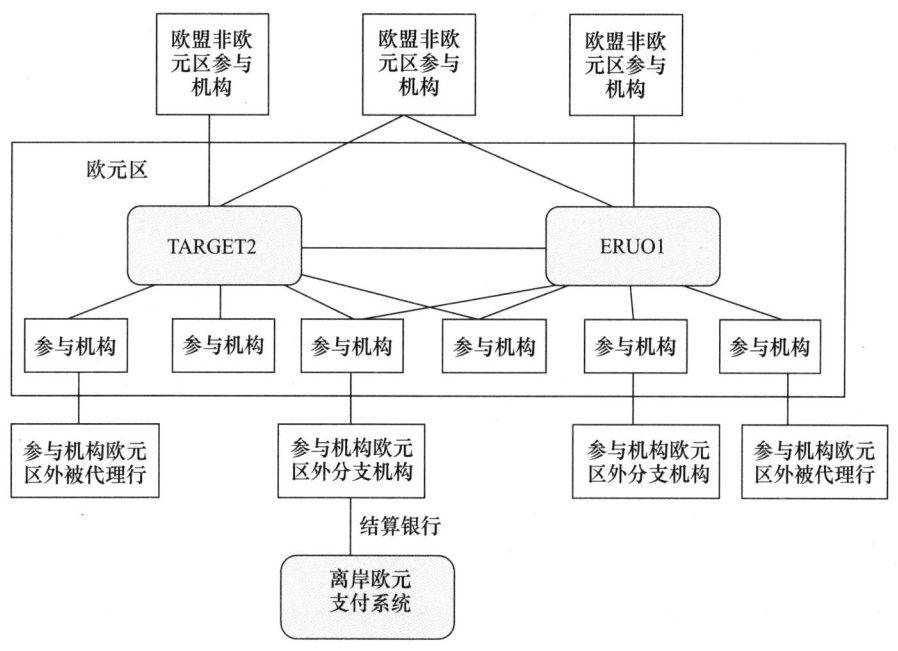

图8 - 1　支持欧元国际化的支付基础设施架构

其中，瑞士EURO - SIC系统在1999年1月1日投入使用，通过结算银行，即注册在德国的瑞士欧元清算银行（Swiss Euro Clearing Bank，SECB），从德国RTGS系统间接接入TARGET。中国香港CHATS - EURO于2003年投入运营，以渣打银行为结算银行，并同时与香港地区的证券系统CMU、美元CHATS系统、港币CHATS和人民币CHATS连接，实现了欧元证券交易的DVP和欧元外汇交易的PVP。英国CHAPS - EURO自1999年1月1日开始运行，不同于前两个离岸欧元系统，其结算行为中央银行，即英格兰银行，并通过与 TARGET 直接连接实现英国与境外的欧元支付以及英国境内的欧元支付。TARGET2 在 2008 年迁移完成时，CHAPS - EURO 停止运行，60% 的原业务通过原参与者在其他国家的分支行或直接从其他国家接入 TARGET2，继续由 TARGET2 处理。

（三）欧元代理银行发展

欧元区欧元跨境支付可直接由 TARGET 支持，欧元区域内与欧元区外间的欧元支付以及非欧元成员国间的欧元支付仍需依托代理银行。欧元代理银行间的基础设施主要是 SWIFT。据统计，2002~2012 年，欧元代理银行关系数量逐步下降，从 2002 年的 26000 家减少到 2012 年的 14000 家，大型欧元代理银行他行存款账户日均交易额从 6433 亿欧元增长到 2012 年的 11039 亿欧元（见表 8 - 2）。2012 年欧元跨境支付中，76% 的交易金额未通过代理银行而是直接通过 TARGET 和 EURO1 办理，通过"代理银行 + 货币发行国境内支付系统"模式办理的占 13%，纯代理模式办理的仅占 11%。

表 8 - 2　2002~2012 年欧元代理银行他行存款账户日均交易额

年份	大型代理银行数量	他行欧元存款账户日均交易额（亿欧元）
2002	31	6433
2003	34	6517
2005	29	8970
2007	32	1370
2010	28	9958
2012	24	11039

注：2007~2010 年交易额的下降反映了欧洲金融危机的影响。

资料来源：欧洲中央银行。

代理银行在欧元跨境支付中作用的弱化，可能是由于以下原因：一是欧元区内的银行以及外国银行可以方便地接入 TARGET、EURO1 等欧元支付基础设施，而无须通过代理银行；二是开设代理账户的成本加大，其中包括合规性要求增多的原因，为了遵守反洗钱、反恐金融规定以及反洗钱金融行动特别工作组（Financial Action Task Force on Money Laundering，FAT）、BIS 等国际组织发布的各种建议，代理行不得不对委托行进行经常性评估；三是代理银行间的激烈竞争以及委托行集中管理资金的需求，推动委托行将同业账户集中至 1~2 家代理银行；四是银行业的兼并和整合也导致了代理银行关系的减少；五是风险防范意识的提高促使代理银行终止与财务状况恶化的委托行的代理关系，而代理银行中往往存在如下风险：

（1）法律风险，多存在于跨境代理关系中，是不同国家在支付最终性、银行破产等方面存在不同的法律规定，导致对同一事项认定结果不一致而产生的风险。

（2）信用风险，是指对手方不能按约定结算或偿还债务的风险，对于委托行，其在代理行开设的同业账户存在信用风险；对于代理行，当其向委托行授予日间信用、隔夜信用或长期信用时存在信用风险。

（3）流动性风险，是指对手方不能在约定的时点按约定结算或偿还债务的风险。对于代理行来说，是指其预期的来账没有资金到账，使得其往账无法发出，这种情况对于委托行的影响是，委托银行在代理行的同业账户有资金可以发出往账，但是由于代理行在支付系统账户余额不足，导致委托行的往账无法发出。运行风险是指委托行与代理行间的连接中断带来的风险。

这可以验证我们之前的结论，即当某一货币核心支付基础设施对外国银行的开放程度较高，或存在专门的跨境支付基础设施时，则该货币的跨境代理银行关系将弱化。

四、TARGET：以合作为基础

（一）概况

1. 业务量

TARGET 是由 15 个欧盟成员国 RTGS 系统和欧洲中央银行支付机制（EPM）组成的一个非集中系统，既可以处理欧元区各国国内支付，也可以处理跨境支付业务。TARGET 交易金额占所有欧元大额支付的 70%，笔数占到了 52%。

1999 年，即 TARGET 运行首年，日均笔数 24 万笔，日均交易额 9250 亿欧元，运行 16 年后的 2014 年，日均笔数 35 万笔，日均交易金额为 1.9 万亿欧元。其间，除 2008~2009 年由于金融危机交易金额有所降低、2012~2013 年由于统计方法调整交易金额降低 22% 外，基本呈增长态势。

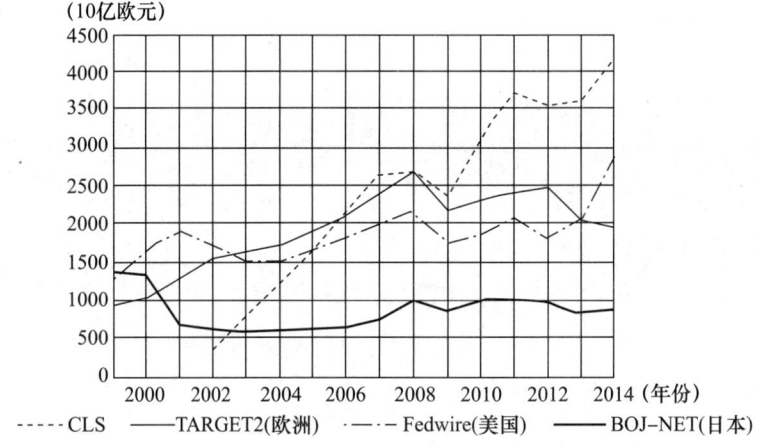

图 8-2　2000~2014 年全球主要支付基础设施日均交易金额

资料来源：转引自欧洲中央银行网站。

2. 国际地位

与 Fedwire、CLS 以及日本央行的日元 BOJ - NET 系统的交易金额相比（见图 8 - 2）TARGET2 自 2003 年起开始超过美元的 Fedwire，直到 2013 年欧央行调整统计方法而被 Fedwire 超过；与 CLS 相比，自 2006 年被 CLS 赶超，这反映了全球外汇交易市场频繁的交易活动和波动。2008～2009 年，由于金融危机各系统交易金额均呈现出下降趋势。2013～2014 年，TARGET2 交易金额略有下降，而其他系统涨势明显，主要原因是，CLS 和 Fedwire 所公布的交易金额以美元计价，2014 年美元较欧元升值明显，当转换为图中所示的欧元时会加剧交易金额的升势。

3. 交易种类

TARGET 处理六类业务：①欧元区中央银行货币操作带来的支付；②采用净额结算模式的欧元大额支付系统的最终结算，即 EURO1 的最终结算；③CLS 系统中的欧元外汇交易结算；④TARGET 为接入国家的欧元零售支付、证券交易欧元支付等提供服务，因此，另一类重要的业务是各辅助系统欧元的最终结算；⑤同一资金池组的参与者间流动性调拨业务；⑥银行间欧元支付以及商业化交易产生的欧元支付。TARGET 的地位及欧元基础设施架构决定，前四类业务必须通过 TARGET 办理，第五、第六类业务可由发起主体自由选择。其中，第二、第三和第四类业务均属于 TARGET2 的辅助系统业务。截至 2014 年年底，TARGET2 有 84 个接入的辅助系统，包括 35 个零售系统、32 个证券结算系统和 6 个中央对手。

2014 年，从交易金额上看，第六类业务占比最高，为 34%；辅助系统业务其次，占比 32%；第五类业务占比 24%；剩余的 10% 为第一类业务，即中央银行货币操作交易，见图 8 - 3。

4. TARGET 中的跨境业务

TARGET 自 1999 年运行至今的 17 年间，期间曾经历过一次大规模的升级换代，即从将各国中央银行 RTGS 系统连接起来的第一代分散系统升级为各商业银行等机构直接与 TARGET 连接的第二代集中系统，加之商业银行对接入地的自由选择以及商业银行自身业务的集中处理，TARGET跨境支付的概念逐步弱化，TARGET2时代，其交易特征是参与者间的支付。第一代系统的架构决定了跨境业务分析是研究TARGET交易的一个维度。因此，为了研究TARGET对欧元国际化的支持作用，以下分析主要基于1999~2008年的运行情况。

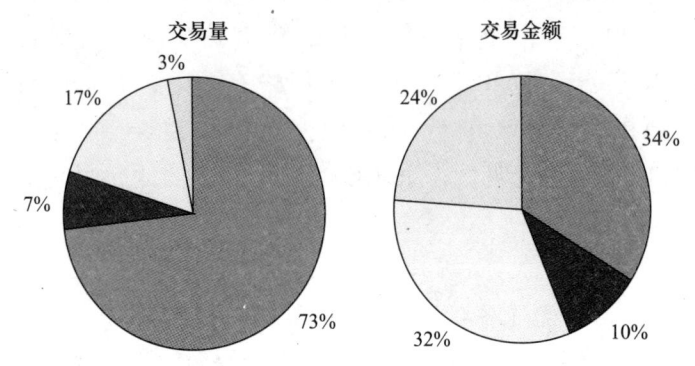

图8-3 2014年TARGET交易种类的分布

资料来源：欧洲中央银行。

1999~2008年，TARGET跨境业务日均金额从3600亿欧元增长至8500亿欧元左右，在TARGET所有交易中，平均占比35%。即使不算通过代理行转换为境内支付的欧元跨境业务，也可以知道TARGET在欧元国际化中所起的重要作用，随着欧元国际化水平的提高，TARGET的跨境业务额逐年增加。TARGET跨境业务中，德国、法国、英国、荷兰和法国的跨境业务合计占比平均值为73%；德国、法国、英国三者合计占比平均值为57%，见图8-4。

各国跨境业务占比多与其经济发展、信贷机构资产密切相关，以2000年数据为例，表8-3说明了这一结论。卢森堡的跨境业务占比之所以高于其自身经济指标占比，是因为国际债券市场设立于此，其跨境支付占比反映了其金融地位。

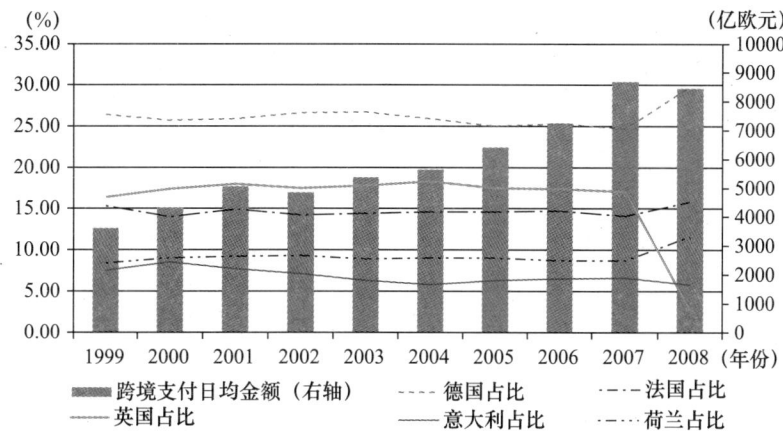

图 8-4　第一代 TARGET（1999~2008 年）欧元跨境业务量情况

资料来源：欧洲中央银行。

表 8-3　2000 年 TARGET 参与国家跨境业务占比与经济指标一览

单位：%

国家	GDP 欧盟占比	股票市场资本额占比	信贷机构资产占比	TARGET 跨境支付占比
德国	23.80	15	31.20	26.30
英国	18.20	30.80	20.40	17.80
法国	16.50	17.10	13.80	14.30
荷兰	4.70	7.60	4.40	9.20
意大利	13.70	9.10	8.30	8.60
比利时	2.90	2.10	3.50	8.40
西班牙	7.10	6	4.80	3.80
奥地利	2.40	0.40	2.50	2.40
卢森堡	0.20	0.40	2.90	2.50
瑞典	2.90	3.90	1.90	1.60
芬兰	1.50	3.50	0.60	1.40
丹麦	2.10	1.30	1.90	1.30
爱尔兰	1.20	1.00	1.90	1.30
葡萄牙	1.30	0.70	1.50	0.80
希腊	1.40	1.30	0.60	0.20

资料来源：欧洲中央银行。

Rosati 和 Secola（2000）① 曾通过模型分析 TARGET 和 EURO1 跨境业务金额与经济发展、技术条件以及金融市场交易间的联系，得出的结论是，当美国市场关闭时欧元的跨境支付交易将减少，并且在 EURO1 中的体现比在 TARGET 中更为明显。这说明，美国银行在欧洲银行间市场占有一定份额，更为重要的是，反映了 TARGET 和 EURO1 所负责处理欧元的跨境业务中欧元/美元的外汇交易结算占比较大。由于欧元/美元外汇交易中美元的结算通过 CHIPS 办理，欧元的结算通过 TARGET 和 EURO1 办理，当 CHIPS 停运时，欧元的结算自然也无法完成。EURO1 的反应较强说明，欧元/美元外汇交易结算业务量在跨境业务中的占比高于 TARGET，可能的原因是英国的欧元/美元外汇交易结算是通过 EURO1 处理的。根据英格兰银行 1999 年的报告，英国银行大多愿意选择 EURO1 办理欧元跨境支付，主要原因是，英国为非欧元区，英国银行不能充分获得 TARGET 的日间信贷，为此它们倾向于采用净额结算模式的 EURO1，以节约流动性。

该研究还显示，欧元股票市场对 TARGET 跨境交易影响不大，其主要原因：一是本身股票交易规模大大小于货币市场规模；二是股票交易结算多通过商业银行作为代理结算行，使用的是商业银行货币；三是其结算为净额模式，且若通过 CSD 结算，在使用中央银行货币结算时，其业务量会反映在本国交易中，而并非跨境交易。

5. TARGET 与欧元国际化

欧元作为依靠政治力量而诞生的国际货币，支付基础设施需要在确定的时点为其使用创造条件。从欧元在欧洲的推广过程看，在各个国家正式成为欧元区成员时，其欧元支付基础设施均已就绪，许多国家在欧元成为其法定货币之前，早已做好欧元支付基础设施的安排。这得益于欧盟各国中央银行之间的合作、有计划的推进、对非欧元区国家接入 TARGET 的鼓励和支持政策等以及适时的系统升级换代等。这些都使欧元支付基础设施具备了国际货币支付基础设施的基本特征

---

① Rosati S. and Secola S. Explaining cross – border large – value payment flows: Evidence from TARGET and EURO1 data [J]. Journal of Banking & Finance, 2006, 30 (6): 1753 – 1782.

以及一般特征。

（二）功能角度的基本特征分析

1. TARGET 在支持欧元区跨境支付的同时，允许欧洲范围内非欧元区国家支付系统的接入，为非欧元区的跨境支付提供便利，同时扩大欧元代理银行范围，促进代理银行市场的竞争

TARGET 的特点在于，其覆盖范围不局限于欧元区，非欧元区的中央银行支付系统也可以接入其中。这说明，TARGET 作为欧元核心支付基础设施从制度安排上促进欧元的国际化，使欧元区境外机构可以直接享受交易成本较低的中央银行货币支付。具体来说，刚刚上线时，未使用欧元的丹麦、希腊、瑞典和英国四国的欧元支付系统直接加入到 TARGET 中，瑞士的欧元支付系统通过商业银行间接接入 TARGET，这不仅便利了欧元的跨境使用，而且扩大了欧元代理银行的数量和范围，通过竞争降低了欧元支付的交易成本。以下 TARGET 覆盖区域的发展情况可以进一步说明这一点（见图 8-5）。

1999 年 1 月 TARGET 开始运行之时，覆盖了 11 个欧元区国家以及英国、丹麦、希腊、瑞典、瑞士 5 个非欧元区国家。另一欧元跨境支付系统 EURO1 也接入其中。

2001 年 11 月，德国 EAF 系统关闭，其业务分流至 TARGET 和 EURO1。

2005 年 11 月，非欧元区国家波兰的欧元支付系统通过意大利 RTGS 系统 BIREL 接入 TARGET。

2006 年 11 月，非欧元区国家爱沙尼亚的欧元支付系统通过意大利 RTGS 系统 BIREL 接入 TARGET。爱沙尼亚在 2011 年才成为欧元区成员。

2007 年 1 月，斯洛文尼亚在加入欧元区后决定不建设自己的 RTGS 系统，而是使用德国的 RTGS 系统建立与 TARGET 的连接；同时瑞典的欧元支付系统 E-RIX 停止运行，原参与者决定通过与其他国家中央银行直接接入 TARGET 或通过代理银行间接接入系统。

人民币国际化"大动脉"——国际货币支付基础设施构建

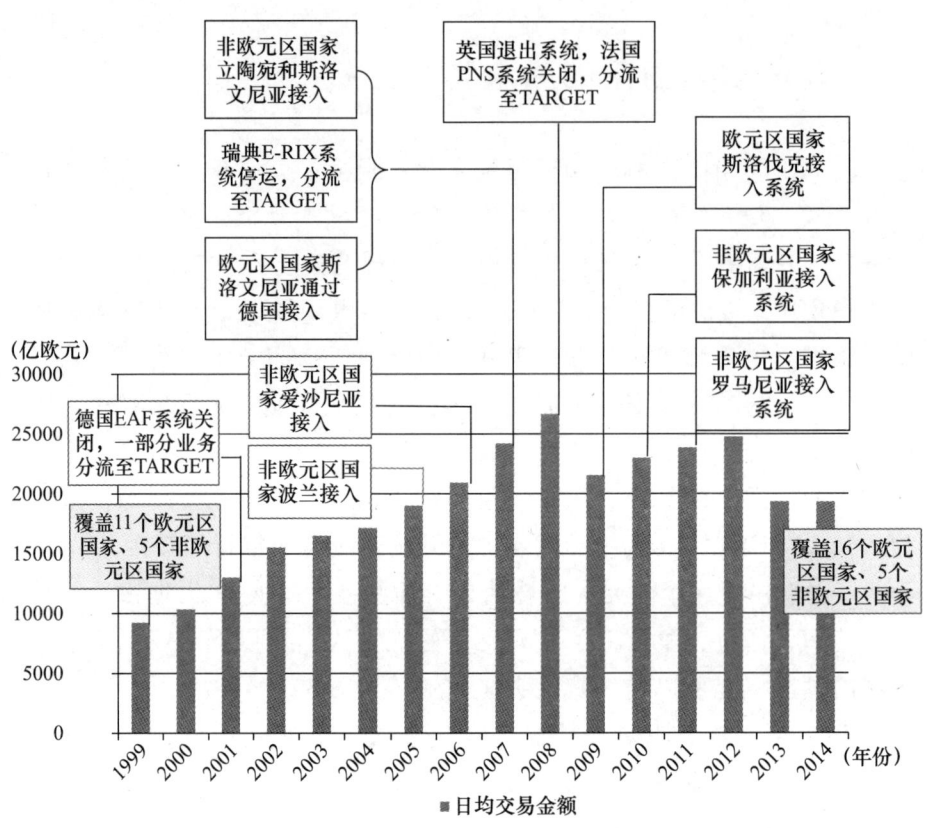

图 8-5 1999~2014 年 TARGET 交易金额发展与业务推广

资料来源：欧洲中央银行。

2007年11月，奥地利、塞浦路斯、德国、立陶宛、拉脱维亚、卢森堡、马耳他和斯洛文尼亚作为第一批国家迁移至TARGET2。其中拉脱维亚和立陶宛当时并未加入欧元区，分别于2014年和2015年成为欧元区成员。

2008年2月，比利时、芬兰、法国、爱尔兰、荷兰、葡萄牙和西班牙作为第二批迁移至TARGET2。

2008年5月，丹麦、爱沙尼亚、希腊、意大利、波兰以及欧央行作为最后一批迁移至TARGET2，英国停止CHAPS-EURO运行；同

第八章　欧元支付基础设施：政治的力量

年，法国 PNS 系统关闭，业务分流至 TARGET2。

2009 年 1 月，斯洛伐克开始通过 TARGET2 收发欧元支付，支持 TARGET2 直接覆盖 19 个欧元区国家。

2010 年 2 月，非欧元区国家保加利亚直接接入 TARGET2。

2011 年 7 月，TARGET2 覆盖至非欧元区国家罗马尼亚。至此，TARGET2 所接入的非欧元区国家为 5 个，分别是丹麦、波兰、保加利亚、罗马尼亚以及瑞士。

2. 支持欧元各类金融交易结算，确保欧元作为国际货币的流动性

第一代 TARGET 是将欧元区各国的 RTGS 系统连接，而此时各国 CSD 通过与所在国 RTGS 系统连接陆续实现了 DVP，在支持欧元证券交易结算的同时，降低了结算风险，全球两个主要的 ICSD 亦通过与所在国基础设施合作建立与 TARGET 的联系，实现了欧元国际证券交易的 DVP 结算，确保了欧元作为国际货币的流动性。第二代 TARGET 时，TARGET 直接为欧元区各国 CSD 以及 ICSD 提供欧元结算服务。

TARGET 开始运行时提供的欧元银行间支付即包括欧元外汇交易业务，62% 的交易额为欧元外汇交易，EURO1 中的比例为 32%，其他欧元支付系统中，外汇交易结算占比为 6%。只是此时欧元与一些货币的交易结算存在赫斯塔特风险。2002 年 9 月 CLS 投入运行后这一状况得到改观。上线之初，CLS 负责 7 个币种的外汇交易结算，17 个国家的 67 家主要金融机构加入系统并成为股东，其中有 22 家来自欧元区。为完成与欧元有关的结算，CLS 在欧洲中央银行开立账户。在 TARGET 开立账户的 CLS 结算成员由于具有欧元流动性便利，可以为其他 CLS 参与者提供欧元代理结算服务。CLS 中另一个重要的角色是流动性提供者，与 CLS 签订协议，承诺当存在参与者不能支付该币种时，应与该参与者进行缺款货币与多头货币的互换交易。一般一个货币需安排至少三个流动性提供者。CLS 的欧元流动性提供者有三个，每个承诺 5 亿欧元的额度。2002 年 11 月，CLS 日均交易额约为 1920 亿美元，约占全球外汇交易总额的 16%，美元占比为 47%，欧元排名第二，占比为 25%。

CLS 上线后，欧元外汇交易结算通过 CLS 办理，并委托 CLS 结算成员代理结算。据统计，CLS 的结算成员每天会结算 2710 亿欧元，大约占所有欧元外汇交易的 55%。在 CLS 业务中，欧元是仅次于美元的第二大结算币种。CLS 这一基础设施对于包括欧元在内的国际货币跨境使用所发挥的促进作用在于降低了外汇交易风险，并提高了效率，而外汇交易是确保国际货币开放性和流动性的重要途径。具体作用是：

一是 CLS 采用净额结算模式，降低了参与者欧元的流动性需求。据统计，CLS 之前，欧元外汇交易市场每日的欧元流动性需求平均为 156 亿欧元，大约在 100 亿欧元到 227 亿欧元之间；通过使用掉期交易，该数据降低为 47 亿欧元；2002 年 11 月后，进一步降低为 41 亿欧元。同期 CLS 的欧元账户余额也可以从另一个角度做出说明。由于 CLS 的规则是，参与者在向多头支付前需确保账户有资金，因此参与者需将欧元流动性圈存在 CLS 在欧央行的账户中。据欧央行统计，2002 年 11 月，欧洲中部时间 7：30～10：00，CLS 在欧央行账户的平均余额为 9.19 亿欧元，最高额达到 28 亿欧元，这与同期 TARGET 各参与者欧元流动性平均水平相比不算高。

二是消除了欧元外汇交易的赫斯塔特风险。CLS 的成立就是为了消除外汇交易的赫斯塔特风险。自欧元纳入 CLS 交易结算之后，从未发生由于两种交易币种结算不同步产生的风险事件。

三是 CLS 通过与中央银行 TARGET 系统的连接，获得了欧元外汇交易的流动性支持，便利了欧元外汇交易。CLS 与合格币种中央银行支付系统建立连接的模式，使得参与者通过中央银行的质押融资机制获得开展外汇交易的流动性支持。具体到欧元，欧元区各中央银行在 TARGET 中通过证券质押为参与者提供免费的欧元日间流动性，其中还包括跨境质押融资。CLS 作为 TARGET 的辅助系统，可以使 CLS 参与者获得欧元区中央银行提供的以上欧元日间信贷，如此基础设施安排便利了欧元的外汇交易，从而推动了欧元的国际化。

TARGET 于欧元同步推出之日起，便考虑了欧元的流动性管理，开创性地应用了中央银行代理质押机制，参与者可以将其他欧元区国

第八章 欧元支付基础设施：政治的力量

家的证券质押托管至当地中央银行来从其接入国中央银行获得欧元流动性。TARGET2 的流动性优化机制是应用流动资金池，即允许多个参与者将其账户建立一个群组，在日间作为资金池供群组内的参与者共同使用。资金池的应用提高了参与者的资金使用效率，从而降低了流动性风险。TARGET2 的直接参与者从第一代时的 1072 个减少为 784 个。原因是，银行机构整合了其直接参与的数量，同时 TARGET2 为银行提供了以更少的账户实现更优流动性管理的机制，鼓励银行减少直接开户，以节约欧元支付交易成本。

（三）降低交易成本角度的一般特征分析

本部分将从以下几个方面分析 TARGET 如何不断降低欧元跨境支付的交易成本。

1. 从 TARGET 到 TARGET2

TARGET 运行几年后，也暴露出一些缺陷，其中最为突出的是由于采用分散处理模式，维护成本较高，成本效益较低。于是，欧央行在 2002 年 10 月决定建设 TARGET2。在 2007 年 11 月开始迁移至 TARGET2 之前，系统直接参与者 1072 个，覆盖的分支机构达 52800 个，全球欧元支付交易中 89% 的交易金额、60% 的交易笔数通过 TARGET 办理。从 TARGET 到 TARGET2 在降低欧元交易成本方面发挥的作用是：

（1）单一技术平台实现的集中化系统架构降低了运维成本，提高了系统可用率，使欧元支付更加安全、高效。这点可由衡量支付系统稳定性的指标——系统可用率（Availability）体现。1999~2000 年，系统运行前两年的系统可用率维持在 98.5%~99.75%；2007 年前的平均可用率为 99.82%，2007 年 TARGET2 上线后的平均可用率为 99.93%。其中 2013 年曾达到 100%，2014 年为 99.99%。以 2014 年的数据为例，意味着 99.99% 的欧元支付业务在 5 分钟内处理，0.01% 的业务在 5~15 分钟内处理。

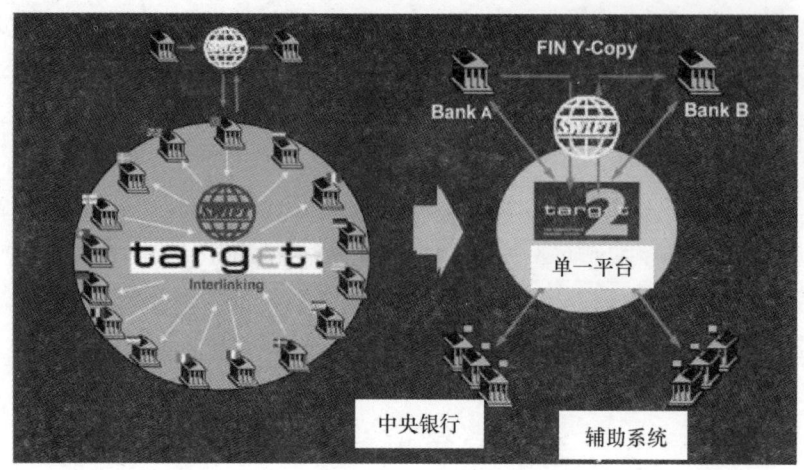

图 8-6 TARGET 从第一代到第二代的架构变化

资料来源：转引自欧洲中央银行网站。

（2）统一收费标准，并采用完全成本覆盖法的策略优化收费政策，欧元支付交易成本降低。第一代 TARGET 时期，跨境支付业务采用随业务量增多收费递减的方式，每笔业务收费在 0.8~1.75 欧元，境内业务由各国中央银行自己确定，并未统一。第一代系统的分散模式使得其运行成本较高，为培育欧元支付业务，TARGET 并未制定过高的收费政策，以至于年年亏损。

建设第二代 TARGET 的一个主要原因是，改进系统架构和运行模式，以降低运行成本。TARGET2 设置两种收费方式供参与者选择，一是较低的固定月费：100 欧元，配以固定单笔费率 0.8 欧元/笔；二是较高的固定月费：1250 欧元，配以较低的、随业务量收费递减的单价，每笔收费在 0.125~0.6 欧元。据统计，大约 85% 的直接参与者选择了第一种方案，覆盖的业务量仅 10%；15% 的参与者选择了后者，覆盖的业务量达 90%，大业务量参与者 1/4 的业务量享受到了每笔 0.125 欧元的低收费。欧元支付交易成本得以降低[①]。

（3）延长服务时间，提高全球欧元金融交易支付效率并降低风险。第一代 TARGET 的建成，统一了各国中央银行 RTGS 系统的运行时间，即从欧洲中部时间上午 7：00 到下午 6：00。TARGET2 增加了夜间服务时段，即下午 7：30 到晚上 10：00 以及凌晨 1：00 到上午 7：00，主要面向 TARGET2 的各辅助系统。各辅助系统的一个主要组成部分是以欧元计价的金融交易系统。各辅助系统可根据需要自由选择是否开通夜间服务功能，可以降低国际金融交易结算风险，是欧元国际化的一个重要方面。2014 年，夜间服务平均每日为 1.8 万笔，金额达 2150 亿欧元，较 2013 年增加 60%，其中 11% 的笔数和 53% 的金额为证券结算系统带来的欧元支付，剩余的部分为零售支付系统业务。业务情况见图 8-7。图中 2011 年业务量大幅提升的原因是，德国的欧元零售支付系统开始加入 TARGET2 夜间服务。

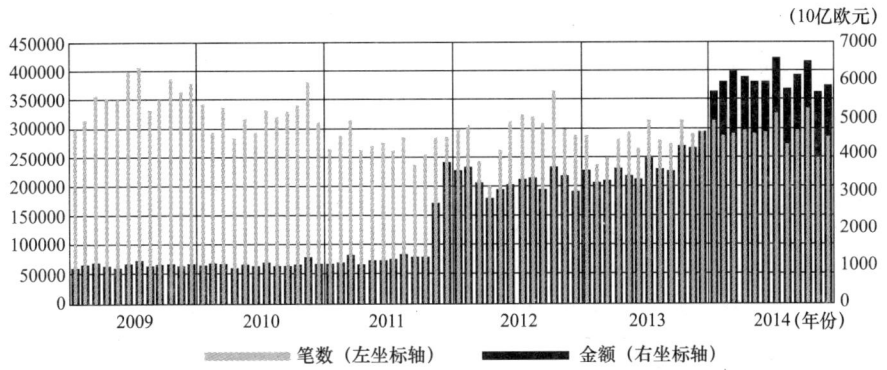

图 8-7　2009~2014 年 TARGET2 夜间运行时段业务量

资料来源：转引自欧洲中央银行网站。

[①] 2007 年，欧洲中央银行计划 TARGET 在 2008 年 5 月到 2014 年 4 月间的收费收入应实现成本覆盖，包括建设成本、运行成本以及财务费用。TARGET2 的收费机制进一步改进。经过测算，TARGET2 需处理 9.3 亿笔业务，并保持年均 6% 的增长率。然而现实情况是，仅第一个财务年度实现了目标。TARGET2 运行后，受欧元区经济形势变化的影响，每年的业务增长平均为 -1.3%。在收支平衡原则的推动下，欧央行决定在 2013 年 1 月提高固定收费，维持单笔收费不变。

人民币国际化"大动脉"——国际货币支付基础设施构建

从 TARGET 到 TARGET2 在降低交易成本方面的变化还包括上文提到的应用流动资金池,降低了流动性风险。

2. TARGET 技术应用对欧元跨境支付的作用

建设欧元跨境支付系统时,信息技术已经高度发达,因此不用经历其他货币支付系统所经历的过程,可以利用后发优势和先进技术实现欧元的境内外支付。其中包括:①TARGET 使用更便利代理银行的 SWIFT 通信网络和报文标准,统一了国际货币两个支付环节的标准,减少了转换成本和时间;②为了快速建立欧元跨境支付基础设施,确定了连接各国中央银行 RTGS 系统的分散实现方式;③采用 RTGS 模式,同时为采用净额模式的 EURO1 提供最终结算,TARGET 与 EURO1 的关系和模式,类似于美元支付基础设施 Fedwire 与 CHIPS;④首次应用中央银行代理银行关系;⑤减少系统维护时间,仅在几个西方公共假期关闭系统,以确保全球欧元外汇交易和金融交易能够及时完成资金结算。

为便利欧元的跨境支付,TARGET 在技术层面的改进包括:2000年10月,应用信息系统,方便参与者了解系统状态;2007年11月,第二代 TARGET 的单一平台 SSP 投入使用;2009年5月,跨境 CSD 结算功能实现;2009年11月,实时在线监控工具投入使用;2010年11月,参与者可以通过互联网接入系统,SWIFT 网络不再是接入系统的唯一选择,便利了小规模银行接入 TARGET,互联网接入的月费为70欧元,2014年年底参与者达到了549个;2011年,各中央银行与 TARGET2 间的备份通信网络建成,当 SWIFT 网络故障时,各中央银行可以高效处理其参与者的欧元跨境支付;2013年11月,TARGET 建立与正在建设中的统一的欧洲证券结算系统 T2S 的连接,为 T2S 的运行提供支付基础设施。

(四)小结

欧元发展路径决定了欧元支付基础设施的基本架构和层次在1999年即基本搭建完成,这不同于其他国际货币支付基础设施架构逐步建立和完善的特点,而且由于其他货币的国际化起步早,延续时间长,支付基础设施随着中央银行职责调整、信息技术进步而发展,因而呈

第八章 欧元支付基础设施：政治的力量

现出显著的发展阶段和特点。因此，欧元支付基础设施的研究不以时间段作为研究的主线，而是按照国际货币支付基础设施的层次，分别从中央银行支付基础设施和离岸支付基础设施两个方面进行研究。

支持欧元国际化的核心支付基础设施 TARGET 与欧元同时诞生，交易金额占所有欧元大额支付的70%，笔数占到了52%，到2014年交易笔数增长了近50%，交易金额增长了一倍多，支持欧元区中央银行货币操作支付、EURO1结算、欧元外汇交易结算、证券交易结算和零售支付业务、银行间欧元支付以及商业化交易产生的欧元支付六类业务。

以第一代 Target 的业务量为例进行分析，欧元跨境业务日均金额从1999年的3600亿欧元增长至2008年的8500亿欧元左右，在 TARGET 所有交易中，平均占比35%。从区域上看，TARGET 跨境业务中，德国、法国、英国、荷兰和法国的跨境业务合计占比平均值为73%，这与所在区域经济发展、信贷机构资产密切相关。曾有模型研究指出，TARGET 和 EURO1 所负责处理欧元的跨境业务中欧元/美元的外汇交易结算占比较大。

从功能角度对 TARGET 所具备的国际货币支付基础设施基本特征进行分析，TARGET 在1999年与欧元同时诞生之日起即具备了国际货币支付基础设施的四个基本特征，一方面 TARGET 在支持欧元区跨境支付的同时，允许欧洲范围内非欧元区国家支付系统的接入，为非欧元区的跨境支付提供便利，同时扩大欧元代理银行范围，促进代理银行市场的竞争；另一方面支持欧元各类金融交易结算，确保欧元作为国际货币的流动性。

从降低交易成本角度对 TARGET 所具备的国际货币支付基础设施一般特征进行分析，主要的改进包括：TARGET2 的单一技术平台实现集中化系统架构，降低了运维成本，提高了系统可用率，使欧元支付更加安全、高效；统一收费标准，并采用完全成本覆盖法的策略优化收费政策，通过升级换代欧元支付交易成本降低；增加夜间服务时段，延长服务时间，提高全球欧元金融交易支付效率并降低风险；应用更便利代理银行的 SWIFT 通信网络和报文标准，统一了国际货币两个支付环节的标准,减少了转换成本和时间;等等。

中央银行作为支付基础设施服务主体,在国际货币支付基础设施建设中所发挥的作用在欧元的案例研究中再次得到了验证。具体到欧洲中央银行以及欧元区各中央银行,一是重视并参与支付基础设施建设,在欧元推出、目标明确之时即着手搭建欧元支付基础设施以支持欧元的跨境支付,并将此作为实现单一货币的举措之一,由于收不抵支,前期承受了亏损,这种有组织的集中建设基础设施比依托市场力量,即代理银行方式下的成本要低、效率要高,解决了自然垄断产品目标和资源配置中可能存在的矛盾。二是促进欧元发展目标下对非欧元区支付基础设施接入持开放态度。这一点也同时反映出很多国家在正式加入欧元区之前,其欧元支付基础设施已经搭建完成,支付基础设施同步到位或先行的特点在欧元案例中最为突出。三是不断应用新技术和风险防范措施,在规模经济出现后,以成本覆盖为原则降低收费,不断降低欧元支付的交易成本。四是开展中央银行间合作、中央银行与行业组织以及国际支付服务组织间的合作。

五、欧元离岸支付基础设施:走向衰败

本章第三部分内容提及,作为支持欧元国际化的第三个层次的支付基础设施,即欧元离岸支付基础设施,比较有代表性的是英国CHAPS – EURO 系统、中国香港 CHATS – EURO 系统以及瑞士EURO – SIC 系统。下面将以 CHAPS – EURO 和 CHATS – EURO 为重点研究离岸支付基础设施在欧元国际化中所发挥的支持作用。

(一)英国 CHAPS – EURO:关门告终

1. 建设背景

伦敦作为国际金融中心,为发展欧元离岸市场,英格兰银行推动

了 CHAPS - EURO 系统的建设。欧元诞生前,英格兰银行就明确了其在伦敦发展欧元市场的职责和目标:一是提供满足欧元支付的支付基础设施,从欧洲诞生第一天起即允许欧元在批发支付和金融市场间使用;二是帮助英国的金融业为欧元的使用做好准备;三是推进与欧洲货币机构(European Monetary Institute,EMI)① 以及其他中央银行间的合作。

基于此,英格兰银行同步开发建设了 CHAPS - EURO,并纳入 TARGET,成为 TARGET 建设的一部分。CHAPS 开始提供欧元支付服务时,也由此成为世界上第一个多币种中央银行支付系统。CHAPS - EURO 允许全球各国的商业银行成为其参与者,并为其在伦敦市场上的欧元交易提供本地及跨境资金支付服务。CHAPS - EURO 采用 RTGS 模式,采用 SWIFT 报文标准,并通过 SWIFT 建立通讯连接,这种安排可方便其参与者承接欧元区外的欧元支付业务,消除报文转接成本。

2. 业务发展

1999 年 1 月,CHAPS - EURO 的跨境欧元支付金额占 TARGET 跨境业务的 15%,日均金额为 590 亿元,这一比例在 2002 年上升到 18%,日均金额达 860 亿欧元。与欧元区其他国家相比,1999~2002 年英国的欧元跨境支付金额占比维持在 15%~20%,排名第二,位于德国之后,见图 8 - 8。

就本系统而言,系统交易金额呈增长趋势,处理英国境内欧元支付和跨境欧元支付两类业务,其中至 2008 年系统停运,跨境业务的交易金额占比在 85% 以上,见图 8 - 9。

CHAPS - EURO 对欧元国际化的支持作用可从伦敦欧元离岸市场的发展过程中看出。以 1999~2002 年的数据为例,其中:

2002 年 9 月,伦敦欧元隔夜无担保贷款额较 1999 年 1 月翻了近 3 倍。根据国际证券管理协会(International Security Management Association,ISMA)2002 年 9 月公布的报告,欧洲质押回购市场中约一半

---

① EMI 是欧洲中央银行的前身,运作于 1994~1997 年。

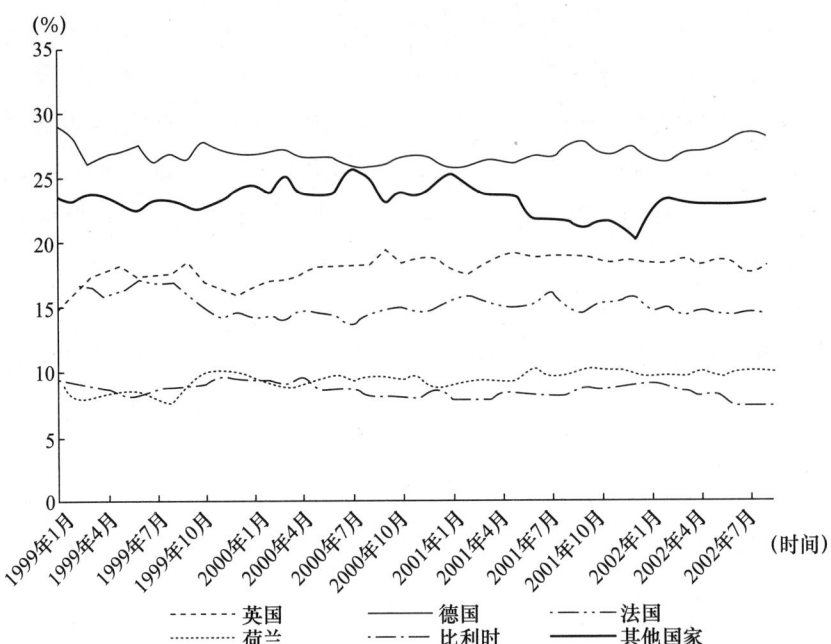

图 8-8　1999~2002 年欧元区各国欧元跨境支付交易额占比

资料来源：转引自欧洲中央银行网站。

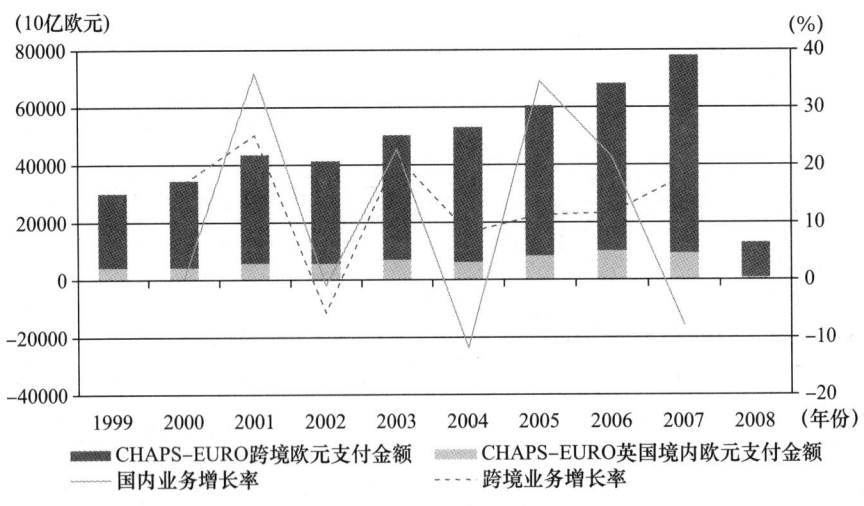

图 8-9　CHAPS-EURO 交易金额分布及发展情况

资料来源：英格兰银行。

的跨境质押回购是以欧元区外的机构为对手,并且主要是位于伦敦的市场机构。

2002年9月之前的12个月内,欧元债券在伦敦市场上的发行额超过了60%,1999年该比例仅为50%(见图8-10)。据伦敦国际金融服务组织(International Financial Services,London,IFSL)① 估计,全球欧元债券二级市场中,伦敦的份额约占70%。

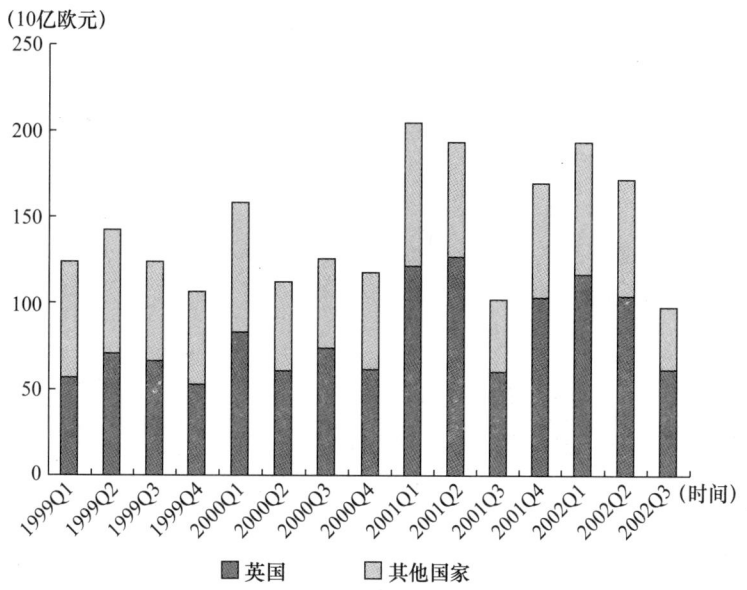

图8-10 1999~2002年第三季度欧元债券在伦敦市场的发行情况

资料来源:转引自英格兰银行网站;Dealogic。

2002年6月,英国银行向非居民提供的金融服务中,欧元占比达34%,仅低于占比41%的美元交易(见图8-11);2002年9月,英国银行的各类交易中,欧元交易占到了23%,1999年该比例为19%。

---

① IFSL于2010年更名为The City UK。

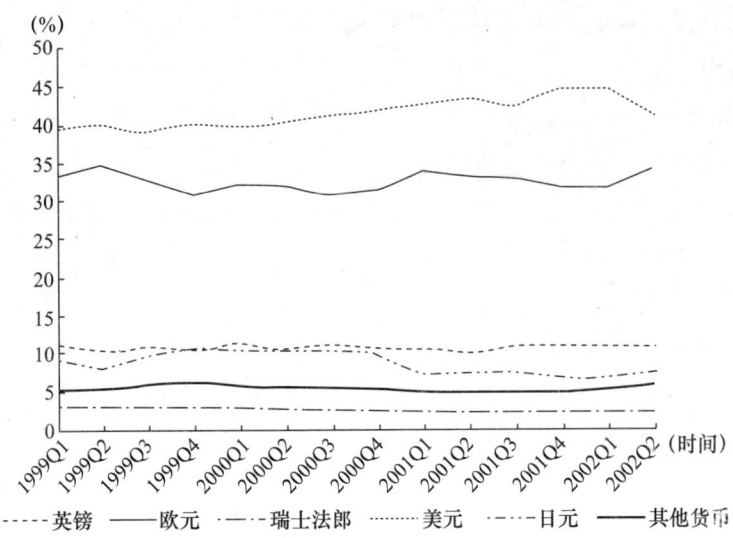

图 8-11 1999 年至 2002 年第二季度英国银行非居民业务各币种占比情况
资料来源：转引自英格兰银行网站。

根据 BIS 的统计数据，2001 年 4 月，英国在整个外汇交易市场的份额为 31%，其中伦敦市场上的欧元外汇交易额日均达 2070 亿欧元，大大高于德国市场上的 560 亿欧元以及法国市场上的 350 亿欧元。

3. 作用

研究 CHAPS-EURO 如何支持欧元的国际化，可以先从其与其他基础设施的关系开始分析。离岸支付系统参与者间的支付可以在系统内部完成结算，参与者与系统外金融机构间的支付需利用代理银行或其他支付基础设施完成。同时，离岸支付系统的一个重要作用是支持离岸金融市场的发展，需要为国际货币金融交易提供支付结算便利。这两点决定了离岸支付系统不是孤立的。CHAPS-EURO 的以下四个特点决定了该支付基础设施满足欧元的境外支付需求，从而促进了欧元的国际化，其在欧元支付基础设施中所处的地位及与其他基础设施的关系见图 8-12。

（1）与 TARGET 和 EURO1 分别建立直接连接，在完善离岸市场支付功能的同时，减少了代理环节，并实现中央银行货币结算。

第八章 欧元支付基础设施：政治的力量

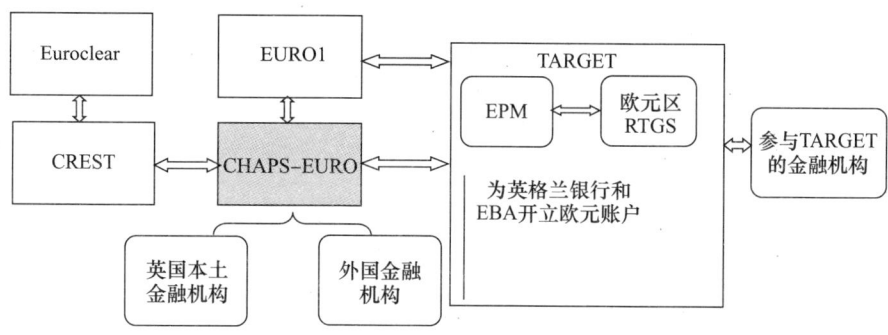

图 8-12 英国欧元离岸支付系统 CHAPS-EURO 与其他基础设施的关系

（2）与证券结算系统 CREST 直接连接，间接与作为 ICSD 的 Euroclear 建立联系，并在 2001 年 11 月实现欧元证券交易结算的 DVP，确保了离岸市场欧元的流动性，促进国际欧元证券市场的发展。

（3）英格兰银行的积极参与和推动也是 CHAPS-EURO 系统在欧元国际化中发挥积极作用的关键因素，例如，开放对外国银行的系统准入，基本覆盖了全球大型金融机构，降低了欧元区外金融机构欧元金融交易的成本；为参与者提供欧元日间信贷等。

（4）注重标准化，采用 SWIFT 通信网络和报文标准，一方面降低了建设系统的一次性投入，另一方面减少了参与者报文转换的成本和时间。

2008 年，TARGET2 完成推广正式接替 TARGET 开始运行后，英国选择停止 CHAPS-EURO 的运行。CHAPS-EURO 停运，并没有因此影响欧元在英国的使用和结算。伦敦仍然是国际金融中心，仍是最重要的欧元债券和外汇市场之一。在支付基础设施方面之所以有这一调整可能是因为英格兰银行认为没有 CHAPS-EURO 并不会影响伦敦的欧元金融交易，这可从以下三个方面分析：

（1）金融开放弱化了金融机构的地域概念，金融机构可以自由选择接入 TARGET 的国家，也就是说伦敦金融市场交易的资金结算可以通过其总分行、代理行在欧元支付系统中完成。

（2）第一代 TARGET 时，参与者需通过所在国 RTGS 系统接入，第二代 TARGET 采用单一平台，参与者可直接接入该平台，其资金结算账户也从所在国中央银行迁移至该平台，这对于原先通过 CHAPS – EURO 接入 TARGET 的商业银行而言，可以直接接入 TARGET2，而无须中央银行的系统。

（3）与 TARGET 同功能的 EURO1 原本就是直接与商业银行连接的欧元跨境支付系统，第一代 TARGET 时，由于其净额结算模式带来的流动性便利，英国的欧元支付很多都是通过该系统完成的。

这点也可以作为事实佐证之前提到的第二层次支付基础设施与第三层次支付基础设施存在相互替代作用的结论，本案例中，后者被前者所替代。

（二）中国香港 CHATS – EURO：大马拉小车

1. 建设背景

中国香港 CHATS – EURO 是欧洲之外的离岸欧元支付系统，与英国的 CHAPS – EURO 相同，均由货币当局，即香港金融管理局为巩固中国香港国际金融中心地位而组织搭建。不同的是，其结算资产不是中央银行货币，而是商业银行货币，即采用结算银行模式，由渣打银行作为结算银行，为参与者提供免费欧元日间信用以及质押回购融资。

该系统 2003 年 4 月投入使用，其功能有三个：一是为香港地区金融机构提供欧元境内外支付；二是为香港地区的欧元、美元、人民币、港币的外汇交易提供欧元的 PVP 支付；三是为 CMU 的欧元债券交易提供 DVP 结算。

香港地区的欧元支付系统主要满足本地及同时区的欧元支付，运行时间是当地时间周一至周五 08：30～18：30，其中包括元旦除外的香港地区公众假日，业务录入的时间是 7×24 小时（除系统维护时间）。

2. 业务发展

2014 年该系统日均交易额为 5.85 亿欧元，笔数为 529 笔，规模小于伦敦和瑞士的欧元离岸支付系统，从趋势上看，交易笔数基本呈增长态势，交易金额在 2005 年达到最大，之后呈下降趋势。根据图 8-13 可知，香港地区离岸欧元支付业务中，自 2005 年起，欧元外汇交易 PVP 支付的比例逐年下降，从占比 40% 到 2014 年已经不到 5%，外汇交易 PVP 业务占比较少的一个原因可能是主要币种间的 PVP 结算已经通过 CLS 实现，可见 CLS 对于香港地区欧元离岸支付系统的发展有一定的冲击作用。CHATS-EURO 的业务发展与香港地区欧元离岸市场的发展程度是相匹配的，主要还是因为香港地区欧元离岸市场规模并不大。

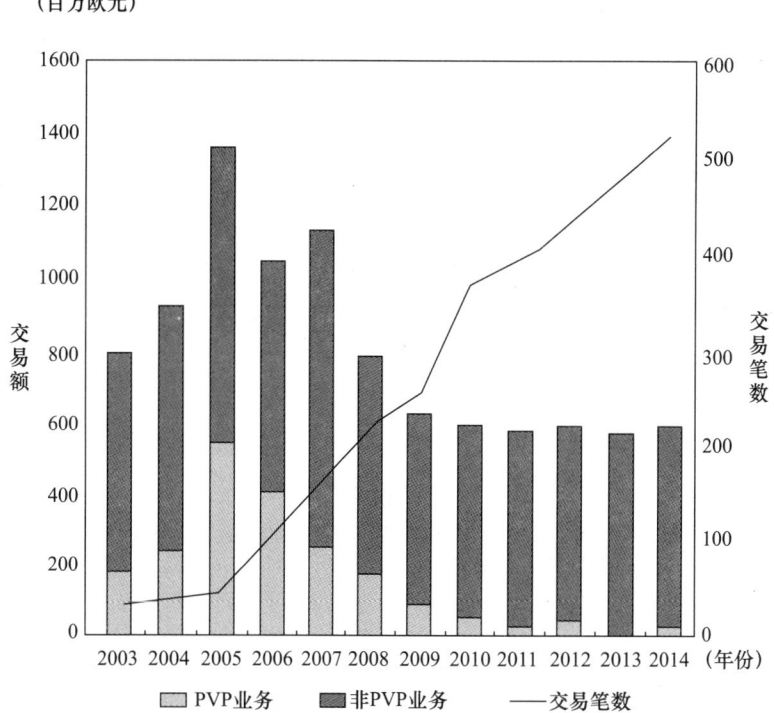

图 8-13　香港地区离岸支付系统 CHATS-EURO 日均交易量趋势
资料来源：转引自香港金融管理局网站。

3. 作用

但从基础设施本身而言，香港地区欧元离岸支付系统能够满足国际货币支付基础设施基本特征和一些一般特征，能够支持欧元的跨境支付。系统业务量少的原因不是基础设施方面的不足，而是由于香港地区欧元离岸业务规模和增长较少。香港地区欧元离岸支付系统在支持欧元境外支付方面具备的特点包括：

（1）通过与香港地区债券工具中央结算系统连接实现欧元债券交易的DVP结算，从而间接与两个主要的ICSD——即欧清银行（Euroclear）和明讯（Clearstream）建立连接；通过与香港地区其他币种的RTGS系统连接实现欧元外汇交易的PVP结算，并通过结算银行提供欧元的流动性支持（见图8-14）。

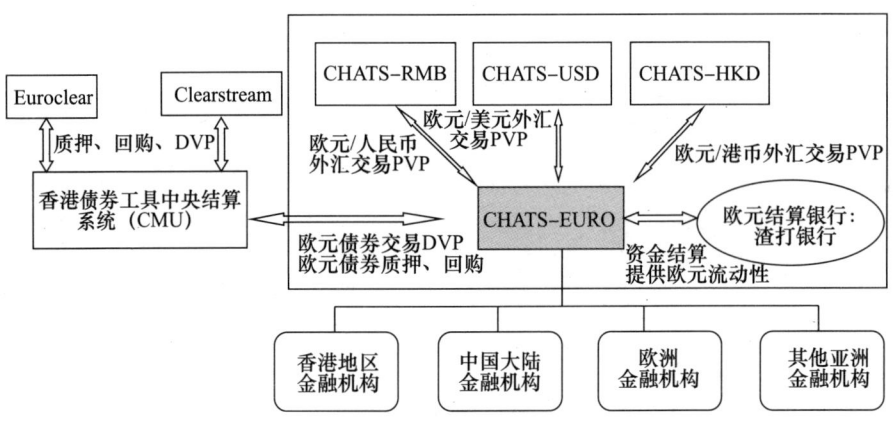

图8-14 香港欧元离岸支付系统 CHATS-EURO 与其他基础设施的关系

（2）注重标准化，为了提高欧元跨境支付的兼容性，系统于2009年开始使用SWIFT通信网络。

（3）香港金融管理局为促进中国香港国际金融中心地位，积极投入和推动，并开放对外国银行的准入。截至2015年12月，直接参与者37家，间接参与者18家。其中14家直接参与者来自欧洲，13家来自中国大陆，其余多为香港地区本地银行。间接参与者中，渣打银行的数量最多为16家，分别是摩根大通银行、比利时联合银行、曼谷盘古银行、法国Natixis银行、澳门中国银行、印度联合银行以及渣

第八章 欧元支付基础设施：政治的力量

打银行在亚洲的各分支行。

（三）离岸系统的比较

除英国和中国香港的欧元离岸支付系统外，在瑞士中央银行的推动下，瑞士于1999年与欧元同步推出了离岸支付系统EuroSIC。该离岸系统主要为3200家瑞士和列支敦士登的金融网点提供欧元支付服务。不同于CHAPS-EURO的结算账户模式，EuroSIC以瑞士欧元清算银行（Swiss Euro Clearing Bank，SECB）作为结算银行，并接入TARGE、德国批量支付系统EMZ以及泛欧批量支付系统STEP2。TARGET2之前，SECB通过德国中央银行RTGS$^+$系统接入TARGET，由此为EuroSIC提供欧元跨境支付服务。SECB不仅承担结算银行职责，而且为参与者提供免费的日间欧元流动性以及隔夜中央银行质押融资。EuroSIC参与者间的欧元支付可由系统和结算银行直接处理，此类业务来自欧元证券交易（SECOM，Eurex/Euro-Repo）。当收付款一方为非系统参与者时，若为欧元的跨境支付，由SECB在TARGET、EMZ、STEP2中决定通过哪个系统实现支付。EuroSIC的运行时间是欧洲中部时间晚上8：30到第二天下午6：45，周末运行时间是周五晚上8：30到周一下午6：45。从接入方式上看，EuroSIC为参与者提供灵活的接入方式，包括基于互联网的IPNet、网络协议或者SWIFT通信网络，业务发展情况如图8-15所示。

对比英国、中国香港、瑞士欧元离岸支付系统，可以看出，这些系统均由所在国中央银行推动建设，目的是为了促进欧元离岸金融市场发展以及满足本国的欧元支付需求，其结果是便利了欧元在欧元区外的支付和使用，支持了欧元的国际化。这些离岸系统还存在以下不同之处：

1. 接入欧元核心支付基础设施的模式不同

英国的欧元支付系统采用通过英格兰银行与TARGET直接连接的方式，瑞士和中国香港的系统通过商业银行间接实现与TARGET的连接。

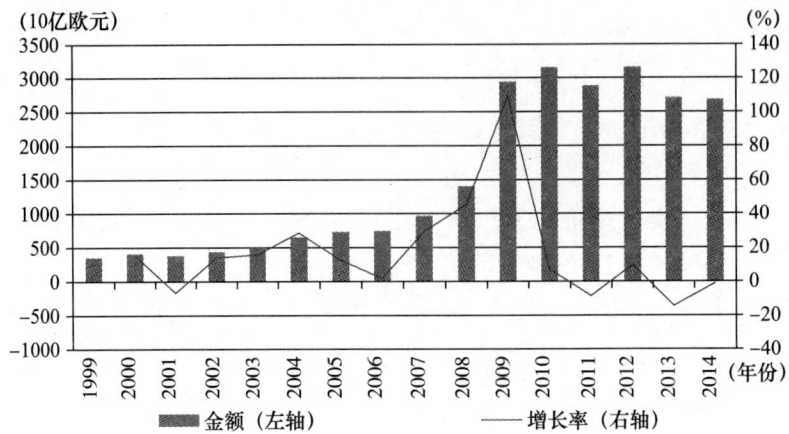

图8-15 1999~2014年瑞士欧元离岸支付系统
EuroSIC交易金额及增长情况

资料来源：瑞士中央银行。

2. 结算资产不同

一般来说，离岸支付系统的结算资产为商业银行货币，这是因为离岸支付系统所在地中央银行不是结算货币的发钞国，无法履行最终贷款人职责。中国香港和瑞士的欧元支付系统即是如此：结算银行负责资金结算，并提供流动性支持。英国的欧元支付系统是使用中央银行货币作为结算资产的离岸支付系统，这种情况仅仅发生在欧元支付系统中。其原因是，欧洲中央银行允许非欧元区国家支付系统加入TARGET，并在ECB支付机制（EPM）中开立欧元账户，同时允许加入系统的非欧元区国家中央银行，以ECB中的欧元账户资金为限向其参与者提供日间信贷。货币发行国中央银行允许其他货币区域中央银行提供本国货币结算服务，这在历史上是第一次出现的特殊安排。

3. 与其他基础设施间的关系不同

英国的系统与证券结算系统建立了连接，而中国香港的系统不仅与证券结算系统建立了连接，而且还与港币支付系统以及中国香港的离岸美元和人民币系统建立了实现PVP的机制，瑞士欧元支付系统侧重于满足欧元的跨境和国内支付，因此并未直接与本国证券结算系统

第八章 欧元支付基础设施：政治的力量

直接连接。

对于国际金融中心而言，由于以各币种计价的债券交易活跃，为了防范金融交易风险，建立与证券结算系统的连接，实现DVP是十分必要的。自2002年CLS开始运行以来，基本上国际货币外汇交易的PVP结算已经实现，并且随着规模经济的形成已具网络外部性，因此，在已经加入CLS的货币中建立各币种支付系统间的直接连接实现PVP意义不大。从香港地区欧元支付系统的业务类型中可以得出：一是HKMA没有必要建立欧元支付系统与港币、美元支付系统的PVP连接；二是从理论上，由于人民币未满足CLS合格货币条件，建立欧元支付系统与人民币支付系统的PVP结算可以消除欧元和人民币交易的风险，是必要的，之所以业务量不大的原因是香港地区市场上此类交易交易量本身并不大，与基础设施的完善与否没有关系。

（四）小结

以上三个典型系统目前尚在运行的为瑞士EuroSIC和中国香港CHATS-EURO这两个系统，并且交易金额维持负增长或低增长率，英国CHAPS-EURO已在2008年停止运行，原业务分流至TARGET或EURO1。通过以上分析，初步形成的结论包括：

（1）在金融开放的环境中，当核心支付基础设施允许外国银行接入时，随着跨境代理银行间支付指令传输成本的降低，离岸支付基础设施被取代的可能性越来越大，此时，国际货币第三层次支付基础设施可被第一、第二层次支付基础设施所替代。当国际货币核心支付基础设施限制外国银行直接接入时，货币国际化力量必然推动第二、第三层次支付基础设施的发展，第二、第三层次支付基础设施的推出时间以及网络外部性的存在使得二者存在此消彼长的关系。

（2）由上文可知，香港地区欧元支付系统满足了国际货币支付基础设施特征，但是其业务发展情况并不理想。当支付基础设施的配置优于市场需求时，并不会改变市场状况，这说明支付基础设施并不是货币国际化的充分条件，而仅仅是必要条件，当国际货币支付基础设施满足货币跨境支付需求时,较高的交易成本并不会成为阻碍货币国际化的因素,但当支付基础设施能够降低国际货币交易成本之时,可以对货币国际化产生正向作用。

六、小结:政治力量下的同步发展模式

欧元作为多国法定货币的特征,决定了支持欧元国际化的支付基础设施发展路径重合于境内欧元支付基础设施的发展,这是不同于其他国际货币支付基础设施发展的一个方面。欧元是依靠政治力量而诞生的国际货币,恰逢 20 世纪 90 年代支付基础设施对于货币国际化的重要作用已得到各国中央银行普遍认可,同时支付基础设施技术相对成熟的时期,使得欧元支付基础设施的发展路径起点重合于欧元国际化的起点。根据以上的分析可知,欧元支付基础设施的搭建早于或同步于该国成为欧元区成员,这是不同于其他国际货币支付基础设施发展的第二个方面。其他国际货币支付基础设施的三个层次是一个逐渐搭建的过程,而欧元自诞生之日起即基本具备国际货币支付基础设施的三个层次,这是不同于其他国际货币支付基础设施发展的第三个方面。在之后的发展中,欧元支付基础设施经历了升级换代、延长运行时序、接入 CLS、调整收费政策等,这一过程与其他国际货币支付基础设施的发展路径是基本吻合的。

通过本章研究可以得出的结论是,欧元支付基础设施最大限度地利用了各个时期的客观条件,及时有效地支持了欧元的国际化发展。这得益于以下几项发展动力:一是政治力量推动下的欧盟各国中央银行间的合作,确保了欧元支付基础设施同步于欧元诞生;二是非欧元区国家建设国际金融中心的目标;三是欧洲中央银行对于加入金融机构加入 TARGET 所持的开放态度;四是行业组织在支付基层设施建设中的作用;五是信息技术的发展;六是 CLS 等国际支付基础设施的搭建。

第八章 欧元支付基础设施：政治的力量

通过对欧元离岸支付基础设施的分析，验证了第四章提出的论点，即在金融开放的环境中，当核心支付基础设施允许外国银行接入时，国际货币第三层次支付基础设施可被第一、第二层次支付基础设施所替代；当国际货币核心支付基础设施限制外国银行直接接入时，货币国际化力量必然推动第二、第三层次支付基础设施的发展，第二、第三层次支付基础设施的推出时间以及网络外部性的存在使得二者存在此消彼长的关系。香港地区欧元支付系统案例再次说明，支付基础设施并不是货币国际化的充分条件，而仅仅是必要条件，当国际货币支付基础设施满足货币跨境支付需求时，较高的交易成本并不会成为阻碍货币国际化的因素，但当支付基础设施能够降低国际货币交易成本之时，可以对货币国际化产生正向作用。支持欧元国际化的支付基础设施及其供给主体的对应关系见表8－4。

表8－4 支持欧元国际化的支付基础设施及其供给主体一览

国际货币支付基础设施的种类		服务供给主体	供给主体性质	结算资产
跨境银行间支付基础设施	欧元区内外银行间支付基础设施	金融中介机构	私人机构	商业银行货币
		SWIFT	第三部门	
	离岸欧元支付基础设施	CHAPS – EURO 英格兰银行	政府	中央银行货币
		CHATS – EURO 香港金管局		商业银行货币
		EURO – SIC 瑞士中央银行		
欧元区内银行间支付基础设施		TARGET2 欧洲中央银行	政府	中央银行货币
		SWIFT[①]	第三部门	
		EURO1 欧洲银行业协会	第三部门	中央银行货币

---

① TARGET2不仅应用SWIFT报文标准，而且报文传输平台也基于SWIFT。因此，将SWIFT列入TARGET2的服务供给主体。

第九章 日元支付基础设施：异步发展之路

一、日元国际化路径

日本于1964年实现经常项目可兑换，1973年实行浮动汇率制度，并逐步放松资本管制期间，日本经济保持高速增长，为日元国际化奠定了基础。20世纪70年代末，日元升值，全球日元需求增多。1978年，日本大藏省提出了"正视日元国际化，使日元和西德马克一起发挥国际通货部分补充机能"的方针，并采取了"大幅度缓和欧洲日元债发行方面的限制"和"促进日元在太平洋地区流通"等政策措施。1980年，日本的出口额中日元的结算比例达到29.4%，日本的进口额中日元的结算比例为2.4%。20世纪80年代，日元国际化进入快速发展的阶段，日本金融自由化和资本项目自由化进一步发展，日本政府的政策以及日本国内经济繁荣同时推动了日元的国际化进程。1984年，日本大藏省发布日元国际化宣言。1990年在日本出口、进口额中，按日元结算的比重各为37.5%和14.5%，分别比1980年提高了8.1个和12.1个百分点。在世界各国的外汇储备中，日元的比重也升至8.0%，是英镑3.0%的2倍以上。但进入90年代后，日元的国际化非但没有进一步推进，反而有所倒退[1]。

---

[1] 刘昌黎. 日元国际化的发展及其政策课题 [J]. 世界经济研究, 2002 (4): 65-70.

1. 日元作为国际贸易结算货币

日元的国际化之路伴随着日元在日本对外贸易中结算比例的增加。目前尚未获取日元作为第三国贸易计价、结算货币的数据和资料,我们推测日元作为第三国贸易结算货币的规模和比例是较低的。因此,日元在国际贸易中的使用更多地体现为用于日本的对外贸易,在国际贸易领域,日元的国际化并不像美元的国际化程度那样高。

自20世纪70年代起,日元在日本对外贸易中的结算比例不断提高,同时,出口贸易中的结算比例高于在进口贸易中的结算比例(见图9-1)。1970年,日元出口结算比例为0.9%,进口结算比例为0.3%,1980年,前者增加为29.4%,而后者仅为2.4%,整个80年代,日元在进出口贸易中的结算比例进一步增大,特别是在进口贸易中的结算比例在1990年扩大至14.5%,出口贸易结算比例小幅增长至37.5%。90年代之后,日元在出口贸易中的结算比例保持平稳,维持在35%~40%,并在1995年之后开始走平,维持在35%上下;同时,日元在进口中的结算比例增长迅速,并维持在25%~30%。

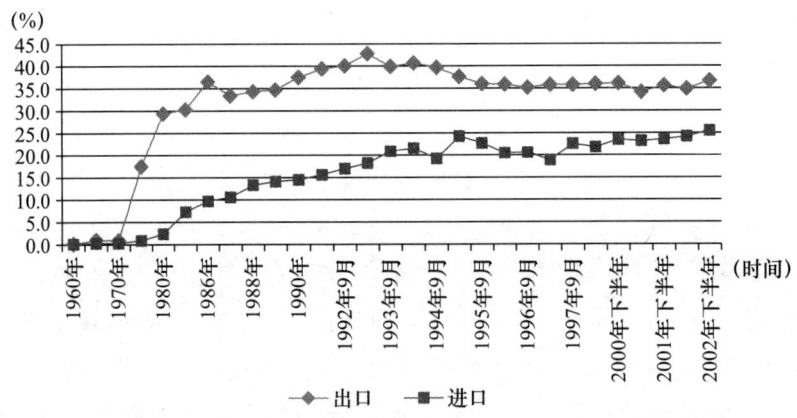

图9-1 日本对外贸易中日元结算占比情况

资料来源:日本财务省。

从区域来看,日本对亚洲各国的出口中,日元结算的比例从20世纪80年代初的30%开始增长,在90年代初首次超过美元,达到

第九章 日元支付基础设施：异步发展之路

50%，90年代中期有所下降后再次增长，并维持在50%左右；日本对欧盟的出口中，日元的结算比例一直在美元之上，自80年代中后期的45%下降至当前的25%~30%，欧元出现后，欧元占比最高，维持在50%之上；日本对美国的出口中，始终是以美元主导，日元的结算比例一直维持在15%左右。日本的进口贸易中，在来自欧盟的进口中，日元结算比重超过欧元和美元，接近50%，但来自亚洲的进口仍主要以美元结算，日元结算比重不足30%；日美之间的贸易仍以美元结算为主，日元结算比重较低。

2. 国际金融交易及对外投资中的日元

日元国际化的进程中，欧洲日元离岸市场是境外机构通过证券发行获得日元以及证券投资的重要场所。以债券发行为例，欧洲日元非居民债券发行额从1984年的2270亿日元增长至1997年的18万亿日元，之后开始呈下降趋势，在欧洲日元离岸市场的衰退下，日元在国际债券和国际票据中的发行占比在1995年之前呈增长趋势，1995年6月达18.08%，之后逐年下降至2010年6月的2.8%。

与非居民发行的欧洲日元债券相比，居民发行的欧洲日元债券规模平均仅为前者的19%。但是，根据 Mckenzie 和 Takaoka 在2005年研究中所做的统计，1990~1997年，居民发行的欧洲日元债券规模均超过了日本本国债券市场规模。[1] 这表明有可能欧洲日元市场的发展替代了部分国内企业债券市场的发展。[2]

日本股票市场的海外参与程度高于国债市场，根据日本央行公布的2000年年底的数据，19%的日本股票市值由海外机构和个人持有，对于日本国债该比例仅为5%，在美国，前者的比例为10%，后者的比例高达35%。

---

[1] Mckenzie C. R. and Takaoka S. Deregulation of bank underwriting activities: Impacts in the Euro-yen and Japanese Corporate Bond, markets [J]. Mathematics & Computers in Simulation, 2005, 68 (5-6): 526-535.

[2] Batten J. A. In F. H. and Kim S. What drives the Japanese Yen Eurobond term structure of Japanese Bonds [M]. Social Science Electronic Publishing, 2003.

3. 日元外汇交易和外汇储备

20世纪80年代，日本政府放开外汇管制，日元外汇交易市场不断扩大，1998年《外汇法》修订后日本所有的金融机构、个人、企业均可以自由买卖外汇，更加促进了外汇市场的发展。

从日元的国际份额来看，国际清算银行关于国际货币外汇交易占比的统计数据始于1989年，1989年日元的外汇交易占比为27%，与马克占比相同，美元占比最大，达90%。1990~2007年，日元外汇交易占比呈下降趋势，2007年比例为17%，欧元占比为37%，美元占比仍为最大，为86%。2007~2013年，日元外汇交易占比呈上升趋势，从17%增加至23%（见图7-6）。

从日元外汇交易结构上看，日元和美元之间的交易占整个日元外汇交易市场的80%左右。在东京外汇交易市场上，日元外汇交易主要集中于与美元和欧元的交易①，从2006~2015年的数据来看，合计占比分布在83%~94%，这一结构不同于美元和欧元，见图9-2。其中美元的交易对象十分多元，从2001~2010年的统计数据来看，最大比例的欧元也不过1/3，与英镑的交易占比分布在10%~15%，与日元的交易占比集中于15%~22%。

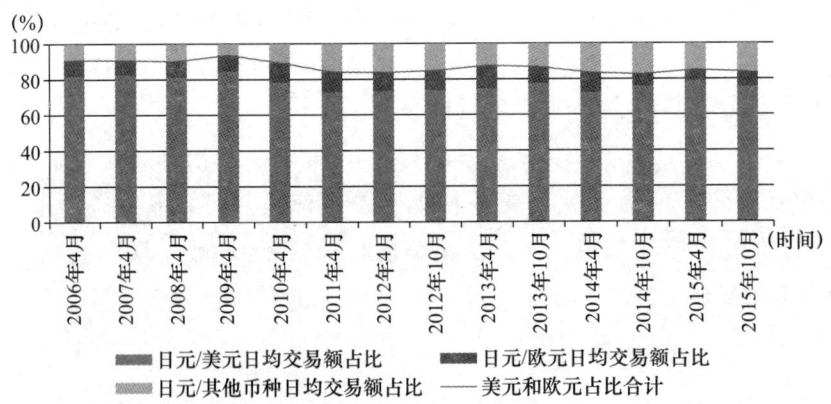

图9-2　2006~2015年东京外汇市场日元外汇交易占比情况

资料来源：东京外汇交易市场委员会。

---

① 许祥云. 日元国际化及其对人民币的启示［D］. 复旦大学博士学位论文，2011.

第九章 日元支付基础设施：异步发展之路

根据图 7-7，日元在国际外汇储备中的占比在 1990 年达到最高，即 9.1%，比同期英镑水平高 5.9%。也就是说，1980~1990 年，日元在外汇储备中的比重呈增长趋势。但之后呈下降趋势，2009 年达到最低，仅为 2.9%，大大低于同期的美元占比 62%，欧元占比 28%。

根据以上分析，日元的国际化进程可以分为三个阶段：

（1）20 世纪 70 年代：日元的国际化首先体现在国际贸易中作为结算货币，具体来说是日本出口贸易中日元结算额增长迅速，日元结算额占比翻了 30 倍。其次，日元在国际储备中的占比开始增加，虽然没有获取 80 年代之前的具体数据，但是根据国际清算银行的统计，1980 年日元在国际储备中的占比达 4.3%，成为仅次于美元和马克的第三大储备货币。由此判断，20 世纪 70 年代是日元国际化的起步阶段，国际贸易和外国增加日元储备带来的日元跨境支付量增多，迫切需要支付基础设施支持日元跨境支付业务，即具备国际货币支付基础设施功能。

（2）20 世纪 80 年代：日元的国际化体现在国际贸易结算、国际金融交易以及外汇储备等各个方面，是日元国际化的快速发展阶段。国际贸易中，日本进口贸易中日元结算比例增长较快，从 1980 年的 2.4% 增长至 1990 年的 14.5%；日元国际证券起步于 80 年代，并在此阶段呈现出较快的发展速度；关于日元外汇交易，虽然并未获取 80 年代的数据，但是根据国际清算银行 1989 年的统计数据，日元外汇交易占比为 27%，与马克持平，位居美元之后，由此推断，日元外汇交易在 80 年代呈现出快速发展的趋势。日元作为国际外汇储备的地位快速上升，1990 年占比为 9.1%，较 1980 年翻了一番。

以上这些特点意味着，日元跨境支付业务种类增多的同时，日元跨境支付业务量激增，这需要日元支付基础设施在完善功能满足日元跨境支付业务需求的基础上，注重发展的深度和广度，提高处理效率，降低由于业务量增多带来的运行风险、流动性风险以及信用风险，这对支持日元跨境支付的基础设施提出了更高的要求，尤其是降低交易成本方面。

（3）20 世纪 90 年代之后：日元在国际贸易中的结算比例进一步

增长，这主要体现在日本进口贸易中的日元结算比例，继续从1990年的14.5%增长至25%~30%。日元国际证券交易经历了先增后减的过程，90年代中期达到历史顶点，之后逐年下降。1990~2013年，日元外汇交易占比基本稳定在20%左右。这一阶段，日元在国际外汇储备中的占比整体呈下降趋势，其中20世纪90年代初至中期的占比从9.1%下降至6.8%，90年代中后期基本稳定在这一比例上下，2000年之后的占比继续下降，从6.1%下降至2014年的3.9%。

由此可见，这一时期，对于日元国际化，除在国际贸易中作为结算货币的地位有所增强外，日元在国际金融市场中的使用频度有所减弱，同时作为国际外汇储备的地位开始下降。因此，20世纪90年代之后，日元的国际化处于停滞甚至衰退的阶段，进程明显慢于70年代和80年代。日元的国际化进程对于日元跨境支付基础设施的推动作用并不显著。

日元的国际化起步于20世纪70年代，为此本书将分以上三个阶段研究分析支付基础设施在支持日元国际化中所发挥的作用。

二、20世纪70年代：行业协会为主导

（一）全银数据通信系统（Zengin Data Telecommunication System，Zengin）投产

从第一节分析可知，日元国际化在20世纪70年代已经启动，以日元结算的日本进出口贸易和外国增加日元储备带来的日元跨境支付业务，迫切需要支付基础设施的支撑。从此时支付基础设施的建设情况看，日元的跨境支付主要依托"跨境代理银行+境内银行间支付系统"的模式，即日元的跨境支付通过银行间代理关系最终转换为日本境内银行间的支付或是清算银行的行内支付。

第九章 日元支付基础设施：异步发展之路

1. 日元的银行代理业务

理论上，发挥国际货币代理银行职能的银行机构有两类：一是货币发行国境内银行；二是在货币发行国设有分支机构的外国银行。通过前者以及货币发行国银行间支付基础设施，跨境支付转换为境内支付。当后者发挥代理银行职能时，通常该外国银行在货币发行国开设的分支机构直接参与货币发行国的支付基础设施，由此跨境支付转换为境内支付。以上两类机构在境外为多家银行代理国际货币支付业务时，该机构将发挥清算银行的功能，当涉及两家被代理行间的支付业务时，代理银行可以直接结算，无须依托货币发行国支付基础设施。20世纪70年代，日元跨境支付代理银行的直接数据并未获取，但是从日本境内银行海外扩张以及日本外国银行发展状况可见一斑。

这时期，代理银行发展是支撑日元跨境使用的支付基础设施的重要组成部分。日本本土银行的对外扩张以及对外国银行的开放是推动建立境内外银行间代理关系的基础。1965年，日本境内仅有14家外国银行。进入20世纪70年代，受自由化政策影响，外国银行开始快速涌入日本，1974年日本的外国银行数量发展到50家，1980年达到了85家。

与日本向外国银行的开放相比，日本银行的对外扩张更为迅速。20世纪70年代之前，全球银行产业完全由欧美主宰。70年代初随着日本经济的起飞，一批日本银行在全球银行业崭露头角，比如，住友银行、第一劝业银行、三和银行、三菱银行、富士银行和日本兴业银行等，这些银行在纽约、伦敦、苏黎世、法兰克福等国际金融中心建立分支机构，在美国、欧洲开展大规模收购兼并，承揽了海外的日元业务，便利了日元的跨境支付。

2. 境内支付基础设施

截至20世纪70年代末，日本境内银行间支付基础设施有三类：一是由东京银行业协会运营的全银数据通信系统（Zengin Data Telecommunications System，Zengin）；二是约172家处理支票、汇票等纸质支付工具的同城清算所；三是日本的邮政支付网络。其中，全银系统和清算所均为净额清算模式，银行间的最终日元结算由日本中央银

人民币国际化"大动脉"——国际货币支付基础设施构建

行——日本银行完成。

全银系统投产于1973年,是日本最早实现电子化的支付基础设施,在70年代末几乎覆盖了全国所有的银行,约为708家银行的18000多个网点。全银系统的前身是日本国内交换结算系统(Domestic Exchange Settlement System),此时受信息技术发展水平所限,电子化程度较低,银行间的支付信息通过电报传递,该系统在1943年实现了银行间结算通过中央银行货币完成。

日本各地的清算所随着票据支付工具的发展建立于19世纪中后期,部分清算所在80年代左右实现了票据的电子自动清分。172家清算所中,1978年东京清算所处理的日元票据清算金额占比达60%,并全部实现了电子化处理,通过票据的自动清分清算效率较高。

日本的邮政系统覆盖全国,满足了日本民众的跨地区支付需求。全银系统和清算所是零售支付系统,根据之前的论述,不是严格意义上支持国际货币的支付基础设施,因此不作为本书研究重点。

(二)对日元国际化的支持作用

从20世纪70年代日元国际化的进展看,日元支付基础设施具备了支持日元跨境流动的功能。对支付基础设施的研究,主要体现在以下几个方面:

1. 日本在境内建有以中央银行货币为结算资产的银行间支付系统以及清算所,与代理银行相互协同实现了日元的跨境支付

虽然此时日元的支付基础设施并未形成前文分析的国际货币支付系统的三个层次,但从日元支付基础设施的功能上来看,"境内外银行的代理关系+境内银行间支付系统"的模式满足了日元的跨境支付。此时日本境内的银行间支付基础设施由私营机构运营,私营支付系统与中央银行之间的结算安排决定了日本境内日元银行间结算的资产是最为安全的中央银行货币。日本中央银行参与银行间结算的时间可以追溯到19世纪末,当时东京清算所处理的银行间净额轧差即通过银行在日本银行的存款账户完成最终结算,构筑了日本现代支付结

算设施架构。

2. 信息技术发展以及贷记支付工具出现，境内银行间支付效率提升

此时日本的两类银行间支付基础设施，一是全银系统，二是清算所，前者属信息化系统，支持的支付工具是贷记转账，后者处理票据等借记支付工具。从前文的分析中可知，贷记支付工具的出现标志着支付基础设施进入了一个全新的发展时期，贷记支付方式是付款方主动将资金汇划至收款方，比借记支付减少了支付请求，因而支付效率得以提高，处理成本得以降低。同时，贷记支付由付款人主动发起支付指令，减少了借记方式下付款人开户行的确认程序，且与票据支付相比，消除了票据篡改等道德风险。支付工具的丰富，为日元跨境支付提供了更多的载体。

3. 统一、标准化的代理银行通信网络以及日本境内银行间通信网络的搭建，推动日元跨境支付效率的提升

在基本功能具备的条件下，效率和安全始终是衡量支付基础设施的两个标准。20 世纪 70 年代初，日本境内银行间信息化的支付网络全银系统已经建成，促进了贷记支付工具的发展，日本境内银行间支付效率提升，此时境内外代理银行支付效率成为"瓶颈"，各行间的支付信息一般以电报方式传递，支付报文格式不统一，若存在多级代理关系时，支付报文需要不断转换格式，影响了支付效率。1977 年，支持代理银行业务专司跨境支付业务的 SWIFT 网络投入运营，实现了银行间支付报文的标准化和电子化，到 70 年代末连接了 15 个国家的 239 家银行，跨境代理银行支付效率快速提升。这是支付基础设施推动 70 年代日元国际化的一个重要方面。

（三）与同期美元支付基础设施对比

根据前文的研究，支持美元跨境的支付基础设施于 20 世纪 70 年代在美元国际化进程的推动下不断完善、健全，国际货币支付基础设施的三个层次初步形成。日元与美元跨境支付基础设施的比较研究，

可从以下几个方面进行：

1. 中央银行在支付基础设施发展中的推动力

美联储自1913年成立之后就着手搭建美元银行间支付基础设施，20世纪70年代起实施分散向集中的转变，并正式确定系统名称为Fedwire。日本中央银行成立于19世纪末，早于美国，但直至20世纪70年代末，日本并未搭建中央银行运营管理的银行间支付基础设施，支持日元跨境支付的核心基础设施是由第三部门——银行业协会运营的支付系统。对于支付系统这一具有准公共产品特征的事物而言，第三部门主要考虑会员和成员单位的整体利益，这优于商业机构提供支付基础设施的方式，但与中央银行作为服务主体相比，中央银行运营则会考虑国家战略目标、社会效益以及金融稳定，这一点在本文理论基础部分已有论述。美元中央银行支付基础设施一个多世纪的发展历程深刻证明了这一点。这一过程中，美联储基本是以这样的循环推动Fedwire的完善的：首先以提高效率、安全为目标加大投入成本，在系统中应用新的技术；其次在新的模式下，当规模经济形成，单位成本降低时，则以不以营利为目的，采用成本回收法作为收费策略，降低收费，进而降低美元支付的交易成本。美日对比，20世纪70年代，中央银行在支付基础设施发展中推动力后者不如前者，虽然在日本银行间的结算资产已为最为安全的中央银行货币。

2. 信息化及技术应用程度

这一时期，支持日元跨境支付的基础设施架构下，日元的跨境支付分为三个环节完成：①代理银行间的跨境支付；②境内支付系统对境内银行间的支付进行轧差清算；③境内支付系统将清算结果提交中央银行完成最终结算。从信息技术的角度，对比美元跨境支付基础设施，前两个环节，二者均应用了信息技术，支付效率相差不大，差距体现在第三个环节。具体来说，采用与日元相同的美元净额结算支付系统，即CHIPS，由于已实现与中央银行支付系统Fedwire的通信连接，其第三个环节可通过电子化自动实现，从而提高了美元的跨境支付效率；而在日本，虽然日本银行总分行间通过电报传递账户结算指令，但是金融机构或清算所等支付组织向日本银行提交结算申请，只是在纸质基础上，通过日本银行支票、进账单进行，第三个环节的处理，仍停留在手工处理阶段，效率较低。

同时，美联储是世界上第一个在支付系统中应用 RTGS 模式的中央银行。这一技术的应用就发生在 20 世纪 70 年代初，这意味着 Fedwire 系统已消除信用风险，美元结算的效率和安全性均得以提高，而此时，包括日元在内的其他国际货币支付基础设施仍采用 DNS 模式。

3. 支付基础设施架构

20 世纪 70 年代，支持美元跨境支付的一个重要基础设施 CHIPS 投入运营，自此国际货币支付基础设施的三个层次初见雏形，即建成第一个层次的中央银行支付系统 Fedwire 以及第二个层次专司跨境支付并以中央银行货币作为结算资产的 CHIPS，第一、第二层次的安排为发展第三层次离岸支付系统创造了条件，这主要体现在欧洲美元市场中。而此时，在日本，首先中央银行并未建设银行间支付系统，不具备第一层次的国际货币支付系统，同时，虽然政府在政策等层面推进日元国际化，却未在支持日元国际化的支付基础设施发展方面给予关注，境内银行间支付系统仅仅立足于满足国内支付，未考虑日元跨境支付的特殊需求，使得这一时期日元的跨境支付更多地依靠市场的力量，通过银行间的代理关系，将跨境支付转换为境内支付并通过国内支付系统完成最终结算。从这一角度也可以说，20 世纪 70 年代，支持日元国际化的支付基础设施处于被动发展时期。

（四）小结

20 世纪 70 年代，支持日元国际化的支付基础设施是"跨境代理银行 + 境内银行间支付系统"的模式。此时，日本本土银行的对外扩张以及对外国银行的开放是推动建立境内外银行间代理关系的基础。同期，日本境内银行间支付基础设施有三类：一是由东京银行业协会运营的全银系统；二是同城清算所；三是邮政支付网络。银行间支付均为净额清算模式，最终结算由日本中央银行完成。总之，日元支付基础设施具备了支持日元跨境流动的功能，同时日本境内银行间通信网络系统的建立和贷记支付工具的出现,提升了境内银行间支付效率;全球统一标准的代理银行通信网络的搭建,推动日元跨境支付效率的提升,日元支付交易成本呈下降趋势。

但与同期比较发达的美元支付基础设施相比,支持日元国际化的支付基础设施仍在降低交易成本方面有改进空间,这主要体现在中央银行推动力、信息化及技术应用程度以及基础设施架构三个方面。总体来说,20世纪70年代,支持日元国际化的支付基础设施是一个被动发展的时期。

三、20世纪80年代:短暂的同步发展

(一)新发展:BOJ – NET 出现

经过了20世纪70年代日元支付基础设施的被动发展时期,进入80年代,在日元国际化以及信息技术发展的推动下,支持日元跨境支付的基础设施随着新基础设施的投产步入快速发展时期,并基本形成了国际货币支付基础设施的完整框架。

这些新的支付基础设施是指日本银行建设的、处于核心地位的BOJ – NET 系统(The Bank of Japan Financial Network System,也称为日银系统)以及东京银行业协会建设的外汇日元清算系统(Foreign Exchange Yen Clearing System,FEYCS)。其中,BOJ – NET 系统运行于1988年10月,连接各银行、全银系统、债券结算系统以及外汇日元清算系统,通过各银行在日本银行的账户提供日元的最终结算。

为适应日元的跨境使用和交易,FXYCS 投产于1980年10月,由东京银行业协会(如今是日本银行业协会)建设、所有。最初系统与各参与者间并未实现电子化连接,支付信息的交付均通过纸质媒介。直到1989年,由于实现与 BOJ – NET 系统的连接,才实现自动化处

理,同时根据《日本银行法》的要求,东京银行业协会开始委托日本银行对FXYCS进行运营管理和操作。该系统是日元的国际化进程中重要的支付基础设施,其支撑的业务是跨境金融交易引起的日元资金清算,具体包括外汇交易、债券交易以及进出口支付。

经过20世纪80年代的发展,日元作为国际货币的三个层次支付系统形成,第一层次是作为核心的中央银行支付系统BOJ–NET,第二层次是专司日元跨境支付的FXYCS,以及日元清算银行依托BOJ–NET和FXYCS而形成的第三层次的离岸支付基础设施,主要是清算银行。

日元支付基础设施经过70年代被动满足日元跨境支付的发展阶段,80年代进入自主发展时期,在中央银行以及行业协会的推动下,实现了从被动满足到主动适应的转变,日元跨境支付交易成本进一步降低。这一时期,以国际贸易支付为例,日元支付基础设施支持日元跨境支付的模式如下。

假设境外某企业从日本进口商品需支付日元,该企业在其本国的开户行为A银行,A银行并未直接参与日本的支付系统,该银行与日本境内的B银行建立了日元代理关系,收款人在日本的开户行为C银行,具体流程见图9–3。

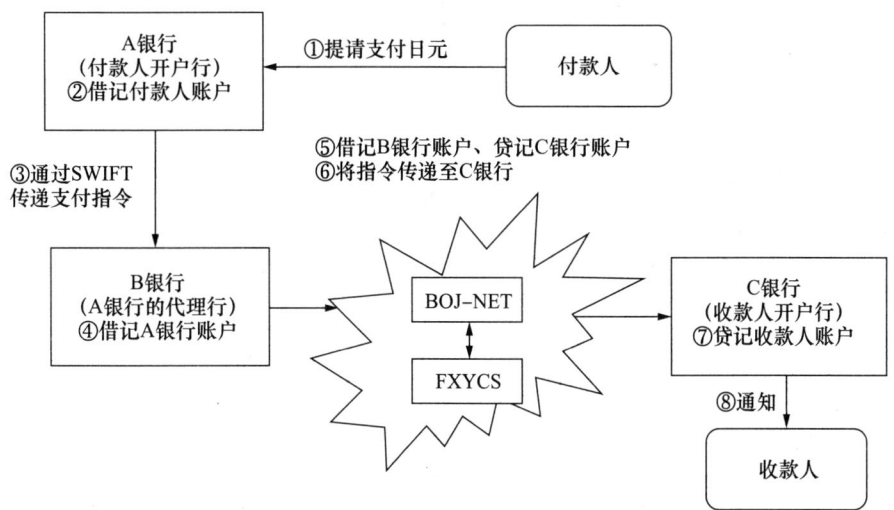

图9–3 日元支付基础设施在国际贸易结算中的作用

（二）对日元国际化的支持作用

1. 日银系统的建成实现了日元跨境支付全过程自动化处理，日元跨境支付交易成本大幅降低

如前所述，20世纪70年代末日元的跨境支付分为三个环节完成：①代理银行间的支付；②境内支付系统对境内银行间的支付进行轧差清算；③境内支付系统将清算结果提交中央银行完成最终结算。1988年日银系统投入运行之前，第三个环节，即金融机构通过日本银行账户完成最终结算，处于手工、纸基处理模式，通过日本银行支票、进账单进行。与同期美元、英镑的支付相比，银行间结算的自动化程度较低。1988年，BOJ–NET建立了商业银行、清算所、全银系统、证券结算系统、外汇清算系统以及日本银行账户系统间的在线连接，商业银行的结算指令、支付组织的清算指令可通过BOJ–NET自动处理，这对日元跨境支付流程带来的变化是，原先业务第三个环节实现了电子化处理，支付效率提升。从这一变化可以看出，国际货币发行国中央银行对于支持该货币的支付基础设施的关键作用。

此外，日本中央银行支付系统对于外国系统的开放程度大于美国。外国银行作为直接参与者加入Fedwire有严格的限制，美元的跨境支付主要依靠CHIPS完成，结果是虽然CHIPS和Fedwire均为银行间大额支付系统，但其定位是不同的，因而存在相互补充的关系。BOJ–NET允许在日本银行开立账户的外国银行直接加入，也正是这个原因，在20世纪80年代末，FXYCS交由日本银行运行，并随着BOJ–NET的更新换代，逐步成为BOJ–NET的一部分。

2. 支付基础设施对于日元国际化的支持作用得到关注，适应日元跨境支付需求的FXYCS的建成，完善了国际货币支付基础设施架构

1980年FXYCS由东京银行家协会建成，此时的参与者为83家，其中45家为外国银行，同Zengin系统一样为净额清算系统，轧差清算结果提交日本银行完成最终结算。该系统明确支持日元国际化进程中涉及的三类支付业务：一是国际贸易中的日元支付，二是日元国际

债券交易结算,三是日元外汇交易结算,并为以上三类业务量身制定报文标准,便利了日元的跨境支付。同时,由于在 FXYCS 建成前,清算所和全银系统等日本境内日元支付系统均面向外国银行提供服务,通过这些支付基础设施完成清算,其结算只能在第二天完成,日元支付效率不高,FXYCS 承诺最终结算在提交其清算当日完成,日元跨境支付效率大为提高。归纳起来,FXYCS 的建成在提高日元跨境支付效率的同时,对于支持日元国际化的支付基础设施发展而言,其积极意义更多地体现为日元跨境支付基础设施在推进日元国际化中的作用得到了重视。

BOJ - NET 建成后,FXYCS 的结算效率进一步提升,这可以通过以下案例分析图进行说明。假设日本境内外两家银行进行日元的外汇交易结算,其中境外银行委托另一家境内银行作为其日元代理行。

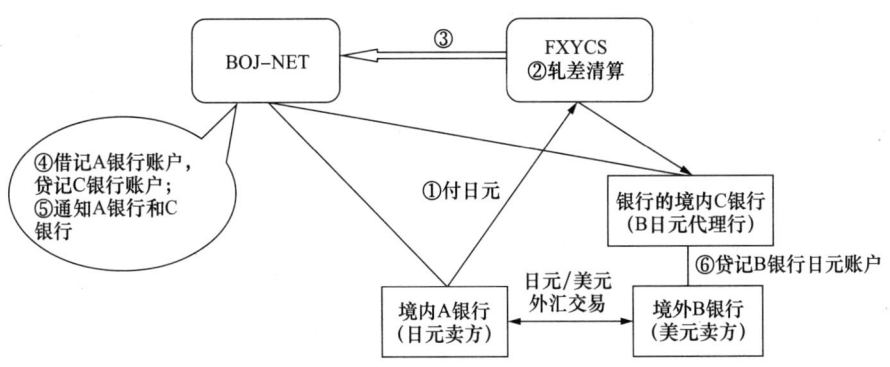

图 9 - 4 1988 年 BOJ - NET 投入运行后自动模式下的日元外汇交易结算流程

(三) 与同期美元支付基础设施的对比

上文从中央银行在支付基础设施中的推动力、信息化及技术应用程度以及支付基础设施架构三个方面,对比分析了支持日元国际化的支付基础设施与美元支付基础设施的差距。经过 20 世纪 80 年代的建设,日元与美元支付基础设施相比差距缩小。具体来说:

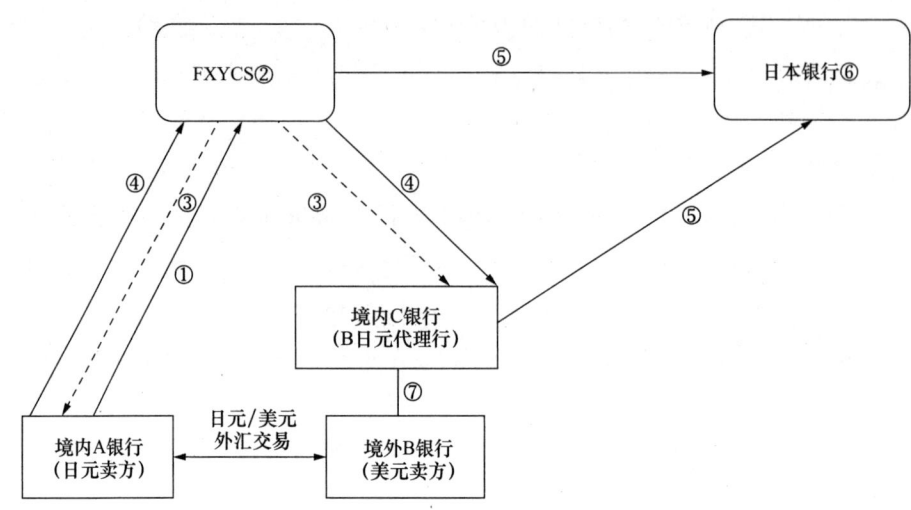

图 9-5　1988 年之前手工模式下银行间日元外汇交易结算流程

注：①向 FXYCS 提交纸质凭单，将日元通过 C 银行支付给 B 银行；

②FXYCS 进行轧差清算。

③定时通知应收应付金额。假设经过当日多笔业务轧差后，A 银行为日元应付方，C 银行为日元应收方。

④A 银行签发一张日本银行（BOJ）支票，交付 FXYCS；FXYCS 签发一张 BOJ 支票，交付 C 银行。

⑤FXYCS 持多张 BOJ 支票和进账单向日本银行提示付款，请求将资金贷记其日银账户；C 银行持 BOJ 支票和进账单向日本银行提示付款，请求将资金贷记其日银账户。

⑥日本银行借记签发支票的各付款行账户，贷记提交支票和进账单的银行账户。

⑦C 银行贷记 B 银行日元账户。

第一，中央银行银行间支付系统建成，信息化水平的提高消除了原先日元跨境支付中存在的短板，即银行间结算环节，中央银行加大在支付基础设施中的投入提高了日元支付效率，日元跨境支付受益；第二，终于在日元国际化十年后，意识到支付基础设施的重要支撑作用，专司日元跨境支付的基础设施投入使用，由于可以实现当日结算，支付效率至少节约一个工作日；第三，居于核心地位的中央银行支付系统以及专司日元跨境支付的支付系统搭建成功，使得日元的支付基础设施具备了国际货币支付基础设施的基本架构和要素。

与80年代末美元支付基础设施相比,仍存在的差距主要体现在信息技术的应用中,比如,银行间日元结算普遍应用DNS模式,存在信用结算风险;银行间结算的报文标准与境内外代理银行间的报文标准不兼容,增加了日元跨境支付的交易成本等。根据国际清算银行的统计数据,1990年,84%的大额美元支付通过无纸化的贷记支付方式进行,英国的比例为70%,而在日本该比例仅为28%。

(四) 小结

20世纪70年代,支持日元国际化的支付基础设施的发展滞后于日元国际化进程,以中央银行货币为结算资产的银行间结算成为制约日元跨境支付效率的"瓶颈",影响了日元支付交易成本的降低。进入80年代,支持日元跨境支付的支付基础设施进入自主发展时期,在日元国际化和信息技术发展的背景下,在中央银行和行业协会推动下,国际货币第一层次和第二层次支付基础设施建成,国际货币支付基础设施的框架基本形成,日银系统的建成实现了日元跨境支付全过程自动化处理,FXYCS的建成将日元跨境支付结算时间由次日提前到当日,日元支付交易成本大幅降低。经过80年代的建设,日元与美元支付基础设施相比差距缩小,但在结算模式改进、报文标准应用等方面仍有降低交易成本的空间。

四、20世纪90年代之后:独立发展

(一) 日元国际化与基础设施发展形成反差

从以上关于日元国际化路径的分析中可知,20世纪90年代之后,日元的国际化处于停滞甚至衰退的阶段,进程明显慢于70年代和80

年代。然而，梳理支付基础设施发展发现，此时期日元支付基础设施，特别是日本中央银行支付系统迎来了深刻改革，并开展了第二、第三、第四代的更新改造，日元支付交易成本持续降低，是日元支付基础设施发展最为迅速的时期。其中包括为降低日元结算风险，从DNS 向 RTGS 转变，这与美元、欧元的中央银行大额支付系统从一开始就采用 RTGS 模式是不同的。这一转变是日本在 90 年代中期实施的金融改革①的一部分，实现于 2001 年，晚于日元国际化的起点，即 20 世纪 70 年代。也就是说，在日元国际化发展最为迅速的阶段，日元支付基础设施实质上处于净额延时结算模式的环境中，属于被动发展时期；在日元支付基础设施发展最为迅速的时期，日元国际化已陷入停滞，这一点可以从支持日元国际化的第二层次支付基础设施——FXYCS 交易额以及日本 SWIFT 交易量占比趋势②看出（见图 9-6），日元跨境支付交易额开始下降的时间与日元国际金融交易开始降低的时间基本重合，即开始于 20 世纪 90 年代中期。

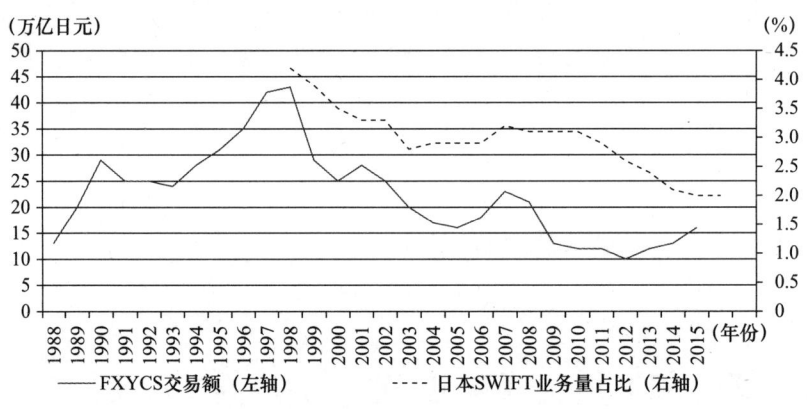

图 9-6　1988～2015 年日元跨境支付业务发展趋势图

资料来源：日本银行。

---

① 该改革包括四个部分：第一修订关于日本金融机构组织模式和业务范围的法规；第二放松金融业的准入监管；第三放松金融产品和服务监管；第四提升金融市场金融基础设施，包括发展质押融资回购市场，建立贷款交易市场以及正文中提及的将 BOJ-NET 转变为 RTGS 系统等。

② 我们无法获得日元的 SWIFT 交易数据，考虑到以日元结算的国际贸易多发生于日本与其他国家，因此选用日本的 SWIFT 业务量作为衡量日元跨境支付业务发展趋势的指标。

第九章　日元支付基础设施：异步发展之路

从这些改革本身带来的效果看，无论境内还是跨境，日元的货币流转速度加快，支付效率和安全指标均得到提高；从改革的内在推动力来看，这一阶段日元国际化进程并未发挥主导作用，日元支付基础设施的改革动力来自全球支付体系发展趋势本身，一是20世纪90年代起各国中央银行从金融稳定的角度深度参与到国家支付基础设施的建设和监督中，以效率和安全作为发展国家支付体系的目标，加大关注和投入力度；二是信息技术水平进一步发展，特别是处于核心地位的中央银行支付系统从开始普遍应用RTGS技术，到逐渐改革至具有流动性节约机制的混合系统，支付效率和安全性同步提升；三是信息技术的革新满足了降低金融交易结算风险的需求，DVP和PVP普遍应用于证券和外汇交易结算，特别是CLS将各中央银行支付系统进行连接，消除了国际货币外汇交易的赫斯塔特风险，成为推进国际货币发展的重要支付基础设施。

（二）央行支付基础设施新发展

20世纪90年代之后支持日元国际化的支付基础设施发展主要体现在中央银行支付系统的改革。从支持国际货币的角度，改革路线可从四个方面概括如下：

1. 结算模式：从DNS到RTGS

（1）变革历程。

1996年12月，日本银行决定取消BOJ-NET的DNS模式。2001年1月，采用RTGS模式的第二代BOJ-NET投产。同时，为降低RTGS模式带来的流动性风险，日本银行开始为参与者提供免费日间信贷。

2005年，日本银行决定建设第三代BOJ-NET，其中在第一阶段改造中，为进一步降低日元的结算风险，于2008年10月将FXYCS的业务迁移至BOJ-NET，自此跨境日元支付业务转变为RTGS模式；第二阶段改造完成于2011年11月，Zengin系统中单笔超过1亿日元的大额支付业务迁移至BOJ-NET，RTGS模式拓展至更多的业务。

结算模式从DNS转变为RTGS，虽然消除了信用风险，但是却增加了参与者的流动性负担，为此，在2008年第三代BOJ-NET第一阶段改造中，应用了流动性节约机制，即系统实时启动双边撮合（Offsetting）抵消算法，定时启动多边撮合抵消算法，降低流动性风险。该功能的具备使得BOJ-NET实质上已成为混合系统。具体功能见图9-7。2016年2月第四代BOJ-NET运行后，每个系统工作日已从启动5次多边抵消撮合功能增加到8次。

（2）对支付交易成本的影响。

2001年前，BOJ-NET、Zengin、FXYCS、支票清算以及日本政府债券交易资金结算等系统均采用净额模式，2000年通过日本银行账户结算的日均交易额近225万亿日元，其中140万亿日元为BOJ-NET，26万亿日元为FXYCS，14万亿日元为支票清算系统和国内资金汇划系统交易金额，45万亿日元为日元政府债券结算额。DNS模式下，60%的日元资金支付业务在13时结算，30%在15时结算，5%在17时结算，因此DNS模式下，日元的加权平均结算时点是14时，存在信用风险。

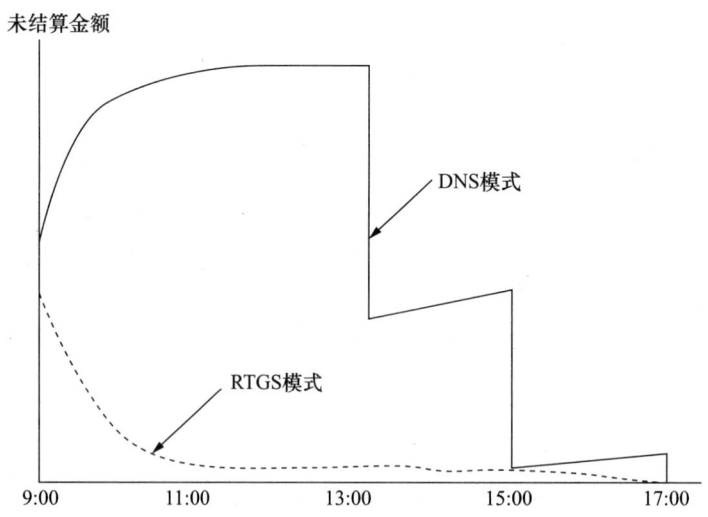

图9-7 BOJ-NET两种结算模式下当日未结算金额对比示意

资料来源：转引自日本中央银行. Real-Time Gross Settlement（RTGS）in Japan: An evaluation of the first six months [R]. Bank of Japan Research Papers, 2001.

采用 RTGS 模式后,根据日本银行统计的数据,由于采用实时结算方式,日元的加权平均结算时点是 11:30,比系统改进前提前了 2.5 小时,支付效率显著提升。就国债结算而言,之前的结算时点是 15 时,RTGS 实现后的加权平均结算时点提前至 10 时。图 9-7 展示了两种模式下未结算金额的变化情况。信用风险的降低以及支付效率的提升降低了日元支付交易成本。由于国际货币的支付以及跨境支付的最终结算往往体现为中央银行支付系统中的银行间支付,因此,这一变革降低了日元作为国际货币的支付交易成本。

2. 对第二层次支付基础设施的推动

FXYCS 的操作权在 1989 年交接至日本银行;1994 年 12 月,FXYCS 的业务扩展至国内银行间日元外汇交易结算,国内日元外汇交易结算工具由传统的支票和汇票模式转变至贷记支付,系统参与者种类拓展至日本的地区银行;1998 年 12 月,FXYCS 新一代系统上线,旨在降低净额结算模式带来的信用风险,采用中央对手多边净额结算模式,并应用双边净借记限额和发起方净借记限额以及质押担保,降低 DNS 模式带来的结算风险;2001 年,BOJ – NET 升级换代时改变 FXYCS 等净额清算系统在 BOJ – NET 中的最终结算方式,即在特定时间,BOJ – NET 的参与者将资金从日本银行账户划入净额系统在日本银行的账户,由净额结算系统作为代理人,完成收款银行和付款银行间的同时支付,为中央对手模式下净额结算的同时支付(PVP)提供了技术支持;2008 年 10 月,FXYCS 业务迁移至 BOJ – NET,自此跨境日元支付业务转变为 RTGS 模式,并成为 BOJ – NET 的一个子模块。原本独立的国际货币第二层次支付基础设施与作为核心的日本中央银行支付基础设施逐渐实现了融合,并且通过该渠道的日元跨境支付交易成本逐步下降,这得益于信息技术的发展以及中央银行作为其管理主体后的推动力。

3. 运行时序的延长

为了适应日元外汇交易的发展,使日元支付系统的运行时间覆盖更多的时区,降低日元外汇交易风险,日本银行在 1998 年 3 月决定延长 BOJ – NET 的运行时间,并随第二代系统上线于 2001 年得以实现，运行时间从原来的8个小时（9：00~17：00）延长至10个小时（9：00~19：00）。调整后的BOJ-NET运行时间与美元Fedwire同时运行4.5个小时，与欧元TARGET同时运行4个小时。

2016年2月第四代BOJ-NET上线之时，BOJ-NET进一步延长至21：00，运行时间从10个小时延长至12个小时，加长了对其他时区的覆盖时间。

4. 对日元外汇交易结算的支持作用分析

2002年9月，日元作为第一批结算币种加入CLS，FXYCS通过BOJ-NET与CLS实现连接，日元外汇交易的赫斯塔特风险消除，日元作为国际货币的支付交易成本进一步下降。图9-8展示了国际外汇交易市场上的日元支付基础设施外汇交易结算流程。假设日本境内A银行与美国境内B银行进行美元/日元外汇交易，A银行卖出日元，买入美元，同时B银行在日本银行开立了日元账户，而A银行未在美联储开立美元账户，其美元结算行为在美联储开立账户的C银行。

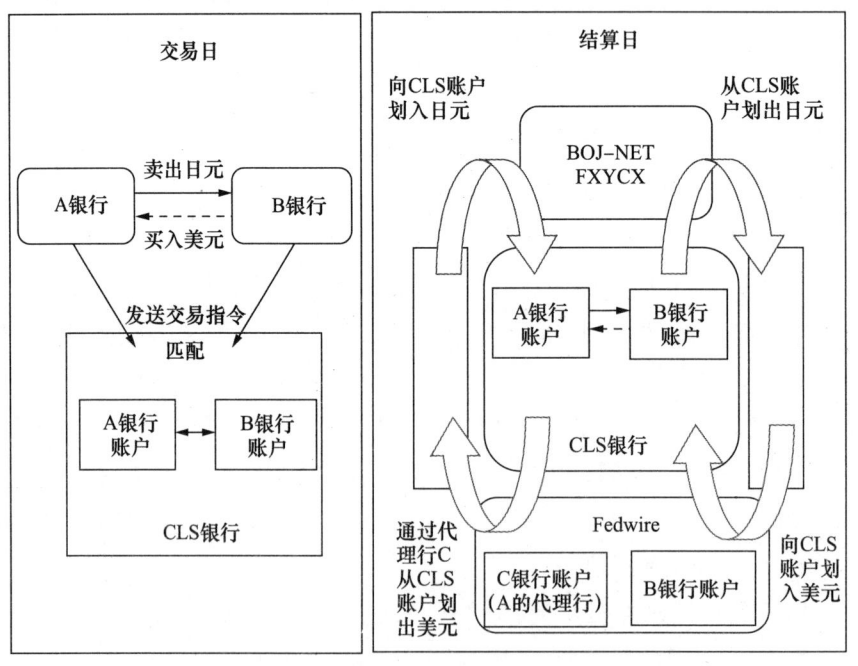

图9-8 日元支付基础设施外汇交易结算流程

第九章 日元支付基础设施：异步发展之路

五、小结：异步发展模式

（一）发展阶段的再次划分

根据以上的分析，以对日元跨境支付产生关键作用的变化作为节点，可将日元支付基础设施发展概括为五个阶段，服务供给主体的变化见表9-1。

表9-1 支持日元国际化的支付基础设施及其供给主体发展一览

发展阶段	国际货币支付基础设施的种类		服务供给主体	供给主体性质	结算资产
20世纪70年代	境内外银行间支付基础设施（代理银行）		外国银行日本分支机构	私人机构	商业银行货币
			日本商业境外分支机构		
			SWIFT	第三部门	
	货币发行国银行间支付基础设施	Zengin	东京银行业协会	第三部门	中央银行货币
		清算所	各地的银行业协会		
		邮政支付系统	日本邮政	私人机构	商业银行货币
20世纪80年代至今	境内外银行间支付基础设施（代理银行）		金融中介机构	私人机构	商业银行货币
			SWIFT	第三部门	
	境内外银行间支付基础设施（跨境支付基础设施）	FXYCS	日本中央银行	政府	中央银行货币
			东京银行业协会	第三部门	
	货币发行国银行间支付基础设施	BOJ-NET	日本中央银行	政府	

第一个阶段是1980年10月之前，支持日元国际化的支付基础设施处于一个被动发展的时期，日元的跨境支付更多地依靠市场的力量，通过银行间的代理关系，将跨境支付转换为境内支付，借道国内支付系统完成最终结算。

第二个阶段是1980年10月到1988年9月。该阶段起步于专司日元跨境支付的FXYCS投产，标志着支持日元国际化的支付基础设施进入主动发展时期，但由于中央银行支付信息化水平有限，银行间结算仍处于纸基手工模式阶段。这一时期，日元具备了国际货币第二层次的支付系统，为日元的跨境支付搭建了基础设施，结算时间比上一阶段减少了一个工作日，但是由于银行间结算指令的传递依托纸质凭证，支付效率仍较低。

第三个阶段是1988年10月到2002年8月，该阶段的起点为中央银行支付系统BOJ-NET投产，标志着日元作为国际货币的三个层次支付系统初步形成，并步入全面电子化时期。首先，由于银行间结算的在线处理，日元跨境支付的三个环节系统均实现电子化，支付效率进一步提升；其次，中央银行支付系统实现了向RTGS的转变，日元跨境支付效率提高，信用风险降低；最后，为降低日元外汇交易结算风险，中央银行决定延长支付系统运行时间至每日10个小时。

第四个阶段是2002年9月到2008年9月。该阶段的起点是日元作为第一批结算币种加入CLS，日元外汇交易的赫斯塔特风险消除，同时由于日本银行决定建设第三代BOJ-NET，进入改革的准备阶段。

第五个阶段是2008年10月至今，由于FXYCS由DNS模式转变为具有流动性节约机制的RTGS模式，因此进入日元跨境支付全面实现RTGS时期，结算效率提升、信用风险消除的同时流动性风险也得到有效控制。此外，随着第四代BOJ-NET的推出，运行时间进一步延长至每日12个小时，日元跨境支付效率得到提高。

（二）发展路径

20世纪70年代和80年代是日元国际化的快速发展期，90年代之后，日元国际化的四个方面出现分化，日元在国际贸易中的结算额呈

第九章 日元支付基础设施：异步发展之路

增长趋势，日元证券交易结算额在 90 年代中期达到高峰后开始下降，日元外汇交易占比较为平稳，国际日元储备占比呈现先升后降的趋势，整体来说，日元的国际化在 20 世纪 90 年代中后期处于停滞甚至衰退阶段，这不同于同期的美元和欧元，分析这一时期日元支付基础设施的发展可以进一步研究国际货币与其支付基础设施的关系，这是选取日元作为案例研究的主要原因，两者间的对比分析见图 9-9。

日元国际化进程启动后，日元的支付基础设施在 70 年代处于被动发展阶段，虽也在进步，但慢于前者，而且这种落后并非是受制于客观条件的结果，与同期支持美元国际化的支付基础设施对比分析的结果证明了这一点。通过对这一时期的分析可以看出，支付基础设施具有支持日元跨境支付的功能，但由于落后而存在交易成本较高的问题，此时日元的国际化进程并没有因为支付基础设施的落后和被动发展而受到制约。本章通过日元的案例说明支付基础设施是国际货币发展的必要非充分条件，这一阶段支持日元国际化的两类支付基础设施中，跨境代理银行的发展动力来自货币国际化这一市场力量，日元境内支付基础设施的发展更多地顺应了同期支付基础设施本身的趋势。

80 年代，支持日元跨境支付的支付基础设施进入自主发展时期，在日元国际化和信息技术发展的背景下，中央银行开始介入，大力推动支付基础设施建设，并与行业组织合作搭建日元跨境支付基础设施，国际货币第一层次和第二层次支付基础设施建成，国际货币支付基础设施的框架基本形成，保持了与日元国际化相匹配的发展态势。这一时期支付基础设施的发展动力，一是来自中央银行的积极参与和推动，一方面顺应支付基础设施发展潮流，开始重视自身支付基础设施的建设，另一方面开始认识到支付基础设施对日元国际化的作用；二是来自日元国际化的推动作用，第二层次支付基础设施——FXYCS 的构建即是来源于以上两个动力的共同推进。

90 年代之后是日元支付基础设施发展最为迅速的阶段，日元作为国际货币的支付交易成本持续降低，但是这并未成为推动日元国际化的动力，日元国际化处于停滞阶段。同样，此时期日元支付基础设施发展来自日元国际化的推动力也非常有限，主要来自全球支付体系发展趋势本身。

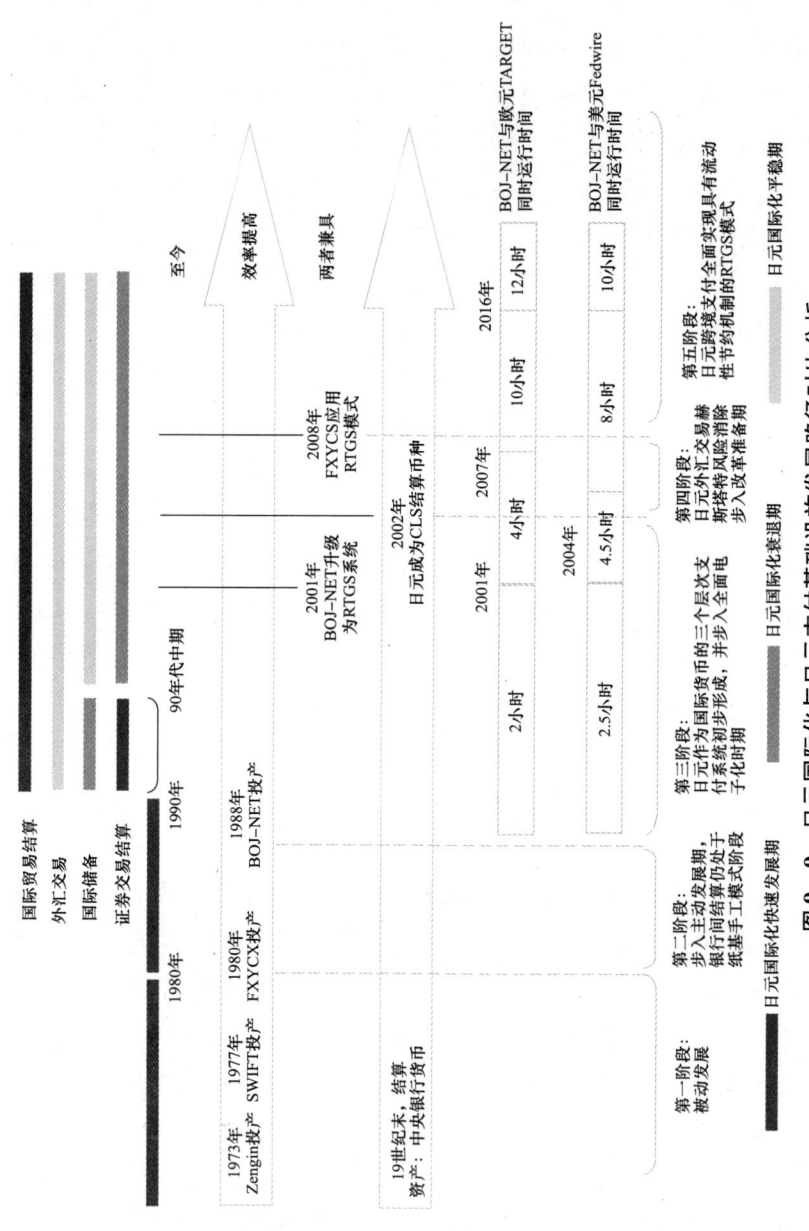

图9-9 日元国际化与日元支付基础设施发展路径对比分析

参考文献

[1] [美] 巴里·艾肯格林. 资本全球化：国际货币体系史（第二版）[M]. 彭兴韵译, 上海人民出版社, 2009.

[2] [美] 巴塔查亚. 亚洲美元市场：国际离岸金融业务 [M]. 叶玉森译. 福建人民出版社, 1981.

[3] 白钦先, 谭庆华. 论金融功能演进与金融发展 [J]. 金融研究, 2006（7）：41-52.

[4] [美] 波斯纳. 道德和法律理论的疑问 [M]. 苏力译. 中国政法大学出版社, 2001.

[5] 陈小安. 准公共产品供给与定价的理论和实践研究 [D]. 西南财经大学硕士学位论文, 2002.

[6] 付争. 对外负债在美国金融霸权维系中的作用 [D]. 吉林大学博士学位论文, 2013.

[7] 高鹤文. 准公共产品领域国有经济功能研究 [D]. 吉林大学博士学位论文, 2009.

[8] [美] 亨利·R. 诺. 美国衰落的神话：领导世界经济进入九十年代 [M]. 朱士清, 高雨洁校订. 中国经济出版社, 1994.

[9] 黄燕君, 包佳杰. 国际贸易结算货币理论及其对我国的启示[J]. 国际商务（对外经济贸易大学学报）, 2007（6）：40-45.

[10] 胡琳琳. 国际储备货币的演变及影响因素分析 [D]. 上海社会科学院研究生院博士学位论文, 2012.

[11] [美] 金德尔伯格. 1929~1939年世界经济萧条 [M]. 宋承宪, 洪文达译. 上海译文出版社, 1986.

[12] 刘昌黎. 日元国际化的发展及其政策课题 [J]. 世界经济研究, 2002 (4): 65-70.

[13] 刘行仕. 世界近代史不同时期英帝国殖民政策比较 [J]. 咸阳师范学院学报, 1997 (2): 34-42.

[14] 刘月平. 准公共产品视角下区域品牌建设实证研究 [J]. 商业时代, 2011 (28): 127-128.

[15] [英] 麦迪森. 世界经济千年史 [M]. 伍晓鹰等译. 北京大学出版社, 2003.

[16] 漆海霞. 中国与大国关系影响因素探析——基于对1960~2009年数据的统计分析 [J]. 欧洲研究, 2012 (5): 61-78.

[17] 王爱学, 赵定涛. 西方公共产品理论回顾与前瞻 [J]. 江淮论坛, 2007 (4): 38-43.

[18] 王国刚. 人民币国际化的冷思考 [J]. 国际金融研究, 2014 (4): 3-14.

[19] 王伟, 朱青, 孙强. 跨境贸易人民币结算研究——基于计价货币的选择 [J]. 金融理论与教学, 2013 (2): 11-14.

[20] 吴念鲁. 欧洲美元与欧洲货币市场 [M]. 中国财政经济出版社, 1981.

[21] 许祥云. 日元国际化及其对人民币的启示 [D]. 复旦大学博士学位论文, 2011.

[22] 燕红忠. 从山西票号看传统金融的近代化转变——基于与英格兰银行发展路径的比较视角 [J]. 财经研究, 2014, 40 (8): 94-105.

[23] 殷剑峰. 金融系统的功能、结构和经济增长 [D]. 中国社会科学院研究生院博士学位论文, 2003.

[24] 殷剑峰. 人民币国际化:"贸易结算+离岸市场", 还是"资本输出+跨国企业"?——以日元国际化的教训为例 [J]. 国际经济评论, 2011 (4): 53-68.

[25] 余永定. 人民币国际化必须目标明确, 循序渐进 [J]. 中国社会科学院世界经济与政治研究所国际金融研究中心, 财经评论

系列，2011（42）：7.

［26］张桂文. 货币国际化问题研究［D］. 西南财经大学博士学位论文，2012.

［27］张礼卿. 应该如何看待人民币的国际化进程［J］. 中央财经大学学报，2009（10）：24-28.

［28］赵婕. 公共产品的私人供给［D］. 中国政法大学硕士学位论文，2008.

［29］［日］植草益. 微观规制经济学［M］. 中国发展出版社，1992.

［30］钟阳. 货币国际化影响因素的实证分析［D］. 吉林大学博士学位论文，2013.

［31］周先平. 国际贸易计价货币研究述评——兼论跨境贸易人民币计价结算［J］. 国外社会科学，2010（4）：129-135.

［32］［美］兹维·博迪，罗伯特·C. 默顿，戴维·L. 克利顿. 金融学［M］. 曹辉，曹音译. 中国人民大学出版社，2013.

［33］Adams H. C. Relation of the State to industrial action［J］. Publications of the American Economic Association，1887，1（6）.

［34］Aliber R. Z. The future of the dollar as an international currency［M］. Praeger，1966.

［35］Allen F., Gale D. Comparing financial systems［M］. MIT Press，2000.

［36］Babbage C. An analysis of the statistics of the clearing house during the year 1839: With an appendix on the London and New York clearing houses, and on the Condon Railway clearing house［M］. John Murray，1856.

［37］Bank for International Settlement. Report of the committee on interbank netting schemes of the central banks of the group of ten countries［R］. BIS，1990.

［38］Bank for International Settlement. Delivery versus payment in securities settlement systems［R］. BIS，1992.

［39］Bank for International Settlement. Central bank payment and settlement services with respect to cross – border and multi – currency transactions [R]. BIS, 1993.

[40] Bank for International Settlement. Cross – border security settlement [R]. BIS, 1995.

[41] Bank for International Settlement. Core principles for systemically payment systems [R]. BIS, 2001.

[42] Bank for International Settlement. Recommendations for securities settlement systems [R]. BIS, 2001.

[43] Bank for International Settlement. Policy issues for central banks in retail payments [R]. BIS, 2003.

[44] Bank for International Settlement. Principles for financial market infrastructure [R]. BIS, 2012.

[45] Bank of Japan. Real – Time Gross Settlement (RTGS) in Japan: An evaluation of the first six months [R]. BOJ, 2001.

[46] Batten J. A., In F. H., Kim S. What Drives the Japanese Yen Eurobond Term Structure of Japanese Bonds [J]. Social Science Electronic Publishing, 2003.

[47] Baumol W. J., Panzar J. C., Willing R. D. Contestable markets and the theory of industry structure [J]. General Information, 1988, 91 (6): 1055 – 1066.

[48] Bech M. L., Hobijn B. Technology diffusion within central banking: The case of Real – Time Gross Settlement [J]. SSRN Electronic Journal, 2007, 3 (3): 147 – 181.

[49] Bernanke B. S. Clearing and settlement during the crash [J]. Review of Financial Studies, 1990, 3 (1): 133 – 151.

[50] Bifarello M. From delegation to participation the third sector and the state in associative networks [C]. Proceedings from the Fifth Conference of the International Society for Third – Sector Research, 2002.

[51] Bloomfield A. I. Short – term capital movements under the pre – 1914

gold standard [J]. Southern Economic Journal, 1966, 19 (1).

[52] Board of Governors of the Federal Reserve System. The Federal Reserve System Purpose and Functions [R/OL]. 2005, www. Federalreserve. gov/pf/pf. htm.

[53] Buchanan J. M. An economic theory of clubs [J]. Economica, 1962, 32 (32): 1-14.

[54] Cairncross A. S. Home and foreign investment, 1870 - 1913: Studies in capital accumulation [J]. Economic History Review, 1954, 5 (3): 412-414.

[55] Cairncross A. S., Eichengreen B. Sterling in decline: The devaluations of 1931, 1949 and 1967 [M]. Basil Blackwell, 1983.

[56] Cannon J. G. Clearing houses (senate document number 491) [R]. In 61st Congress, 2nd Session, National Monetary Commission, 1910.

[57] Cayseele P. V., Wuyts C. Cost efficiency in the European securities settlement and depository industry [J]. Journal of Banking & Finance, 2007, 31 (10): 3058-3079.

[58] Chapman S. D. The rise of merchant banking [M]. G. Allen & Unwin, 1984.

[59] Cheque and Credit Clearing Company. Cheques and cheque clearing: An historical perspective [R]. 2010.

[60] Chinn M. A note on reserve currencies with special reference to the G20 countries [R]. International Growth Centre, India Central Programme, 2012.

[61] Chitu L., Eichengreen B. J., Mehl A. When did the dollar overtake sterling as the leading international currency? Evidence from the Bond Markets [R]. NBER Working Paper (No. 18097), 2012.

[62] Clair R. T., Kolson J. O., Robinsonk J. The Texas banking crisis and the payments system [J]. Economic Review, 1995: 13-21.

[63] Clarkso K. W., Miller L. R. Industrial organization: Theory, evi-

dence, and public policy [M]. McGraw‐Hill, 1982.

[64] Coase R. H. The lighthouse in economics [J]. Journal of Law & Economics, 1974, 17 (2): 357 – 376.

[65] Cohen B. J. The future of sterling as an international currency [J]. International Affairs, 1972, 48 (1): 261 – 267.

[66] Cohn R. A, Pringle J. J. Imperfections in international financial markets: Implications for risk premia and the cost of capital to firms [J]. The Journal of Finance, 1973, 28 (1): 59 – 66.

[67] Cole A. W. British economic growth, 1688 – 1959 [M]. Combridge University Press, 1962.

[68] Cope S. R. The stock exchange revisited: A new look at the market in securities in London in the Eighteenth Century [J]. Economica, 1978, 45 (177): 1 – 21.

[69] Cottrell P. L. Investment banking in England, 1856 – 1881: A case study of the International Financial Society [M]. Garland Publication, 1985.

[70] Davis L. E. Historical statistics of The United States: Colonial times to 1957 [J]. The American Journal of Nursing, 1910, 11 (1).

[71] Day J. E. The stockbroker's office: Organisation, management and accounts [M]. Sir I. Pitman, 1923.

[72] Deane P., Cole W. A. British economic growth, 1688 – 1959: Trends and structure [J]. Population, 1970, 23 (1).

[73] Demsetz H. The cost of transacting [J]. Quarterly Journal of Economics, 1968, 82 (1).

[74] Devereux M. B., Shi S. Vehicle currency [J]. International Economic Review, 2013, 54 (1): 97 – 133.

[75] Eichengreen B. J., Portes R. Settling defaults in the era of bond finance [J]. The World Bank Economic Review, 1989, 3 (2): 211 – 239.

[76] Eichengreen B. J. Exorbitant privilege: The rise and fall of the dollar

and the future of the international monetary system [M]. Oxford University Press, 2012.

[77] Eichengreen B. J., Flandreau M. The Federal Reserve, the Bank of England, and the Rise of the Dollar as an International Currency, 1914 – 1939 [J]. Open Economics Review, 2012, 23 (1): 57 – 87.

[78] Farrer T. H. F. B., Giffen R. The state in its relation to trade [M]. Macmillan and Company, 1902.

[79] Federal Reserve Bank of New York. A study of Large – dollar payment flow through Chips and Fedwire [R]. Bound Paper, 1987.

[80] Federal Reserve Bank of New York. Large – dollar payment flows from New York [J]. Quarterly Review, 1987 – 1988 (12): 9 – 13.

[81] Fletcher G. A. The discount houses in London: Principles, operations and change [M]. Springer, 1976.

[82] Ford A. G. International financial policy and the gold standard, 1870 – 1914 [M]. Department of Economics, University of Warwick, 1977.

[83] Frankel J. A. Quantifying international capital mobility in the 1980s [J]. Social Science Electronic Publishing, 2001: 227 – 270.

[84] Frankel J. A. Historical Precedents for the Internationalization of the RMB [J]. International Economic Review, 2012, 27 (3): 329 – 365.

[85] Fratianni M. U., Spinelli F. Did genoa and venice kick a financial revolution in the quattrocento? [R]. Working Papers, 2006 (112).

[86] Friedman M., Schwartz A. J. A monetary history of the United States, 1867 – 1960 [M]. Princeton University Press, 2008.

[87] Gaskin M. The Scottish banks: A modern survey [J]. University of Glasgow Social & Economic Studies, 1965.

[88] Gilbert R. A. The advent of the federal reserve and the efficiency of

the payments system: The collection of checks, 1915 – 1930 [J]. Explorations in Economic History, 2000, 37 (37): 121 – 148.

[89] Goldstein M. Exchange rate management and international capital flows [M]. International Monetary Fund, 1993.

[90] Goodhart C. The evolution of central banks [J]. Mit Press Books, 1988(1).

[91] Gorton G. Clearinghouses and the origin of Central Banking in the United States [J]. Journal of Economic History, 1985, 45 (2): 277 – 283.

[92] Gorton G. Banking panics and business cycles [J]. Oxford Economic Papers, 1988, 40 (40): 751 – 781.

[93] Grassman S. A fundamental symmetry in international payment patterns [J]. Journal of International Economics, 1973, 3 (2): 105 – 116.

[94] Grassman S. Currency distribution and forward cover in foreign trade: Sweden revisited, 1973 [J]. Journal of International Economics, 1976, 6 (76): 215 – 221.

[95] Gray H. P. The quality of financial infrastructure and financial resilience: Contrasting Taiwan and Thailand [J]. Review of Pacific Basin Financial Markets & Policies, 2011, 5 (2).

[96] Greenberg D. Financiers and railroads, 1869 – 1889: A study of Morton, Bliss & Company [J]. University of Delaware Press Associated University Presses, 1980.

[97] Hartmann P. Currency competition and foreign exchange markets: The dollar, the yen, and the euro [J]. General Information, 1998, 147 (4): 545 – 547.

[98] Heaton J. H. The world's cables and cable vings [J]. Financial Review of Reviews, 1908: 9.

[99] Hedges J. E. Commercial banking and the stock market before 1863 [M]. Johns Hopkins Press, 1938.

[100] Higgins B. H. Lombard Street in 1913 [J]. NBER Chapters. 1949, 3-9.

[101] Hubbard, R. G. Money, the financial system, and the Economy [M]. Addison-Wesley, 1994.

[102] Humphrey D. B., Berger A. N. Market failure and resource use: Economic incentives to use different payment instruments [J]. Finance & Economics Discussion, 1988: 45-92.

[103] Jones G. Lombard Street on the riviera: The British Clearing Banks and Europe 1900~1960 [J]. Business History, 1982, 24 (2): 186-210.

[104] James J. A., Weiman D F. From drafts to checks: The evolution of correspondent banking networks and the formation of the modern U. S. payments system, 1850-1914 [J]. Journal of Money Credit & Banking, 2010, 42 (2-3): 237-265.

[105] Kahn C. M., Roberds W. Why pay? An introduction to payment economics [J]. Journal of Financial Intermediation, 2009, 18 (1): 1-23.

[106] Kahn C. M., Roberds W. Payments settlement: Tiering in private and public systems [J]. Journal of Money Credit & Banking, 2009, 41 (5): 855-884.

[107] Kaufman G. G., Mote L. R., Rosenblum H. Consequences of deregulation for Commercial banking [J]. Journal of Finance, 1984, 39 (3).

[108] Kenen P. B. Use of the SDR to supplement or substitute for other means of finance [M]. International Finance Section, Dept. of Economics, Princeton University, 1983.

[109] Kenen P. B. Balance of payment adjustment, 1945 to 1986: The IMF experience, Marganet Garritsen de Vries, Washington: International Monetary Fund, 1987 [J]. Journal of International Economics, 1988, 25 (1-2): 189-191.

[110] Kenen P. B. Currency internationalization - an overview [R]. Bank for international settlements, 2009.

[111] Kennedy W. P. Institutional response to economic growth: Capital markets in Britain to 1914 [M]. Management Strategy and Business Development. Palgrave Macmillan UK, 1976.

[112] King W. T. C. History of the London discount market [M]. Routledge, 2013.

[113] Kindleberger C. P. A financial history of Western Europe [J]. Economic Journal, 1984, 38 (38).

[114] King W. T. C. History of the London discount market [M]. Routledge, 2013.

[115] Kissan, Duguid E. The stock exchange [M]. Methuen & Co., 1926.

[116] Kohn M. G. Financial institutions and markets [M]. McGraw-Hill, 1994.

[117] Kohn M. G. Early deposit banking [J/OL]. SSRN Electronic Journal, 1999, http://www.researchgate.net/publication/228224875_Early_Deposite_Banking.

[118] Kamps A. The Euro as imoicing currency in international Trade [R]. ECB Working Paper, 2006, 27 (6).

[119] Kohn M. G. Bills of exchange and the money market to 1600 [J]. SSRN Electronic Journal, 1999.

[120] Kokkola T. The payment system: Payments, securities and derivatives, and the role of the eurosystem [R]. European Central Bank, 2010.

[121] Krugman P. Vehicle currencies and the structure of international exchange [J]. Journal of Money Credit & Banking, 1980, 12 (3): 513-526.

[122] Laughlin J. L. Banking reform [J]. Journal of Political Economy, 1912.

[123] Lee R. Running the world's markets: The governance of financial infrastructure [M]. Princeton University Press, 2010.

[124] Levine R. Financial development and economic growth: Views and agenda [J]. Journal of Economic Literature, 2015, 5 (3): 413-433.

[125] Ligthart J. E., Silva J. A. D. Currency invoicing in international trade: A panel data approach [J]. SSRN Electronic Journal, 2007 (25): 1-40.

[126] Lindert P. H. Key currencies and gold, 1900-1913 [M]. International Finance Section, Princeton University, 1969.

[127] Mankiw B. N. G. Principles of economics (5th edition) [M]. South-western Cengage Learning, 2010.

[128] Mckenzie C. R., Takaoka S. Deregulation of bank underwriting activities: Impacts in the Euro-yen and Japanese corporate bond markets [J]. Mathematics & Computers in Simulation, 2005, 68 (5-6): 526-535.

[129] Mckinnon R. I. Money in international exchange: The convertible currency system [J]. Oup Catalogue, 1979.

[130] Merton R. C., Bodie Z. A conceptual framework for analyzing the financial enviroment, in: The global financial system: A functional perspective [M]. Crane D. B., et al., Editors. Harvard Business School Press, 1994.

[131] Morgan C. W. Co. How to speculate successfully in Wall Street [R]. 1990.

[132] Moser J. T. Origins of the modern exchange clearinghouse: A history of early clearing and settlement methods at futures exchanges [J]. Working Paper, 1994.

[133] Mueller R. C. The Venetian money market: Banks, panics, and the public debt, 1200-1500 [M]. Johns Hopkins University Press, 1997.

[134] Myers M. G., Smith J. G., Brown W. A. The New York money market: Origins and development [M]. AMS Press, 1931.

[135] New York Stock Exchange. The First 200 Years [R]. NYSE, 1992.

[136] Norman B., Shaw R., Speight G. The history of interbank settlement arrangements: Exploring central banks' role in the payment system [J]. SSRN Electronic Journal, 2011.

[137] Noyes A. D. Stock exchange clearing houses [J]. Political Science Quarterly, 1893, 8 (2): 252 – 267.

[138] Ostrom E. Governing the Commons: The evolution of institutions for collective action [M]. Combridge University Press, 1990.

[139] Perold, A. F. The Payment System and Derivative Instruments, in: The Global Financial System: A Functional Perspective [M]. D. B. Crane, et al., Editors. Harvard Business School Press, 1994.

[140] Quinn S. Goldsmith – Banking: Mutual acceptance and interbanker clearing in restoration London [J]. Explorations in Economic History, 1997, 34 (4): 411 – 432.

[141] Revell J. Banking and electronic fund transfers [J]. Journal of Banking & Finance, 1983, 9 (48): 603 – 605.

[142] Rey H. International trade and currency exchange. [J]. Review of Economic Studies, 2001, 68 (2): 443 – 464.

[143] Robinson P., Flatraaker D. Costs in the payments system [J]. Norges Bank Economic Bulletin, 1995 (1): 16 – 27.

[144] Rosati S., Secola S. Explaining cross – border large – value payment flows: Evidence from TARGET and EURO1 data [J]. Journal of Banking & Finance, 2006, 30 (6): 1753 – 1782.

[145] Rose P. S., Marquis M. H., Lu J. Money and capital markets [M]. Fifth Edition Irwin, 1994.

[146] Rozenraad G. The international Money Market [J]. Journal of the Institute of Bankers, 1902: 23.

[147] Salamon L. M., Anheier H. K. The emerging nonprofit sector: An overview [M]. Manchester University Press, 1996.

[148] Samuelson P. A. The pure theory of public expenditure [J]. The Review of Economics and Statistics, 1954: 387 – 389.

[149] Samuelson P. A., Nordhaus W. D. Economics New York [M]. McGraw – Hill, 1992.

[150] Sayers R. S. Gilletts in the London money market 1867 – 1967 [M]. Clarendon Press, 1968.

[151] Scammell W. M. The London discount market [M]. Elek, 1968.

[152] Schmiedel H., Schönenberger A. Integration of securities market infrastructures in the euro area [J]. ECB Occasional Paper, 2005.

[153] Sendrovic I. Technology and the payment system [J]. The payment, 1994.

[154] Siegfried N., Simeonova E., Vespro C. Choice of currency in bond issuance and the international role of currencies [J]. Working Paper, 2007.

[155] Spahr W. E. The clearing and collection of checks [M]. Bankers Publishing Company, 1926.

[156] Sprague O. M. W. History of crises under the national banking system [M]. US Government Printing Office, 1910.

[157] Spalding W. F. The billbroker: Some account of his operations on the London money market [J]. Journal of the Institute of Bankers, 1912: 33.

[158] Stein J. C. An adverse – selection model of bank asset and liability management with implications for the transmission of monetary policy [J]. Rand Journal of Economics, 1998, 29 (3): 466 – 486.

[159] Swoboda A. K. The euro – dollar market: An interpretation [M]. International Finance Section, Department of Economics, Princeton University, 1968.

[160] Temzelides T., Williamson S. D. Payments systems design in deter-

ministic and private information environments [J]. Journal of Economic Theory, 2001, 99 (1): 297 - 326.

[161] Usher A. P. The early history of deposit banking in mediterranean europe [J]. Harvard Economic Studies, 1945, 12 (3): 214 - 218.

[162] Viscusi W. K., Harrington J. E., Vernon J. M. Economics of regulation and antitrust [J]. General Information, 2005 (1): 45 - 77.

[163] Wheeler J. F. The stock exchange [M]. TC&EC Jack, 1913.

后 记

本书是在本人博士论文的基础上修改成稿，由国家金融与发展实验室资助出版的。释卷沉思，感慨颇多，求学期间的种种浮现眼前。在人生临近不惑之际选择重返校园攻读博士学位，实在是件不易的事情。这一刻，我坚信一切都是最好的安排：如果在2003年硕士毕业时就读博士，可能会继续选择当时已连续学习了七年的会计学专业，而不会系统地学习金融学理论；如果不是在工作十年后选择继续深造，也不会心无旁骛、一心向学，如此珍惜这次学习的机会。

三年的博士求学生涯得到了太多人的培养、关心和支持。其中，付出心血最多的是我的博士生导师殷剑峰老师。一入学，殷老师就给我们开出了长长的书单，并告诫我，一年级先不要想毕业论文的事情，要多读书，勤思考，把基础打好。事实证明，后续博士论文的顺利完成离不开这一年的积淀。关于论文的选题是从2014年夏天一次与殷老师讨论中获得的灵感。之后，也是殷老师一次次的点拨，使我较早地明确了研究方向，细致从容地完成了博士论文。2014年初冬的论文开题报告会上，李扬老师对于我支付基础设施的选题给予了认可和鼓励，这是我在论文阶段排除万难的力量源泉。在此一并向李扬老师以及本书的出版资助机构——国家金融与发展实验室表示深深的感谢。

感谢中国社会科学院金融系王国刚老师、王松奇老师、彭兴韵老师、胡滨老师、程炼老师、杨涛老师、胡志浩老师、范丽君老师在开题报告会以及日常交流讨论中提出的建议和意见；感谢王双老师、徐义国老师、赵珅老师深入、细致的工作；感谢2013级金融系全体同学的关心与鼓励,以上点滴编织成我人生中最难忘的记忆。

感谢我的工作单位——中国人民银行清算总中心以及单位的领导和同事。正是清算总中心朝气蓬勃、积极向上的氛围激发了我继续深造的想法;正是由于这样的平台以及组织多年来的培养,我才能以支付基础设施作为论文选题并不断深入。

感恩我有一群可爱又志同道合的小伙伴,在我满怀负能量时,耐心听我吐槽,并带给我快乐。人生路上,感谢有你们。

感谢陪伴我的家人。三年间几乎每一个夜晚、周末和节假日我都在读书、上课、做作业和写论文中度过,父母、爱人、儿子却毫无抱怨,没有你们作为坚强的后盾,难以想象我能迎来按期毕业的曙光。

有些问题需要用一生去思考。因此,本书关于人民币支付基础设施的研究不是终点,而是起点。